U0494168

主　编　周华珍

副主编　王俊秀　张树辉　吕书红

中国社会科学院大学思想政治教育高等研究院大学生心理与健康发展研究中心

中国社会科学院大学价值观与健康教育研究中心

中国青少年健康行为研究2022

基于十省市的调查数据分析

REPORT ON CHINESE

YOUTH HEALTH

STUDY (2022)

BASED ON THE SURVEY DATA OF
TEN PROVINCES AND CITIES

社会科学文献出版社
SOCIAL SCIENCES ACADEMIC PRESS (CHINA)

本书为国家社会科学基金项目“在健康社会决定因素框架下构建我国儿童健康行为测量指标体系”的研究成果

本书为中国社会科学院大学蓝皮书项目“中国青少年健康行为研究报告（2020 年）——青少年的日常生活和幸福”的研究成果

本书编委会

主要编撰者简介

周华珍 中国社会科学院大学马克思主义学院副教授、博士后、访问学者，硕士研究生导师，中国社会科学院大学思想政治教育高等研究院大学生心理与健康发展研究中心主任，中国社会科学院大学价值观与健康教育研究中心主任。2007 年以来一直担任“世界卫生组织—学龄儿童健康”跨文化研究（中国地区）首席研究员。目前主持国家社会科学基金项目“在健康社会决定因素框架下构建我国儿童健康行为测量指标体系”、教育部规划基金项目“社会决定因素与学龄儿童健康公平可行能力研究”、科技部项目“价值观与青少年健康行为研究”和“重大突发事件中的心理健康危机识别与干预机制模型建构”。已发表《隐性逃学与我国中学压力和支持系统的关系研究》等 30 多篇学术论文，出版《健康行为与健康教育——理论、研究与实践》等多部著作。

王俊秀 中国社会科学院社会学研究所社会心理学研究室主任，社会心理学研究中心主任，研究员，博士研究生导师，国家社会科学基金重大项目“社会心理建设：社会治理的心理学路径”、教育部哲学社会科学研究重大课题攻关项目“新冠肺炎疫情对国民社会心态影响研究”首席专家，主要研究方向为社会心态。在《社会学研究》等学术报刊发表《社会心态：转型社会的社会心理研究》等 20 多篇关于社会心态的论文和研究报告，出版专著《社会心态理论：一种宏观社会心理学范式》。

张树辉 中国社会科学院大学副校长，中国社会科学院大学教育部高校思想政治工作创新发展中心副主任，北京市高等学校新闻与文化传播研究会理事长，主要研究方向为高校党建、理论宣传、思想政治教育、校园文化以及新闻传播。在《人民日报》《光明日报》等报刊发表学术论文和理论文章多篇，编著《新时代高校思想政治工作创新与实践》《高校责任的勇高等。相反，则会导致部分青少年选择一些危险行为，如沉迷网络、吸烟、饮酒、赌博、暴力、伤害等，严重影响了青少年的身心健康。本报告认为，青少年生活方式不仅受家庭氛围、学校环境、同伴关系、社区资本的影响，而且受网络媒体、社会政策、教育信息以及个体社会特征的影响。

关键词 青少年 健康行为 生活方式 网络调查问卷

一 研究背景

1946 年，世界卫生组织在成立宪章中将健康的定义提升到一个新的高度：“健康乃是一种在身体上、心理上和社会上的完满状态，而不仅仅是没有疾病和虚弱的状态。”① 健康包括生理健康、心理健康、社会适应、道德健康等多个层面，而且是日常生活的一种社会资源。本书采用“世界卫生组织—学龄儿童健康行为”② （World Health Organization-Health Behavior of School-aged Children，WHO-HBSC）研究模型，结合我国国情和青少年健康现状展开相关问卷调查研究。

WHO-HBSC 跨国调查研究自 1982 年开始，目前发展到有 50 多个国家和地区参与该研究。该研究经过 40 多年的发展已经形成比较成熟的理论模型、国际统一的标准调查问卷工具包和科学的方法论，所有参与国家和地区都要采用国际统一的标准调查问卷工具包，运用相关理论研究模型监测青少年风险行为和健康行为与福祉相关的核心信息。WHO-HBSC 重点关注优先级风险行为、健康结果、心理和行为健康模式，以及嵌入社会环境的一系列心理社会和文化决定因素，如家庭、学校、同伴、社区、休闲活动和社交媒体。WHO-HBSC 的数据在全球范围内为国际机构、政府和研究人员制定科学政策和有效方案提供循证依据。

中国青年政治学院青少年健康行为研究团队于 2007 年首次将 WHO-HBSC

① “Ottawa Charter for Health Promotion”，WHO，1986.

② “学龄儿童健康行为”研究是与世界卫生组织欧洲区域办事处合作进行的一项针对欧洲和北美洲青少年健康和福祉的跨国研究。

毅书写》等高校思政和校园文化著作。

吕书红 中国健康教育中心研究员，主要研究方向为健康教育与健康促进，长期从事健康教育项目的设计、实施、评价，传播材料制作以及培训等相关业务工作。兼任国家健康科普专家库专家、中国健康促进与教育协会学校分会副主任委员、国家医学考试乡村助理医师考试专家委员会委员、国家卫生人才交流中心人才评价组专家、北京市科学技术委员会评审专家、北京市健康促进学校市级专家委员会委员、《中国学校卫生》编委等。近年来主持学校健康教育健康促进相关工作，主编《学校健康促进实践案例精选》《小学生健康教育读本》《初中生健康教育手册》等。

目　录

Ⅰ　总报告

Ⅱ　分报告

Ⅲ　专题报告

Ⅳ　案例报告

Ⅰ 总报告

General Reports

R.1 青少年健康行为研究报告*

周华珍 吕书红**

摘 要 本报告依据"世界卫生组织—学龄儿童健康行为"研究模型，结合我国国情增加和删减了一些调查问卷题目，研发了《中国青少年健康行为网络调查问卷》，从青少年日常生活的环境分析家庭、学校、同伴、社区、网络对青少年健康的影响，分析教育信息和社会政策对青少年健康的影响和作用。研究发现，和谐的家庭氛围、良好的亲子关系、积极的同伴关系和学校经历、安全稳定的社区环境有利于促进青少年健康，表现为进餐规律、营养良好、睡眠质量较好、积极参加体育锻炼、心理健康状况正常、幸福感较

* 本文系国家社会科学基金项目"在健康社会决定因素框架下构建我国儿童健康行为测量指标体系"（项目编号：18BSH073）阶段性成果。

** 周华珍，中国社会科学院大学马克思主义学院副教授、博士后、访问学者，硕士研究生导师，中国社会科学院大学思想政治教育高等研究院大学生心理与健康发展研究中心主任，中国社会科学院大学价值观与健康教育研究中心主任，主要研究方向为青少年健康行为、心理健康与幸福感、健康干预；吕书红，中国健康教育中心研究员，主要研究方向为健康教育与健康促进。

引进中国，依据国际统一的标准调查问卷和测量指标体系，召开专家研讨会和师生座谈会，了解青少年面临的主要健康问题。问卷在各个城市和农村预测试以后，结合问卷以及开放式问题收集到的反馈，研究团队初步确定了需要关注的青少年健康问题，随后修改调查问卷。再结合国家社会政策和教育信息，经过几年的本土化研究，2009 年研制出符合中国国情的《中国青少年健康行为指标体系》和《中国青少年健康行为调查问卷》，2010 年首次运用该调查问卷在全国 13 个省市进行了青少年健康行为调查，全面系统地了解我国青少年健康行为的现状，并与其他国家和地区参与该问卷的青少年健康行为调查结果进行比较研究。本书课题组根据 WHO-HBSC 的 2017/2018 年国际标准调查问卷和测量指标体系，在总结 2010 年全国 13 个省市和 2017 年 12 月至 2018 年 1 月 3 个省市青少年健康行为问卷结果的基础上，结合多轮专家研讨会共同确定我国需要优先解决的青少年健康问题并进行修订，编制了 2020 年《中国青少年健康行为网络调查问卷》（分为 A 卷、B 卷）。调查问卷修订主要有以下四个方面：一是增加了具有我国特色的留守儿童、流动儿童以及户籍政策对青少年健康行为影响的题目；二是增加网络成瘾、交通安全等题目；三是在国际标准问卷的可选工具包中选出一些专家建议应该深入研究的青少年健康问题，如心理健康、幸福感等题目；四是调研时正值疫情期间，为了观察疫情对青少年健康的影响，增加了关于疫情的题目。

课题组于 2020 年 9～11 月在北京市、湖北省、山东省、辽宁省、江西省、浙江省、云南省、贵州省、广东省、重庆市十省市开展问卷调查，除湖北省和山东省以外，其他八省市均递交了调研报告。香港特别行政区虽然没有参加本次调研，但是他们也使用了“世界卫生组织—学龄儿童健康行为”国际标准调查问卷，并且于 2020 年 6 月进行在线问卷调查，时间上与课题组大致同步。基于课题组正在开展的青少年健康行为合作研究工作，因此，将香港学童身心灵健康调研报告收入本书。

二　本书主要内容

（一）内容结构框架

HBSC 的研究植根于社会和行为科学，从社会化视角系统地探讨了各种

“场域”（如家庭、学校、朋友和媒体）对青少年健康和健康相关行为的影响。本书从社会化视角分析日常生活环境（家庭、学校、同伴、社区、网络）、社会经济发展水平、社会政策、教育信息对青少年健康及健康相关行为的影响。全书由四个部分组成。第一部分是总报告，包括《青少年健康行为研究报告》和《“世界卫生组织—学龄儿童健康行为”跨国研究现状及其发展趋势》；第二部分包括《促进青少年健康相关行为的特点及干预措施调研报告》《损害青少年健康相关行为的特点及干预措施调研报告》《中国青少年与全球青少年精神健康调研报告》。第三部分是专题报告，包括《青少年心理健康及其影响因素分析》《青少年幸福感的影响因素分析》《情感互动仪式链理论视域下家庭因素对青少年危险行为的影响机制研究》《抗逆力理论视角下青少年成瘾性行为的影响因素研究》。第四部分包括北京市、辽宁省、江西省、浙江省、云南省、贵州省、广东省中山市、重庆市青少年健康行为调查研究报告以及香港学童身心灵健康评估计划研究报告。

（二）研究目标

对我国在校青少年健康行为和社会健康领域问题进行研究，探讨我国青少年健康与幸福、健康行为和社会背景研究领域的理论、概念和方法的发展；收集青少年健康行为的相关数据，持续对各省市关于在校青少年健康行为与社会环境之间的关系进行研究；收集有关我国在校青少年健康及健康行为的数据，研究促进青少年健康相关行为的保护性因素和损害青少年健康相关行为的风险因素，关注新冠肺炎疫情对青少年健康行为和福祉的影响，监测各省市、各地区中小学生健康及健康行为的状况及发展趋势，致力于我国在校中小学生健康行为与社会环境及健康基础知识库的构建；向相关科研人员、健康教育政策制定者提供循证依据，在健康宣传人员、教师、家长、青少年中传播研究成果；为研究人员、卫生和教育决策者、健康促进从业人员、教师、家长和青少年等制定青少年健康战略目标提供参考；建立青少年健康领域的国内外专家网络。

（三）理论框架

本书主要运用学术界关于 HBSC 研究的两个理论框架，一是布朗芬布伦纳的生态系统理论。该理论认为个体是构成青少年发展过程的多个相互关联的系统中不可或缺的部分，包括微观系统（青少年与其周围环境的关系）、中观系统（微观系统之间的相互关系）、生态系统（不直接影响个体的环境）和宏观系统（文化或亚文化模式）。[①] 由于青少年健康和健康相关行为嵌入家庭、同伴和学校的社会微观系统，这些微观系统本身也嵌入了中观和宏观系统。[②] 运用该理论分析个人社会特征，微观系统的家庭结构、学校环境、同伴关系，生态系统的社会经济发展水平、社会政策、教育信息以及社会心理因素对我国青少年健康行为、健康与福祉的影响，分析青少年的行为、习惯、态度以及属于某一组织的典型价值对其生活方式、健康行为、健康与福祉的影响。尤其是在分析家庭结构、学校环境、同伴关系对青少年健康及健康相关行为的影响时充分运用了该理论框架。

同时采用了另一种来源于积极社会心理学的“青少年复原力”模型，[③] 该模型强调重要成年人、积极的学校经历、自我价值感和社会联系作为幸福感和降低风险行为的主要决定因素的作用。在研究青少年相关危险行为、青少年心理健康和幸福感时阐述了重要成年人的榜样作用，青少年在家庭和学校的积极和消极日常经历以及青少年与父母、老师和同辈的深度联结都会对其产生巨大而深远的影响。

40 多年来，HBSC 研究不断发展，来自不同研究背景和专业的新成员加入了该网络，越来越多的不同理论和概念框架混合，以解释健康结果和相关健康行为。国内相较于国际上开展 HBSC 研究来说较晚，自 2007 年开始，经过多年的不断探索和发展，由刚开始较为单一的社会学视角，扩展到心理学、流行病学、统计学、哲学等跨学科研究方法，逐渐形成具有中国特

---

① J. S. Hong, B. Ryou, H. Wei et al.,“Identifying Protective Factors that Potentially Buffer the Association between Peer Victimization and Weapon-carrying Behavior among US Adolescents”, *School Psychology International* 2019 (4).

② C. Currie, A. Morgan,“A Bio-ecological Framing of Evidence on the Determinants of Adolescent Mental Health-A Scoping Review of the International Health Behaviour in School-Aged Children (HBSC) Study1983 – 2020”, *SSM-Population Health* 2020 (12).

③ Y. Harel-Fisch, S. Walsh, N. Shteinmitz (2020), *Youth in Israel-Health, Well-Being and Patterns of Risk Behaviors: Findings from the 8th International HBSC Survey* (Hebrew: Bar-Ilan University Press, 2014): 179.

色的 HBSC 研究的理论、概念框架和方法。

本书主要采用当前国际上 HBSC 研究的公共卫生/流行病学方法，包括监测社会背景因素、风险行为、健康行为趋势以及风险因素识别，分析新冠肺炎疫情对青少年健康与福祉的影响；运用社会心理学方法对生活方式及青少年日常社会环境和背景进行研究，探讨促进青少年健康行为的保护性因素和损害青少年健康的风险因素；运用了宏观社会、多层次方法及与生命历程相关的方法，分析社会政策和教育信息对青少年健康及相关行为的影响。此外，还增加了人口分析方法，重点关注我国留守儿童、流动儿童的健康、健康行为以及福祉。尤其是运用青少年心理和行为幸福感社会心理路径模型分析青少年的聚集性风险行为，该模型对中国HBSC研究影响深远。

三　研究方法及样本情况介绍

本书依据 WHO-HBSC 多年来已经成熟的方法论，采用国际统一的调查标准和规则展开研究。根据 HBSC 协议，每个参与国家和地区使用国际统一的标准调查问卷。该调查问卷是一份自我报告问卷，在学校课堂上进行调查。每次使用的国际标准问卷由三类问题组成：每个国家和地区创建国际数据集需要的核心（强制性）问题；每个国家和地区可以选择包含特定主题的可选问题（慢性健康问题和残疾、社会不平等、新冠肺炎疫情、移民等）；各个国家和地区侧重关注的具体问题。每个子群体中的抽样单位应为注册教室。在数据收集过程中，进入抽样框的教室在场的每个学生都被列为调查对象。样本量要求每个年龄组不少于 1500 名答题者，以克服教室的同质性。调查对象在规定的时间内运用计算机在线回答问卷。课题组依据国际抽样调查规定，结合中国国情，除集中在教室里回答外，个别省市学校居家学习的学生可以在规定的时间内用电脑或手机在线回答问卷。

本次调查严格遵守伦理学知情同意原则：在调查前向调查对象说明本次调查的目的、内容和意义；在取得调查对象的知情同意后，调查对象可自愿选择是否参加调查；调查中调查对象可以拒绝回答不愿意回答的问题，并可随时结束调查；不强迫和诱导对方参与调查。所有工作人员严格遵守保密原则，事先向调查对象承诺，此项研究结束后，这些资料不会用作其他用途。

（一）调查对象

本次调查依据国际通用的样本对象规定，具体人群是11岁、13岁和15岁在校生，三组的理想平均年龄分别为11.5岁、13.5岁和15.5岁。同时增加了大一、大二、大三学生样本人群，目的是了解青春期早期、中期和晚期青少年的健康、健康相关行为以及健康与福祉在不同年龄阶段的发展变化情况。抽样依据我国学校系统的运作方式来进行，每个年龄组可能对应一个、两个（或更多）年级。这些差异对每个参与国家和地区选择的抽样策略都有影响，但都要确保至少95%的合格目标人口在抽样框架内。此外，选择了对样本进行分层（按地理、户籍、学校类型等）和/或增加权重，以确保人口的充分代表性。考虑到潜在的无响应，特殊情况（如主动同意要求）下可能会增加一些样本量。

本研究采用WHO-HBSC规定的整群抽样方法，主要样本单位为一个学校班级。三个年龄组中每个年龄组的推荐样本量设定为1500名学生，根据对现有HBSC数据的分析，计算假设95%的置信区间为±3%，约占50%的比例，设计系数为1.2。

由于本书所使用的研究方法与WHO-HBSC研究方法相同，《中国青少年健康行为网络调查问卷》和数据均由中国社会科学院大学价值观与健康教育研究中心提供，以下各报告省去了研究方法的介绍。

本研究的调查对象为十省市大、中小学生，年龄范围在11～22岁。调查对象的选取按照《2020年全国学生健康行为调查工作方案》的统一规定，采用多阶段随机抽样的方法，主要包括中小学生和大学生两个部分。

（1）中小学生：小学五年级、六年级；初中一年级、二年级；高中一年级和二年级，基本对应11～17岁六个年级的学生。

（2）大学生：接受调查时就读于十省市高校的全日制学生，基本对应18岁以上大一、大二、大三的学生。

（二）抽样方法

1. 分层随机抽样

综合考虑社会经济发展水平、地域（东、西、南、北、中）、城市类型（城、乡），在全国范围内抽取十省市进行网络问卷调查。以省市为单位，每个省市采用与人口规模成比例的整群抽样方法（PPS）随机抽取监测县（市、区），人口数少于3000万抽取2个县（市、区），人口数为3000万~6000万抽取4个县（市、区），人口数多于6000万则抽取6个县（市、区），城市与农村各半。

2. 中小学生抽样

在每个县（市、区）选取4所学校，包括小学1所、初中1所、高中1所、职业学校1所，兼顾公立学校和民办学校、示范学校和非示范学校，以便进行两种类型学校健康状况比较研究。按照抽样便利性原则，在抽样时考虑抽取包含“小学+初中”、“初中+高中”或者“小学+初中+高中”的学校，减少抽样成本和时间，部分地区分别抽取小学、初中、高中，具体根据各县（市、区）实际情况决定。从抽样学校所需年级（小学五年级、初中二年级、高中一年级和二年级）里每个年级随机抽取2个班级，所抽中班级要求全班学生参与调查。如果一个班学生不足45人，可以增加一个班级的全班学生参与调查（整群抽样方法）。

每个县（市、区）完成调查量具体如下：

小学：45人×2个班×1个年级（五年级）=90份

初中：45人×2个班×1个年级（初二）=90份

高中：45人×2个班×2个年级（高一和高二）=180份

职业学校：45人×2个班×2个年级（高一和高二）=180份

每个县（市、区）中小学生样本量不少于540份，不足部分由相应学校六年级和初中一年级学生补齐。

3. 大学生抽样

每个省市抽取7所大学，包括6所本科和1所大专，兼顾公立、民办，涵盖重点大学、普通大学、高职学院等各院校类型。大学生抽样只要在一个省范围内即可，可以跨地区进行抽样。每所大学在大一、大二、大三每个年级中随机抽取 2 个班；如班级人数不足 35 人，可以增加 1 个班，抽中班级全体学生参加调查。每个年级至少需要完成 70 份，在 3 个年级抽取至少 210 份样本。每个省市 7 所学校至少需完成 1470 份样本。若调查对象居家学习，地区标注为学生家乡所在地（见表 1）。

表 1　各省市抽取的县（市、区）数量及样本数量

省市	抽样县（市、区）数量（个）	样本量(份)	占总样本量比重(%)
北京	2	2246	5.2
重庆	2	2746	6.3
贵州	4	7151	16.5
辽宁	4	2403	5.5
江西	4	4053	9.3
云南	4	3488	8.0
浙江	4	3177	7.3
湖北	4	4318	9.9
山东	6	6800	15.6
广东	6	5297	12.2
其他		1791	4.2
合计	40	43470	100.0

（三）调查方式

我国十省市的调查问卷由教师在课堂上监督学生在线完成。问卷内容中有些题目根据 HBSC 规则限制，由于小学生、初中生、高中生和大学生年龄不同，问卷内容有所差异。课题组结合我国在校学生面临的问题不同，对部分题目也进行了限制。为保证调查内容的全面及控制问卷题目数量在适宜范围内，此次调查问卷分为 A 卷和 B 卷，调查时每个年级抽取两个班级，一个班做 A 卷，另一个班做 B 卷。为提高问卷的回收率和准确率，保护调查对象隐私，提高学生参与问卷作答的兴趣，本次调查采用网络调查方式进行，由学生通过登录相应网址或扫描二维码进行问卷填写。在线问卷调查中，必须确保不使用强迫回答，并且学生可以跳过问题，因此，全书数据分析时会出现部分题目应答总人数与总样本数不一致的情况。

（四）资料统计分析

问卷数据由项目负责团队从答题系统后台中导出，经初步数据清洗和逻辑纠错后导入 SPSS 软件并进行初步变量赋值，形成 sav 文件。在分析前进行数据逻辑检查，排除随意填写以及重要数据缺失的无效问卷，保证数据的客观性与准确性。数据分析主要采用 Stata17.0 和 SPSS23.0 进行描述性分析、相关分析和回归分析，构成比用百分位数表示。

（五）样本基本情况

本研究仅以北京、重庆、贵州、辽宁、江西、云南、浙江、湖北、山东和广东十省市的中小学生和大学生为研究样本，总样本数为 41679 人。其中，男性共 20645 人，占比为 49.53%，女性共 21034 人，占比为 50.47%，性别比较为均衡；在年级构成中，小学生共 5007 人，占比为 12.01%，初中生共 5284 人，占比为 12.68%，高中生共 18111 人，占比为 43.45%，大学生共 13277 人，占比为 31.86%；在户籍类别中，拥有城市户籍的青少年共 16241 人，占比为 38.97%，拥有非城市户籍的青少年共 25438 人，占比为 61.03%；留守儿童（仅中小学生）共 3153 人，占总样本量的 7.56%；流动儿童（仅中小学生）共 3867 人，占总样本量的 9.28%（见表 2）。

表 2　样本人口学特征分布情况

单位：人，%

变量		人数	占比	累计占比
性别	男	20645	49.53	49.53
	女	21034	50.47	100.00
年级	小学五年级	4753	11.40	11.40
	小学六年级	254	0.61	12.01
	初一	142	0.34	12.35
	初二	5142	12.34	24.69
	高一	9720	23.32	48.01
	高二	8391	20.13	68.14

续表

变量		人数	占比	累计占比
年级	大一	4276	10.26	78.4
	大二	4533	10.88	89.28
	大三	4468	10.72	100.00
户籍	城市户籍	16241	38.97	38.97
	非城市户籍	25438	61.03	100.00
是否留守儿童（仅中小学生）	是	3153	7.56	7.56
	否	25248	60.58	68.14
是否流动儿童（仅中小学生）	是	3867	9.28	9.28
	否	24534	58.86	68.14

四　调查问卷内容及测量指标

（一）研究目标

（1）了解我国青少年健康行为及健康结果，发现青少年健康存在的主要问题和流行特征。（2）了解青少年生活的社会环境即家庭结构、校园环境、同伴关系与青少年健康行为、心理健康和幸福感之间的关系。（3）了解新冠肺炎疫情对青少年心理健康和幸福感的影响。（4）研究促进青少年健康行为的保护性因素，并提出有针对性的措施和建议。（5）研究损害青少年健康相关行为的风险因素，并提出有针对性的措施和建议。（6）探讨我国青少年健康问题的解决方案，以期提升我国青少年健康素养和生活质量，增强青少年的幸福感。

（二）主要变量

本书主要对我国十省市问卷调查所收集的数据进行分析，涉及的主要变量或重要问题分类如下：（1）人口统计变量；（2）日常生活环境因素、社会背景；（3）青少年健康行为和生活中促进健康的保护性因素和损害健康的风险因素；（4）感受到的环境条件（包括身体和社会方面）；（5）自我感觉健康状况；（6）健康与福祉。

（三）中国 HBSC 测量指标简介

中国 HBSC 测量指标在 WHO-HBSC 指标体系基础上，增加了反映我国国情和青少年健康问题，新增了一些指标，具体内容见表 3 和表 4。

表 3　我国青少年健康相关行为的测量指标体系

<table>
<tr><td rowspan="10">青少年健康行为、福祉的影响因素</td><th>一级指标</th><th>二级指标</th><th>三级指标</th></tr>
<tr><td rowspan="4">结构性因素</td><td>社会治理</td><td>社会行动</td></tr>
<tr><td>宏观经济政策</td><td>国家经济水平</td></tr>
<tr><td>社会政策</td><td>健康政策
户籍政策
教育政策</td></tr>
<tr><td>社会文化</td><td>价值观念
文化风俗</td></tr>
<tr><td rowspan="4">生活环境因素</td><td>家庭氛围</td><td>家庭结构
亲子关系
父母支持</td></tr>
<tr><td>学校环境</td><td>学校规则
班级规则
师生关系
同学关系</td></tr>
<tr><td>同伴交往</td><td>与亲近朋友外出
与亲近朋友诉说
通过互联网联络</td></tr>
<tr><td>社区资本</td><td>社区归属感
社区资本
社区设施
社区组织</td></tr>
</table>

表 4　促进、损害健康的相关行为和心理健康及幸福感的测量指标

项目	测量指标
促进健康的相关行为	饮食与影响、体育锻炼、口腔卫生
损害健康的相关行为	吸烟、酗酒、欺负、伤害、危险性行为、网瘾、赌博等
心理健康及幸福感	生活满意度、健康抱怨、心理健康的身体特征

五　主要研究结果与研究结论

中国社会科学院大学价值观与健康教育研究中心与中国健康教育中心经过三个多月的努力，完成了我国十省市《中国青少年健康行为网络调查问卷》的调查研究工作。课题组通过对调查数据的清理和分析，得出青少年健康相关行为及健康福祉的主要研究结果。

（一）促进青少年健康行为的主要研究结果

在睡眠方面，我国青少年平时晚上的平均睡眠时间为7.7小时，不足通用最低标准的8小时；休息日晚上的平均睡眠时间为9.4小时，处于合理范围之内。我国青少年平时平均睡眠时间不足8小时，与以往数据相比呈减少趋势。青少年睡眠时间的减少表明学习压力增大，存在潜在的健康风险。

在身体锻炼方面，我国青少年平均每周参加超过1小时体育锻炼的天数为2.5天，平均每月进行较剧烈运动的天数为2.8天，运动的频率和程度都不高。青少年参加身体锻炼的动机普遍比较务实，排在前几位的是“为了让自己更健康”“为了乐趣”“为了得到一个好身材”。

我国青少年体型正常的比例仅为40.0%，偏瘦、超重的比例分别为31.5%、28.5%，合计占青少年总数的六成。饮食质量总体较高，同时缺乏锻炼，这可能是导致青少年产生体质、体型问题的重要原因。

在休闲方面，我国青少年普遍认为手机在自己的生活中很重要，这一比例达85.9%，可见电子媒介已经深入青少年休闲生活。在使用电子设备方面，青少年用于学习的时间最长，其次是看视频、发邮件和聊天、玩游戏；从具体用途来看，青少年使用最多的是社交软件，占比为21.9%；其次是看视频（18.9%）、打电话和发短信（14.7%）、玩游戏（14.1%）。

（二）损害青少年健康行为的主要研究结果

结果显示，我国部分青少年损害健康行为发生频率较高。

（1）在物质性成瘾行为方面，部分青少年存在烟瘾较大、酗酒严重的问题，其中有3.7%的青少年表示无法坚持一天以上不抽烟，5.3%的青少年一天内饮酒量在5杯及以上。（2）在精神性成瘾行为方面，有2.5%的青少年过去一年中参与了5次以上的赌博，而有1.2%的青少年曾参与过40次及以上。（3）在电子产品使用方面，部分青少年课余使用电子产品时间过长，有8.2%的青少年每周使用电子设备时间在40小时及以上。从玩电子游戏方面来看，我国青少年每周玩电子游戏时间达到5.53小时。（4）在故意伤害方面，父母伤害与校园欺负的风险仍然存在。过去一个月里，有7.1%的青少年承受父母咒骂很多次，有5.6%的青少年被家长打过5次及以上；且有9.8%的青少年被本校或外校同学打骂过，这对青少年在校园的健康成长埋下了巨大的生理和心理隐患，体现了施暴者的行为失范。（5）在意外伤害方面，有47.4%的青少年曾在过去12个月中遭遇过意外伤害，其中体育锻炼或娱乐活动和交通安全造成的伤害比例较高，达14.1%；而且青少年安全意识不足，有32.5%的青少年在骑车时从来没有戴过头盔，有15%的青少年总是闯红灯，有16.1%的青少年很少或者从未在前排系过安全带。（6）在不健康生活习惯方面，我国青少年的晚睡比例较高，在00：00及之后睡觉的青少年比例达到6.3%，睡眠不足问题比较突出；锻炼时间较少，有68.4%的青少年每周锻炼超过1小时的天数在3天及以内，有13.6%的青少年一周内锻炼超过1小时的天数为0；不吃早餐比例较高，仅有47.8%的青少年每天都吃早餐。

（三）青少年健康与福祉的主要研究结果

（1）在心理健康方面，45.57%的青少年认为自身的健康状况非常好，37.92%的青少年认为自身的健康状况比较好，12.30%的青少年认为自身健康状况一般，仅4.21%的青少年认为自己不健康。（2）在生活满意度方面，总体上看青少年生活满意度较高。其中，80.10%的青少年生活满意度高，15.20%的青少年生活满意度一般，只有47.0%的青少年生活满意度较低，近20%的青少年生活满意度较低或一般。（3）在躯体特征（健康抱怨）方面，几乎没有头痛、胃痛、背部疼痛、情绪低落、容易发脾气、感觉紧张、难以入睡、头晕眼花等生理状况的青少年均超过了半数。因此，总体上青少年的生理状况比较良好，但是与其他生理状况相比，情绪低落、容易发脾气和感觉紧张的频率明显较高，超过 17% 的青少年每月有一次情绪低落、容易发脾气或感觉紧张的经历。4.64% 的青少年被医生诊断出来有长期的疾病、残疾，3.81% 的青少年正在服药治疗，2.62% 的青少年因此影响出勤或参加学校活动。（4）在积极情绪方面，约 70% 的青少年幸福感较高、拥有信心且热爱生活；在躯体特征方面，较多青少年存在难以入睡、半夜经常醒来或经常发脾气等特征；在消极情绪方面，39.15% 的青少年认为没有人可以谈论困扰自己的事情，31.81% 的青少年感到孤独，29.03% 的青少年没有与他人交谈或分享的想法。超过 30% 的青少年感到孤独、郁闷或痛苦。在自我认知方面，37.14% 的青少年意识到自己在情感、注意力、行为等方面存在问题。（5）新冠肺炎疫情对青少年心理健康与幸福感有明显影响。如集中精力于正在做的事情时遇到问题的青少年的幸福感得分比无法集中精力于正在做的事情时遇到问题的青少年的幸福感得分低 2.591 个单位；因没有足够的时间进行清洗或清洁而感到沮丧的青少年比没有这一消极情绪的青少年的幸福感得分低 1.607 个单位；日常学习生活受到新冠肺炎疫情干扰的青少年幸福感得分比日常学习生活没有受到新冠肺炎疫情干扰的青少年低 4.471 个单位。

（四）主要研究结论

1. 社会环境对青少年健康及健康行为的影响

和谐的亲子关系和积极的家庭支持是青少年健康成长的重要条件。家庭在青少年的发展过程中扮演重要的角色，是对青少年有关健康行为态度和健康观念产生影响的重要因素之一。良好的家庭环境对青少年健康发展有显著的正向影响，不良家庭环境对青少年发展具有不同程度的负向影响。家庭的持续支持能够引导青少年养成健康的行为方式，促进青少年健康发展，使其更加自信。研究结果还显示，家庭富裕程度是影响亲子关系与社会支持的重要变量。家庭富裕程度越高，青少年与父母的关系相对越亲密，父母在各方面给予青少年的支持也越多。

2. 青少年对同伴支持的认同程度不高

同伴关系是社会支持的重要组成部分，同伴支持是影响青少年健康发展的重要因素，亲密的同伴友谊对青少年的社会性和人格发展有积极影响。已有研究指出，同龄人群体能够维持和加强青少年积极和消极的健康行为。

也就是说，青少年的行为可以通过同伴得到强化。因此，同伴的影响至关重要。

3. 青少年电子游戏沉迷网络现象初显，网络交友或存在风险

随着信息技术的迅猛发展，网络成为青少年获取信息、结交朋友和娱乐休闲的重要方式。但在网络给我们提供方便、快捷资讯的同时，电子游戏沉迷网络、网络依赖沉迷网络等精神性沉迷网络现象也日趋严重，并逐渐成为一个突出的社会心理健康问题。既有研究表明，精神性沉迷网络行为不仅严重影响生命质量，还与不良情绪有显著相关性。

4. 青少年心理健康问题日益突出，已超过身体健康问题

青少年的健康包括身体健康、心理健康、社会适应、道德素养，但既有研究成果主要关注青少年的身体健康。本研究发现，青少年的心理健康和社会适应问题已经超过生理健康问题，成为更需要高度关注和急需解决的问题，道德素养研究有待增强。

5. 青少年饮食结构总体较为合理，营养不良与营养过剩问题仍然存在

随着人们生活水平的提高，青少年的营养有所改善，但是当前我国青少年在饮食习惯方面仍然存在很多问题，如偏食、厌食等，这些问题不仅会对青少年近期的身体发育造成严重影响，还会给青少年远期的身体健康带来很大危害。本研究调查了青少年营养状况与饮食习惯，研究表明，青少年每天吃东西的次数集中在 3 ~4 次，总体上饮食频率较为合理，只有极少数青少年吃东西的次数达到 8 ~9 次，说明吃的零食较多。

6. 青少年暴力行为已经凸显，社会干预刻不容缓

欺负行为、被欺负行为以及打斗行为所带来的不仅仅是短期影响，对于卷入其中的人都会造成长期的消极影响。青少年处于世界观、人生观、价值观形成的重要时期，欺负别人，尤其是受别人欺负可能会对青少年的身心健康造成严重的不良影响，阻碍青少年健康发展。本研究将暴力分为传统暴力与网络暴力并分别进行了调查。从传统暴力来看，大多数青年没有欺负过别人，也没有被别人欺负过，有过欺负与被欺负经历的青少年比例较 2010 年下降了 14. 1 个百分点，主动欺负频率也显著下降。

7. 我国青少年受到的精神性伤害成为不容忽视的问题

青少年是伤害行为的高发人群，无论是物理性的外在伤害还是精神性的内隐伤害，都严重威胁青少年的健康，并对家庭和社会造成巨大的损失。总体来看，我国青少年受到严重伤害的比例较低、次数也较少；男生受伤害频率显著高于女生，几乎是女生的 2 倍。从青少年受到伤害的类型来看，居前三位的分别是被家长骂、被家长用手打、被老师打骂或体罚。可见，除了严重的物理性伤害，青少年受到的伤害主要源于家长和老师，而这种伤害大部分是精神性伤害。

8. 青少年性健康观念较弱、知识匮乏，加强青少年性教育迫在眉睫

青少年生理性早熟不同程度存在，青春期性健康教育发展滞后导致的社会问题逐渐浮出水面。青少年缺乏生理卫生、生理发展、自我保护等知识，缺乏判断与性有关的是非问题的能力，因此青春期性健康教育具有现实的必要性和迫切性。

六　我国青少年存在的主要健康问题及建议

（一）主要健康问题

总体来看，我国青少年身体健康状况良好，呈现积极健康向上的趋势，但同时存在部分健康问题，具体体现在以下几个方面。

1. 存在营养过剩和营养不足两级状况

研究结果显示，部分青少年饮食结构不够均衡，水果与蔬菜的摄入明显不足。与 2010 年相比，青少年营养不良的情况有所改善，同时营养过剩现象也在加剧。因此，当前我国青少年营养不良或营养过剩的情况并存。

2. 体育锻炼与久坐行为并存

适当参加体育锻炼有益于青少年的身心健康，我国青少年参加体育锻炼的状况比 2010 年好，总体处于中等偏上水平。但仍有 10% 左右的青少年从不锻炼身体，上网刷屏、做作业等久坐时间较长，这部分青少年身体健康状况不佳的可能性较大。

3. 青少年心理健康状况堪忧

本研究发现，青少年心理健康和社会适应问题日益突出，已经超过生理健康问题，成为迫切需要解决的现实问题。我国有 20% 左右的青少年处于负向心理状态，这部分青少年的生活满意度和社会适应性较差，在社交、自信心、自尊等方面存在一定问题。超过60%的青少年有过情绪低落、容易发脾气、感觉紧张等经历，10%左右的青少年甚至每天都会出现这些症状。身体的一些不良反应在某种程度上是心理健康问题的反映，10%左右的青少年存在潜在的心理问题。需要对这部分青少年予以重点关注，积极采取干预措施以减少这部分青少年群体心理问题导致的社会问题、家庭问题和自身健康问题，引导和帮助这部分青少年群体走出阴郁，迈向阳光大道。

4. 部分青少年风险行为突出

研究结果表明，网瘾、网络社交、暴力、精神性伤害、健康观念匮乏成为当前青少年健康行为领域中较为突出的问题。青少年沉迷网络行为中，网瘾问题最严重，当前20%左右的青少年可能已经有网瘾或面临网瘾风险。当前，网络带给青少年的负面影响与日俱增。网络社交问题主要体现在青少年与网友、陌生人等不熟悉的人的交往上，尤其是缺乏家长陪伴的青少年，更容易与不熟悉的人交往。网络上不同人群素养参差不齐，青少年频繁与不熟悉的人交往，容易结交到不良人群，沾染一些不良的风气或习惯。

暴力也成为威胁当今青少年健康成长的风险因素，虽然青少年暴力行为占比较2010年有所降低，但仍是影响我国青少年健康成长的突出因素。近年来，校园暴力与网络暴力事件时有发生。本研究结果也表明，我国青少年暴力行为日渐突出，3%左右的青少年涉及严重的欺负与被欺负情形，4%左右的青少年涉及严重的网络欺负与被欺负情形，3.5%的青少年有严重的暴力倾向。暴力问题不仅关系到青少年的健康发展，更是一个严重的社会问题。

5. 青少年社会支持网络亟须得到完善

家庭结构、校园环境、同伴关系是影响青少年健康的重要因素，也是青少年社会支持的重要来源。大量相关研究早已证明，高社会支持正向预测青少年积极发展结果，低社会支持负向预测青少年积极发展结果。高社会支持的青少年社会适应能力、发展前景、生活满意度、学校满意度、学习能力、学业成就等均高于低社会支持的青少年。

社会支持对于预防青少年不良发展结果以及促进青少年积极发展结果非常重要，对青少年所处的环境进行适当干预、引导青少年获得社会支持所需的技能也十分重要。社会支持不仅是出现不良后果后可以缓冲的保护性因素，而且是青少年获取健康素养和帮助的渠道。

（二）若干政策建议

根据上述研究结果和分析，为关心和引导青少年健康发展的相关政府部门提出如下政策建议，仅供参考。

1. 构建政府、社会与家庭有机统一的健康教育体系

依据国家健康政策和人才培养目标计划，构建起政府、社会与家庭相统一的健康教育体系。以建设健康学校为抓手，由政府牵头，联合与儿童发展相关的政府部门支持青少年健康发展，同时鼓励社会资本支持学校开展健康教育活动。学校与家庭、社区联动，在校内外开展健康教育和健康促进活动，建设青少年健康监测、预防、干预、评估系列指标体系，发挥高校教师科研优势，建设青少年健康数据库和健康服务包，全方位为青少年健康发展提供支持和服务。

2. 提高青少年健康素养，开展健康促进活动

研究结果表明，青少年健康问题与社会经济发展水平有关，与家庭氛围、学校环境、同伴交往、社区资本也有关。要积极营造全社会关注青少年健康的环境，把儿童优先发展放在首位，鼓励和接纳青少年开展健康教育和健康促进活动。根据性别、年级、地域差异，结合当地文化，有针对性地优先开展营养膳食、久坐、物质沉迷网络和精神沉迷网络、伤害、暴力、心理健康等方面的讲座和活动。根据青少年身心发展特点，开展促进青少年健康发展以及预防和减少健康风险行为的活动，以学校健康教育和健康促进活动为主，同时可以鼓励志愿者和社工参与青少年健康教育和健康促进活动，提供健康服务工具包，引导和帮助青少年获取健康知识、信息、技能等健康资源，提高青少年健康素养，预防和减少青少年风险行为的发生，减少健康差异和不平等，促进健康公平。

3. 提高教师和父母的健康素养，营造健康的学校环境和家庭氛围

家庭氛围、学校环境、同伴交往对青少年健康影响深远。解决青少年健康问题，必须从青少年成长的环境因素入手，提升青少年的重要成年人的健康素养。学校和社区应开展教师和家长的健康素养培训，引导和帮助教师和家长树立科学的健康观念和意识，掌握获取健康知识和技能的方法和渠道，积极打造健康学校、健康家庭和健康社区，当好青少年健康发展的“把关人”，为青少年健康成长提供和谐的社会环境，提供健康发展所需要的支持和服务。

4. 积极引导青少年树立科学的健康观念，倡导健康的生活方式

净化网络环境，通过互联网传播科学的健康知识，引导青少年选择健康生活方式。青少年是使用互联网的重要群体，他们拥有的很多知识是通过互联网获取的。建议相关部门开通健康平台，邀请专家在青少年健康平台讲授健康知识，开展健康知识竞答活动，鼓励青少年主动掌握健康知识，提高健康素养。同时教会青少年掌握情绪疏导方法，遇到情绪问题和心理问题时，主动寻求帮助，与学校心理咨询师沟通，主动跟父母、老师和同学沟通，学会宣泄情绪，也可以组织专家在线给青少年开展免费心理咨询。通过现场与网络相结合的咨询方式，教会青少年掌握情绪疏导方法，鼓励青少年对自己的健康负责。

R.2
“世界卫生组织—学龄儿童健康行为”跨国研究现状及其发展趋势[*]

Yossi Harel-Fisch　Lilach Ben Meir　Ariela Giladi[**]

摘　要　本文采用“世界卫生组织—学龄儿童健康行为”相关理论模型和国际统一的标准调查问卷进行调查研究，从家庭、学校、同伴、社区、网络不同维度分析影响青少年健康的重要因素。研究发现，全球各国青少年存在相同的健康问题，可以开展国际比较研究，以促进各国青少年健康发展。

关键词　学龄儿童　青少年　健康行为　跨国研究

---

* 本文系国家社会科学基金项目“在健康社会决定因素框架下构建我国儿童健康行为测量指标体系”（项目编号：18BSH073）阶段性成果。

** Yossi Harel-Fisch，教授，以色列巴伊兰大学教育学院国际青少年福祉与健康研究中心主任，世界卫生组织 HBSC 全球项目委员会成员，以色列 HBSC 项目组负责人，主要研究方向为实施跨国家和民族的科学研究方法以影响儿童、青少年福祉和健康的循证政策和干预战略；Lilach Ben Meir，博士，以色列巴伊兰大学教育学院国际青少年福祉与健康研究中心博士后研究员，以色列 HBSC 项目助理，主要研究方向为跨文化视角下青少年心理和行为健康的社会心理和文化决定因素；Ariela Giladi，博士，以色列巴伊兰大学教育学院国际青少年福祉与健康研究中心博士后研究员，以色列 HBSC 项目助理，主要研究方向为跨文化视角下青少年心理和行为健康的社会心理和文化决定因素。

一　“世界卫生组织—学龄儿童健康行为”的起源及其发展背景

（一）相关研究综述

20世纪80年代是风险行为预防和健康促进研究领域建立和发展的基础阶段。该领域的发展在三个平行维度上取得进展：（1）从流行病学和预防医学的角度识别、定义和优先考虑与健康相关的风险行为。（2）制定、实施和验证新的调查方法，以衡量国家代表性样本中的优先级风险行为——首次提供关于全国人群风险行为流行病学趋势的有效可靠数据。（3）源自社会和行为科学的一系列理论和模型的发展，为风险行为和健康促进的多学科研究领域提供了头脑风暴框架。在这项开创性工作的基础上已经产生了广泛的研究，这些研究分析了健康行为的聚集效应、文化和社会心理因素、社会背景与心理健康和学业成绩等主要指标的关系。

既有的健康行为调查大多侧重于一个特定的主题，如上瘾、体育活动、暴力、伤害等，并用于深入监测和研究这些主题。然而，从国家政策和干预措施的角度来看，重要的是从全面调查中获得科学可靠的信息，以衡量各个地区的所有优先级风险行为。理查德·杰瑟（Richard Jessor）和丹尼斯·坎德尔（Denis Kandel）所做的开创性工作证明，与健康相关的风险行为模式往往会发展并聚集成受相同风险因素和保护性因素影响的风险生活方式。[①] 因此，制定政策或干预措施必须考虑到这些令人不安的趋势，并形成基于现实状况的综合政策和方案。早期针对成年人群的全面性的风险行为调查，如CDC的风险行为因素调查（BRFS）和世界卫生组织的阶段性调查，已测评发达国家和发展中国家非传染性疾病和不良心理健康的风险因素。这两个调查的目标对象都是18岁及以上的成年人。关于儿童和青少年，两个著名的综合监测系统是CDC的青少年风险行为监测系统

① R. Jessor, "'Problem-Behavior Theory' Psycho-Social Development and Adolescent Problem Drinking", *British Journal of Addiction* 1987 (82): 435 – 446; D. Kandel, "Stages in Adolescent Involvement in Drug Use", *Science* 1975 (190): 912 – 914.

（YRBS）和世界卫生组织学校健康调查，两者都包括一系列优先级风险行为的衡量标准，但不包括关于受访者的社会人口和经济背景等任何有意义的信息，如关于社会心理、文化和行为决定因素的信息或者儿童生活的各种环境中这些行为结果的社会背景。也就是说，这些调查仅起到监测作用，而不能了解复杂的影响矩阵，这些影响矩阵会形成生活方式、行为、心理状态的模式，以及这些行为结果流行程度的变化，为制定有效政策和计划提供至关重要的信息。

（二）“世界卫生组织—学龄儿童健康行为”的背景

世界卫生组织 HBSC 是一个自 1982 年以来每 4 年实施一次的跨国研究和监测系统，有 50 多个欧洲和北美国家和地区具有代表性的青少年样本。HBSC 的目标人群是 11～15 岁的学龄儿童（在许多国家如以色列，该研究为 11～18 岁年龄段），根据强制性协议，确保所有参与国家和地区及调查年份的有效性、可靠性和兼容性。HBSC 重点关注优先级风险行为、健康结果、心理和行为健康模式，以及嵌入社会环境的一系列社会心理和文化决定因素，如家庭、学校、社区、同伴和网络。

40 多年来，调查问卷的强制性和可选措施已得到科学界的验证和接受。根据 HBSC 协议，每个子群体阶层中的抽样单位应为注册教室。属于抽样教室且在数据收集过程中在场的每个学生都被列为调查对象。样本量应包括每个班级（如年龄组）至少 1500 名受访者，以克服教室的同质性。调查数据收集工具是网络调查问卷。

HBSC 研究早已成为有关青少年福祉和健康的核心科学文献来源，欧洲和北美国家和地区利用该研究来激励、制定和评估以证据为基础的国家和国际政策以及旨在改善青少年健康和福祉的干预措施。该研究调查数据提供了各国青少年健康状况的概况。来自所有国家和地区的数据汇集在一个共享数据库中，供国际HBSC研究委员会和参与调查的首席研究员使用。通过对数据的分析，可以确定处于风险中的子群体、随时间推移的趋势、风险行为和伤害的社会心理和文化决定因素，以及进行各国之间的比较。然后，利用这些信息制定针对可改变风险因素的政策和干预措施，并评估这些政策和措施的有效性。[①] 每个国家的主要研究人员及其各自的研究团队成员每年举行两次会议，交流见解和信息，提出研究结果并讨论正在进行的工作。调查产生的出版物在制定国家和国际两级健康促进议程方面起到了催化剂的作用。在过去 40 多年中，HBSC 已被证明是支持青少年健康领域专家交流经验的有效手段，并推动诸如欧洲健康促进学校网络等跨国家项目。[②] HBSC 的研究源于社会和行为科学，以“社会化视角”为概念框架，系统地探讨了各种“场域”（如家庭、学校、同伴和网络）对青少年健康和健康相关行为的影响。

以下是 HBSC 数据如何影响不同国家和地区健康促进政策、措施和实践发展的一些例子，如为世界卫生组织、欧盟和欧洲委员会项目的欧洲健康促进学校网络的发展和评估做出贡献；指导威尔士全民健康目标的制定，并提供基线和监测数据；提出国家关切的问题，如比利时青少年使用药物的比例较高；在挪威开发基于计算机的学习包，提供影响健康的因素信息，并使学生能够分析其年龄组与健康相关的行为数据；推动拉脱维亚建立卫生和教育政策基础设施；鼓励设立一个特别委员会，审查以色列的青少年暴力行为；实施并评估一项国家计划，以减少以色列青少年酗酒和醉酒现象。侧重关注以下几个方面的问题：（1）同伴关系是否影响青少年的健康和幸福，并影响危险的生活方式？（2）积极的家庭和学校环境在多大程度上缓冲了来自同龄人的消极影响（如大胆、冒险等）？（3）社会文化对青少年在行为、结果方面的影响有哪些共同模式和差异？

如上所述，HBSC 于 1982 年由来自芬兰、挪威和英国三个国家的研究人员发起[③]，不久后，该项目被世界卫生组织欧洲区域办事处作为一项合作研究通过。继 1983/1984 年在创始国以及奥地利和丹麦进行第一次调查之后，越来越多的成员每隔四年进行一次调查。这项研究现已涵盖欧洲和北美 50 多个

① B. Wold, L. Øygard, A. Eder et al., “Social Reproduction of Physical Activity: Implications for Health Promotion in Young People”, *The European Journal of Public Health* 1994 (3): 163 - 168.

② A. King, C. Smith, B. Wold, Y. Harel-Fisch, *The Health of Youth: A Cross-national Survey*, (WHO: Regional Publications, European Series, 1995): 222.

③ L. E. Aarø, B. Wold, L. Kannas et al., “Health Behaviour in School Children: A WHO Cross-national Survey”, *Health Promotion* 1986, 1 (1): 17 - 33.

国家和地区，HBSC 国际研究网络中有 400 多名研究人员。该研究由其每个成员提供国家一级资助。

HBSC 研究目的是重点监测青少年在其社会背景下的健康状况，即在家、在学校、与家人和朋友相处背景下的健康状况。它旨在增进对这些因素是如何单独或共同影响青少年整个青春期早期健康的理解。HBSC 是一项关于学龄儿童健康和健康行为的国际监测研究。参加 HBSC 的研究人员拥有不同的学科背景，他们使用各种概念和理论模型来描述、分析和解释青少年的健康和健康行为。

因此，HBSC 研究的主要目标如下：发起并维持关于学龄儿童健康与福祉、健康行为和健康社会背景的国家和国际研究；促进学龄儿童健康与福祉、健康行为和健康社会背景研究领域的理论、概念和方法的发展；收集学龄儿童的相关数据，监测成员国家和地区学龄儿童健康和福祉、健康行为和社会背景；为青少年健康的全球知识库做出贡献，特别关注健康和福祉、健康行为和健康社会背景；向相关受众传播调查结果，包括研究人员、卫生和教育决策者、健康促进从业人员、教师、家长和青少年；与世界卫生组织儿童和青少年健康战略目标挂钩；为学龄儿童健康促进计划和干预措施的制定提供信息和支持；促进和支持建立关于学龄儿童健康和福祉、健康行为和健康社会背景的专业知识库；建立和加强青少年健康领域的国际专家网络。收集高质量、具有国际可比性的数据对于支持国际政策的制定和监测全球目标的进展、确定不同生命阶段的关键挑战以及突出优先行动领域至关重要。各国和各地区还可以利用这些数据监测其卫生优先事项的进展情况，并与其他类似国家和地区进行比较。

当今世界有 13 亿青少年，占世界人口的 16%。[①] 因此，人们对青少年健康和福祉的认识日益提高。有学者认为，处于儿童期和成年期过渡时期的青少年特别脆弱，这个过渡时期对青少年的生活影响深远。这也是一个社会、心理和生理发展的时期，在这个时期，青少年与他人的关系变得更加复杂，社会认知显著发展。研究表明，这些社会心理变化与青少年大脑

---

① “Investing in a Safe, Healthy and Productive Transition from Childhood to Adulthood is Critical”, UNICEF, Apr., 2022, https://data.unicef.org/topic/adolescents/overview/.

中发生的结构和功能变化并行。[①] 更多研究表明，青春期大脑发育与心理健康和生理健康问题的风险存在关联。[②]

青少年的健康和福祉受到其直接社会环境的强烈影响，包括家庭、学校和社区，以及国家层面的经济、教育、社会和文化因素。[③] 重要的是要注意可能影响青少年生活历程的其他决定因素，包括性别、民族、移民身份、宗教信仰和残疾。因此，为更好地了解社会和发展决定因素的相互作用，该项研究可能会对制定有效的干预措施以避免危险行为和促进积极的健康结果产生深远的影响。因此，青少年生命的第二个十年被视为积极健康促进和福祉干预与投资的关键机会。[④] 2022 年 1 月 28 日发布的报告显示，2020 年约有 130 万名青少年（15～24 岁）死亡，主要死于伤害、暴力、自杀和孕产妇状况等可预防的原因，因此迫切需要在青少年时期建立公共卫生干预计划。[⑤]

世界卫生组织指出，健康乃是一种在身体上、心理上和社会上的完满状态，而不仅仅是没有疾病和虚弱的状态。[⑥] 相应的，自 20 世纪 80 年代初以来，HBSC 研究采用了社会学而非生物医学研究视角，这意味着研究儿童和青少年健康及健康行为的社会环境决定因素。HBSC 研究认识到调查促进健康和福祉的积极因素以及未来不良健康和疾病的风险因素的重要性。这

① L. Foulkes , S. J. Blakemore, "Studying Individual Differences in Human Adolescent Brain Development", *Nature Neuroscience* 2018, 21 (3): 315 – 323.

② S. B. Johnson, J. K. Dariotis, C. Wang, "Adolescent Risk Taking under Stressed and Non-stressed Conditions: Conservative, Calculating and Impulsive Types", *Journal of Adolescent Health* 2012 (51): S34 – S40; J. L. Andrews, S. P. Ahmed , S. J. Blakemore, "Navigating the Social Environment in Adolescence: The Role of Social Brain Development", *Biological Psychiatry* 2021, 89 (2): 109 – 118.

③ R. M. Viner, E. M. Ozer, S. Denny et al. , "Adolescence and the Social Determinants of Health", *The Lancet* 2012, 379 (9826): 1641 – 1652.

④ "The State of the World's Children. Adolescence: An Age of Opportunity", UNICEF, 2011; "Health for the World's Adolescents: A Second Chance in the Second Decade Geneva", WHO, 2014.

⑤ "Older Adolescent (15 to 19 years) and Young Adult (20 to 24 years) Mortality", WHO, 28 Jan. , 2022, https://www.who.int/news-room/fact-sheets/detail/levels-and-trends-in-older-adolescent-(15-to-19-years)-and-young-adult-(20-to-24-years)-mortality.

⑥ "Ottawa Charter for Health Promotion", WHO, 1986.

种对关键环境和社会关系以及青少年成长的社会经济环境的独特关注，继续使我们能够更好地了解青少年健康和健康行为模式。

二　HBSC 研究的概念和理论框架

自成立以来，HBSC 研究的主导视角是社会学而非生物医学，所以更倾向于把青少年的社会环境因素作为其健康和健康行为的决定因素。青少年的健康被认为受到其周围环境以及更广泛的社会背景中个体特征和社会因素的复杂相互作用的影响。① 健康是在更广泛的意义上构想的，描述了心理和身体健康。② 根据该概念方法，社会环境和关系支撑着青少年的健康和健康行为模式，它仍然是 HBSC 研究的主要方法，并在很大程度上决定了每次 HBSC 调查问卷的内容，③ 包括与青少年成长的社会经济背景相关的问题，如家庭、同伴和学校，以及当代公共卫生领域关注的相关健康促进和健康危险行为。最初的概念框架在过去几年中得到了进一步发展，并围绕环境、行为和健康结果的专业领域实现了扩展。④

布朗芬布伦纳的生态系统理论是 HBSC 研究的主要理论框架之一。该理论认为个体是构成青少年发展过程的多个相互关联的系统中不可分割的一部分，这些系统包括微观系统（青少年与其周围环境的关系）、中观系统（微观系统之间的相互关系）、生态系统（不直接影响个体的环境）和宏观系统（文化或亚文化模式）。⑤ 因此，青少年健康和健康相关行为嵌入家庭、同伴和学校的社会微观系统，而这些系统本身也嵌入了中观和宏观

① L. E. Aarø, B. Wold, L. Kannas et al., “Health Behaviour in School Children: A WHO Cross-national Survey”, *Health Promotion* 1986, 1 (1): 17 - 33.

② “Ottawa Charter for Health Promotion”, WHO, 1986.

③ C. Roberts, J. Freeman, O. Samdal et al., “The Health Behaviour in School-aged Children (HBSC) Study: Methodological Developments and Current Tensions”, *International Journal of Public Health* 2009 (2): 140 - 150.

④ R. Grieber, C. Currie et al., “Health Behaviour in School-aged Children (HBSC) Study Protocol: Background, Methodology and Mandatory Items for the 2009/2010 Survey”, Edinburgh, 2011.

⑤ J. S. Hong, B. Ryou, H. Wei et al., “Identifying Protective Factors that Potentially Buffer the Association between Peer Victimization and Weapon-carrying Behavior among US Adolescents”, *School Psychology International* 2019 (4).

系统。[①] 另一种源于积极社会心理学的方法是“青少年复原力”模型[②]，该模型强调重要成年人、积极的学校经历、自我价值感和社会联系作为提升幸福感和减少危险行为的主要决定因素的作用。

多年来，该研究不断发展，来自不同研究背景和专业的新成员加入了该网络，从而形成越来越多的不同理论和概念框架的混合，以解释健康结果和行为。因此，当代 HBSC 研究可大致分为四种主要研究方法。

一是公共卫生/流行病学方法，包括监测社会背景因素、危险行为和健康行为趋势以及风险因素识别的研究。该方法已成为 HBSC 研究的主要方法之一，因为决策者和专业人士认为，为了探索制定合适的干预措施，在国际上监测青少年的健康行为和幸福感至关重要。

二是社会心理学方法，包括对生活方式和青少年日常社会环境/背景的研究。这一研究范式还包含心理学理论框架，这些框架着眼于个体发展因素，如个体应对技能、自尊、感知社会支持和压力，以解释个体层面的健康结果和健康行为。然而，在过去的 20 多年里，这些方法被更先进的多维度和多层次的社会心理、文化和行为框架取代，这些框架基于 HBSC 提供的经验证据，导致重点从探索与危险行为相关的风险因素转为探索保护儿童免受不良行为和结果影响的保护性和复原性因素的来源。

三是宏观社会/多层次方法，能够探索不同层次的数据，例如单个学校计划和国家政策，以及它们对青少年健康和福祉的具体贡献。

四是与生命历程相关的方法，考虑了诸如青春期成熟度和时机等生理因素对青少年健康、幸福感、健康行为和危险行为的影响。[③]

所有这些观点对于更好地理解和整合青少年健康和幸福感的解释模型

---

① C. Currie, A. Morgan, “A Bio-ecological Framing of Evidence on the Determinants of Adolescent Mental Health: A Scoping Review of the International Health Behaviour in School-Aged Children (HBSC) Study1983 – 2020”, *SSM-Population Health* 2020 (12).

② Y. Harel-Fisch, S. Walsh, N. Shteinmitz (2020), *Youth in Israel-Health, Well-Being and Patterns of Risk Behaviors: Findings from the 8th International HBSC Survey* (Hebrew: Bar-Ilan University Press, 2014): 179.

③ C. Currie, N. Ahluwalia, E. Godeau et al., “Is Obesity at Individual and National Level Associated with Lower Age at Menarche? Evidence from 34 Countries in the Health Behaviour in School-aged Children Study”, *Journal of Adolescent Health* 2012 (6): 621 – 626.

都很重要。

Yossi 教授创建了青少年心理和行为幸福感的社会心理路径模型（见图 2-1），主要概念模型之一是“青少年复原力”，该模型来源于对 20 世纪 80 年代和 90 年代 HBSC 研究结果的探索。“青少年复原力”是一个基于证据的积极社会心理学框架，旨在通过提高幸福感来减少青少年危险行为和逃学。该模式已发展成为一个干预框架，并在以色列和其他国家的许多学校和社区广泛实施，产生了巨大的积极影响。

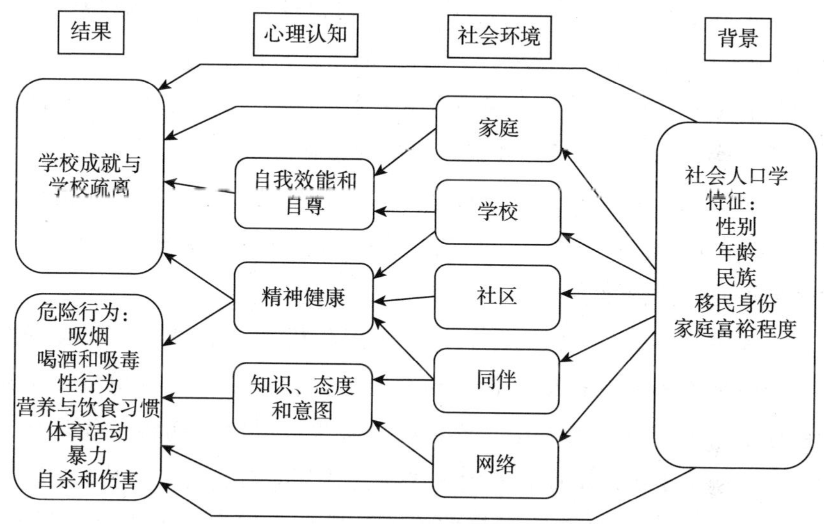

图 1　青少年心理和行为幸福感的社会心理路径模型

HBSC 跨国调查结果确定了青少年危险行为的可改变的主要决定因素，即暴力、低精神状态和学校疏离。这些决定因素在消极行为和健康结果以及各种亚人群中的预测是一致的。令人惊讶的是，这些决定因素并不是大多数传统研究和预防计划针对的常见风险因素，而是保护性、复原性因素，如果没有这些因素，青少年的危险行为比例更高。换言之，主要的行为、健康和社会负面结果不仅是社会环境中暴露于负面风险因素的后果，更重要的是这些危险行为是缺乏重要的保护性和复原性因素导致的，而这些重要的决定因素能够在青少年的生活中提高社会心理健康水平和幸福感，试验证明了能够培养青少年形成一种健康、高效的行为模式和生活方式。

“青少年复原力”重点关注的四个优先级幸福决定因素是：

（1）重要成年人：重要成年人每天参与儿童生活，创造父母、教师、导师、辅导员和青少年辅导员无条件的爱、接受、支持、指导和明确界限的体验。

（2）积极的学校经历（学校氛围）：体验创造归属感、安全感、成长感、兴趣、能力、创造乐趣、成功感和欣赏感。建立一个“安全区”，使行为界限、相互尊重和关心内在化并得到保持。利用有效工具，以治疗具有挑战性问题行为模式的儿童——重点是识别和利用他们各自的优势或才能。加强对教师的培养和有效引导，在课堂上创造日常积极体验。

（3）自我价值感：通过志愿服务或在社区和学校执行任务，创造一种强烈贡献、欣赏、需要、表达才能、成功的感觉。

（4）社会联系：体验亲密、有意义和支持性的友谊，被同伴接受，不感到孤独或被社会排斥。保持平衡的社会生活，建立积极和建设性的关系，同时避免负面的社会影响。

在实证研究结果和见解的基础上，运用积极社会心理学、社会资本理论和社会化理论等概念框架，我们开发了“青少年复原力”模型，作为一种创新循证且科学合理的方法，旨在减少青少年暴力、伤害、危险行为和逃学，主要侧重于提高幸福感的优先级决定因素。在过去 10 年中，我们在以色列的 55 所阿拉伯和犹太学校实施了该模型，作为一项长期干预计划，该模型使用了内置的科学监测和评估系统。该评估结果表明，所有行为和心理结果都有显著改善。

从概念上看，一个相对较新的框架正在出现，将心理学（积极心理学）、社会福利（儿童福利的社会经济指标）、社会学（社会资本和社会支持）和公共卫生（自我生成理论、健康的积极指标和资产模型）领域中使用的模型结合起来。该新兴框架是一种积极的社会心理学方法，重点关注健康领域的社会心理因素。事实证明，该框架对儿童和青少年健康促进领域的持续发展至关重要（见图 2－2）。

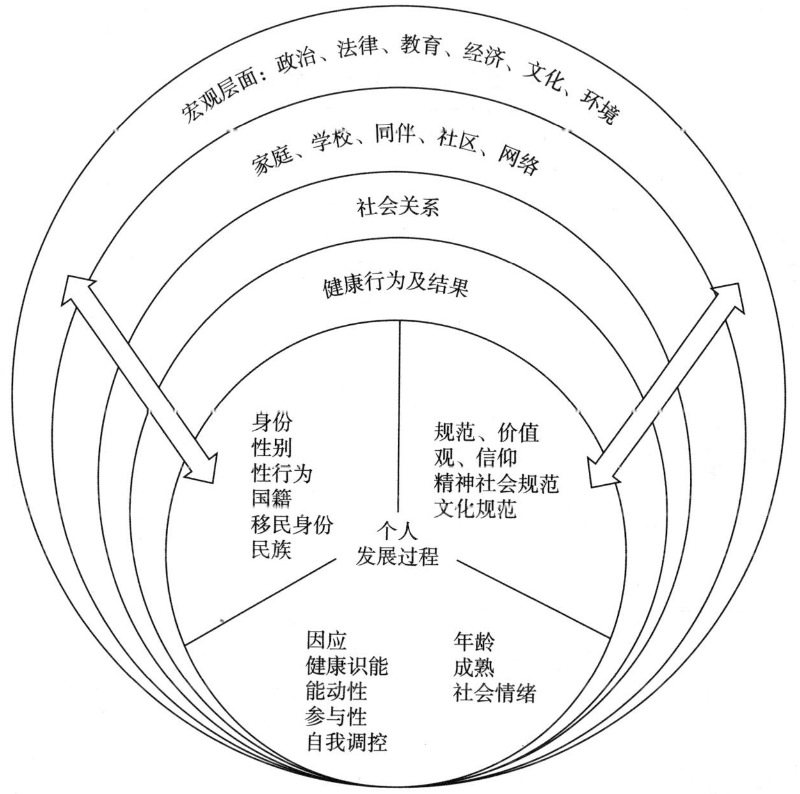

图 2　HBSC 研究的社会学概念模型

资料来源：www. HBSC. org。

三　“世界卫生组织—学龄儿童健康行为” 跨国研究

HBSC 是许多国家和地区青少年健康和健康行为统计数据的主要来源，因此，它用于研究、量化和比较国家和国际健康指标、背景因素和发展趋势。多国籍和多学科方法对决策者和研究人员都有很大的价值，但是它需要勤奋细致的方法设计和政策来应对大规模跨国研究固有的挑战。在接下来的内容里，我们将介绍支持该项合作研究的主要研究方法和政策。

自 1983/1984 年第一次跨国调查以来，成员人数逐渐增加，目前有 50

多个国家和地区是国际网络的成员。全球参与国家和地区名单见表 1。

表 1　全球参与 HBSC 研究情况

国家和地区	1982 年	1984 年	1986 年	1990 年	1994 年	1998 年	2002 年	2006 年	2010 年	2014 年	2018 年	调查总数
芬兰	√	√	√	√	√	√	√	√	√	√	√	11
挪威	√	√	√	√	√	√	√	√	√	√	√	11
奥地利		√	√	√	√	√	√	√	√	√	√	10
丹麦		√	√	√	√	√	√	√	√	√	√	10
比利时（法语）			√	√	√	√	√	√	√	√	√	9
匈牙利			√	√	√	√	√	√	√	√	√	9
苏格兰			√	√	√	√	√	√	√	√	√	9
西班牙			√	√	√	√	√	√	√	√	√	9
瑞典			√	√	√	√	√	√	√	√	√	9
瑞士			√	√	√	√	√	√	√	√	√	9
威尔士			√	√	√	√	√	√	√	√	√	9
以色列			√	√	√	√	√	√	√	√	√	9
比利时（佛兰德语）				√	√	√	√	√	√	√	√	8
加拿大				√	√	√	√	√	√	√	√	8
拉脱维亚				√	√	√	√	√	√	√	√	8
荷兰			√	√	√		√	√	√	√	√	8
波兰				√	√	√	√	√	√	√	√	8
英国	√	√				√	√	√	√	√	√	8
捷克					√	√	√	√	√	√	√	7
爱沙尼亚					√	√	√	√	√	√	√	7
法国					√	√	√	√	√	√	√	7
德国					√	√	√	√	√	√	√	7
格陵兰					√	√	√	√	√	√	√	7
立陶宛					√	√	√	√	√	√	√	7
俄罗斯					√	√	√	√	√	√	√	7
斯洛伐克					√	√	√	√	√	√	√	7

续表

国家和地区	1982年	1984年	1986年	1990年	1994年	1998年	2002年	2006年	2010年	2014年	2018年	调查总数
希腊						√	√	√	√	√	√	6
爱尔兰						√	√	√	√	√	√	6
葡萄牙						√	√	√	√	√	√	6
克罗地亚							√	√	√	√	√	5
意大利							√	√	√	√	√	5
马耳他							√	√	√	√	√	5
北马其顿							√	√	√	√	√	5
斯洛文尼亚							√	√	√	√	√	5
乌克兰							√	√	√	√	√	5
冰岛								√	√	√	√	4
卢森堡								√	√	√	√	4
罗马尼亚								√	√	√	√	4
美国						√	√	√	√			4
亚美尼亚									√	√	√	3
保加利亚								√		√	√	3
北爱尔兰				√	√	√						3
土耳其								√	√		√	3
阿尔巴尼亚										√	√	2
摩尔多瓦										√	√	2
阿塞拜疆											√	1
格鲁吉亚											√	1
哈萨克斯坦											√	1
塞尔维亚											√	1
乌兹别克斯												0
塞浦路斯												0
吉尔吉斯斯坦												0
塔吉克斯坦												0
总计	3	5	13	18	26	30	36	41	41	42	47	

资料来源：www. HBSC. org。

各国在学校制度、语言和研究能力方面存在差异，因此国家的数量和发展情况对提供有效和可靠的数据构成了巨大挑战。随着 HBSC 网络的扩展，提供关于如何收集各国代表性数据的综合培训非常重要。此外，新成员必须证明他们拥有必要的专业知识、资源、资金，并承诺至少进行两次连续调查，为研究的持续发展做出贡献。新加入的国家只有在进行试点调查以证明其有能力收集已被纳入国际数据库的数据后，才能被授予正式成员资格。[①] 为了维护上述权益，并监督和支持有关调查管理的具体方法，HBSC 成立了方法发展小组（MDG）。此外，该网络还设立国家区小组，旨在为地理和文化上相近的国家和地区提供有组织的机会，使其根据共同需要开展研究。这些合作能够应对与 HBSC 网络扩展相关的方法学挑战。

每个调查周期编制了一份旨在确保可比数据的标准化研究协议。每个方案都包括调查项目的科学依据、标准国际问卷以及关于数据收集和管理的技术附录。后者包含使用说明（如问卷布局、问题排序、翻译指导），以及关于调查方法的综合指导，包括抽样、数据收集程序，以及准备国家数据集以输出到国际数据库的说明，成员资格严格取决于每次调查是否遵守国际研究协议。

（一）调查工具

调查工具是一份自我报告问卷，在学校课堂上进行调查。每次调查使用的国际标准问卷由三类问题组成：每个国家和地区创建国际数据集需要的核心（强制性）问题；每个国家和地区可以选择包含特定主题的可选问题（慢性健康问题和残疾、社会不平等、新冠肺炎疫情、移民等）；以及各个国家和地区侧重关注的具体问题。必填和可选问题的源语言为英语。每个国家和地区都必须将英语翻译成本国语言，再由翻译人员将其反译成英语，然后国际协调中心的 HBSC 翻译中心会检查前后的翻译。这些严格的翻译准则旨在提高数据的准确性并确保其可比性。此外，所有问题都要经过

① C. Roberts, J. Freeman, O. Samdal et al., "The Health Behaviour in School-aged Children (HBSC) Study: Methodological Developments and Current Tensions", *International Journal of Public Health* 2009 (2): 140 – 150.

验证研究，在验证研究中，必须在至少 10 个国家的 2 ~3 次调查中证明可靠性标准和高水平测量特性。[①] 这些研究的结果经常发表。

核心问题在整个调查问卷中的定位也有严格的指导原则，以减少国家内部和国家之间的常见方法和自我报告偏见。只有在极端情况下，当存在国家对问题的敏感性时（如对性行为问题的敏感性），个别国家才能排除核心问题。

在大多数国家，调查问卷由教师在课堂上进行监督完成。如果财政资源可用，可以使用研究助理，或者将实地工作外包给第三方代理（如研究公司）。问卷可以在线或纸质完成。在一些国家这两种模式都可以采用，在这种情况下，必须确保问卷的布局尽可能相似。在线问卷调查中，必须确保不使用强迫回答，并且学生可以跳过问题，就像他们在纸质问卷调查中可能做的那样。

（二）抽样

被选为抽样对象的具体人群是 11 岁、13 岁和 15 岁上学的儿童，因为这些年龄段是成熟过程中的重要里程碑。[②] 三组的理想平均年龄分别为 11.5 岁、13.5 岁和 15.5 岁。根据每个国家学校系统的运作方式，每个年龄组可能对应一个学校年级，或者两个（或更多）年级。这些差异对每个参与国选择的抽样策略都有影响，以确保至少 95% 的合格目标人口在抽样框架内。此外，各国可以选择对样本进行分层（如按地理、民族、学校类型等）和/或增加权重，以确保人口的充分代表性。考虑到潜在的无响应，特殊情况（如主动同意要求）下可能会增加样本量。

本研究采用整群抽样方法，主要样本单位为一个学校班级。在缺课的情况下，样本单位可以是学校。考虑到最小化实地调查成本，一些国家可能会

---

① C. Roberts, J. Freeman, O. Samdal et al., “The Health Behaviour in School-aged Children (HBSC) Study: Methodological Developments and Current Tensions”, *International Journal of Public Health* 2009 (2): 140 - 150.

② C. Currie, N. Ahluwalia, E. Godeau et al., “Is Obesity at Individual and National Level Associated with Lower Age at Menarche? Evidence from 34 Countries in the Health Behaviour in School-aged Children Study”, *Journal of Adolescent Health* 2012 (6): 621 - 626.

从一个年龄组中随机选择班级，然后抽取同一学校的其他年级，以减少所需的学校数量。三个年龄组中每个年龄组的推荐样本量设定为约1500名学生，根据对现有HBSC数据的分析，计算假设95%的置信区间为±3%，约占50%的比例，设计系数为1.2。如果不可能具有国家代表性，则抽取区域样本（如德国和俄罗斯），并在人口较少的国家和地区（如冰岛和格陵兰）适当进行相关年龄组的人口普查。所有参与国家和地区都必须填写一份抽样调查问卷，涵盖与了解每次具体调查所采用的抽样方法和程序有关的问题。

（三）伦理审查

该研究符合每个国家的伦理标准，并遵循世界卫生组织和本组织关于研究和数据保护的伦理准则。对于每次调查，参与国家和地区必须申请获得当地伦理委员会/GDPR的批准。同样，一些国家对针对16岁或18岁以下儿童和青少年的调查有伦理批准方面的规定。根据各国的规定，由国家或地区机构或大学批准。此外，在一些国家，参与研究还需要获得当地学校主管部门的批准。

大多数参与国采用了被动同意原则。然而，少数国家需要家长的积极配合，这可能会大大降低回答率。后一种情况必须通过过度抽样方法提前解决。

（四）国际数据集

所有数据处理，包括一致性检查、年龄清理、变量推导和插补，都由HBSC数据管理中心（DMC）集中处理。来自每个国家的文件都要准备好并输出到DMC，在数据库管理员的指导下，在DMC中进行清理并编入国际数据集。数据集在收到完整的数据文件记录后即被接受，该记录提供了关于实地调查日期、取样程序、数据收集程序、回答率、使用语言和资金的信息。记录与研究方案的偏差，通常是为了让数据用户知道某个国家的问题和/或回答类别的措辞发生了变化。[①]

① C. Roberts, J. Freeman, O. Samdal et al., "The Health Behaviour in School-aged Children (HBSC) Study: Methodological Developments and Current Tensions", *International Journal of Public Health* 2009 (2): 140–150.

然后合并这些文件，并将合并的数据集提供给每个参与国的首席研究员。国际数据文件自定稿之日起，限制成员工作组使用三年，之后数据可供外部使用。

总之，HBSC 方法已经开发和调整，以满足多年来在不同国家持续进行的大规模调查的需求，所有这些都旨在确保研究人员和决策者使用可靠、准确和可比的数据。

（五）数据分析

第一阶段的分析包括单项目和量表构建的信度和效度测试（如自尊、学校认知），分别在每个群体以及汇总数据中进行。该分析的目标之一是测试每个群体里中心变量的心理测量特征。差异可能是每个群体对概念的不同理解或翻译困难造成的，这一分析阶段的结果将为参与人群中变量和概念的方法效用提供信心。

第二阶段的分析侧重于计算核心健康行为和健康结果的流行率和发病率，以及关于学校幸福感、家庭和同伴关系的一系列看法。

第三阶段的分析侧重于几个关键因变量之间的关系，并使用多元统计技术。例如，根据问题行为理论调查危险行为集群。路径模型探讨学校幸福感与青少年暴力之间的关系。在每个群体中分别对跨国数据集进行多元分析，以便测试其地方/文化与普遍性的影响。

因此，跨文化分析主要包括在区域数据集中进行的特定人群比较分析的结果，这是过去十年中世界卫生组织 HBSC 研究进行的大多数跨国比较中使用的方法。

巴勒斯坦和以色列研究小组在数据分析的所有阶段进行合作。所有研究小组都将参与，以便在所有四个参与机构中进行分析。

（六）数据的利用和政策分析

项目中开发的数据库以多种方式服务于政策和措施的制定。

（1）为确定青少年的关键问题提供基础，以便确定优先事项。由于该调查对许多领域进行了全面概述，因此为确定优先权提供了比较基础。此外，优先权设定过程的另一个关键输入是比较数据的可用性，这是确定不同问题的相对严重性，即问题相比其他国家更严重。

（2）为提高公众对关键问题的认识提供基础，以促进公众、非营利和营利部门在社会各界开展活动。

（3）为针对问题更严重的子群体的干预工作提供基础。该项研究能够根据年龄、性别、宗教团体、社会经济背景、学校类型进行区分。

（4）根据对各种问题群体规模的定量估计和问题性质的数据（如伤害在学校还是校外更普遍），为制定干预措施提供依据。

（5）为分析原因提供依据，以确定关键干预点。通过倡导家长团体和青少年团体，在公共政策制定者、实地专业人员中宣传调查结果。这将通过一系列出版物和专业讨论来实现。

四　政策制定及其健康促进效应

HBSC 研究是国家内部和国际一级广泛政策议程的宝贵数据来源。该项调查的价值来自这样一个事实，即在该网络存在的 40 多年中，越来越多的国家加入了该网络，它相应增加了国家对儿童数据可用性的限制。它还支持随着时间的推移进行跨国比较，从而使决策者能够从中获得制定干预措施和方案的证据。

因此，该研究的数据和重要信息是制定政策和执行干预措施的基础，旨在改善青少年在物质滥用、健康生活方式、青少年健康和福祉等主要公共卫生关注领域的健康状况。然而，应当指出的是，数据和证据本身不足以解决儿童的健康问题和不平等问题。HBSC 已熟练掌握如何确保其生成的数据和结果能够被决策者和从业者最有效地使用。

Budisavljevic 等人[①]在其文章中提供了世界各地成功案例和干预措施的例子。例如，根据 HBSC 调查结果，加拿大对大麻使用进行监管。2014 年，

① S. Budisavljevic, A. Arnarsson, Z. Hamrik et al., "Improving Adolescent Health: Translating Health Behaviour in School-aged Children Evidence Into Policy", *Journal of Adolescent Health* 2020 (6S): S9 - S11.

在进行 HBSC 调查的约 40 个国家中，加拿大大麻使用量排名第二，青少年早期大麻使用量最高。这些数据为加拿大药物政策改革的主要步骤奠定了基础。因此，2018 年，加拿大成为世界上第二个，也是最大的大麻娱乐用途合法化的国家。新法律《大麻法》是加拿大大麻法律史上的一个里程碑，旨在防止青少年获得大麻，保护他们的健康和安全，并取代非法大麻市场。

另一个成功的例子是青少年饮酒。HBSC 影响了以色列、法国和荷兰的与酒精相关的政策行动。2013/2014 年国际报告的调查结果显示，自 1994 年以来，酒精“狂饮”现象大幅增加，因此以色列制定了一项国家战略，以减少儿童和青少年的酒精消费。该战略于 2010 年实施，包括不同机构之间的合作，通过国家媒体宣传活动提高认识，制定新的法律，以及实施创新的基于学校和社区的干预行动。干预行动被证明是成功的，因为 2014 年 HBSC 的调查报告显示，以色列青少年的酒精“狂饮”减少了约 50%，从 2009 年的 21%降至 2014 年的 11%。

同样，荷兰采取了几项行动以减少高频率的青少年酗酒行为，例如开展全国公共宣传行动，针对父母和青少年采取有针对性的干预措施，制定了更严格的限制酗酒的政策，包括将合法饮酒年龄从 16 岁提高到 18 岁。因此，HBSC 的调查显示，2005～2013 年，荷兰青少年的酒精消费量显著下降，之后呈稳定状态。

2001/2002 年调查中关于常规早餐消费率相对较低的国际报告结果，特别是在威尔士女生中，敦促威尔士政府部门于 2004 年宣布“小学免费早餐倡议”。该倡议向所有公立小学的学生提供免费健康早餐。随之而来的随机对照试验结果表明，该政策提高了早餐的质量，改善了人们对早餐的态度，并缓解了社会经济发展不平衡问题。

苏格兰当局设法改善性健康和生殖健康是另一个成功例子。HBSC 研究的数据在苏格兰制定第一个青少年怀孕和生育战略中发挥了关键作用。过去 10 年，苏格兰早期性行为发生率一直在下降，但与 HBSC 网络中的其他国家和地区相比仍然很高，尤其是女生。该战略旨在降低青少年的怀孕率，减少代际不平等的循环。自 2015 年实施该战略以来，青少年怀孕率呈下降趋势，社会不平等现象有所减少。[①]

自20世纪90年代初以来，瑞典HBSC的研究表明，青少年经历的多种健康抱怨有所增加。作为回应，瑞典对学校和保健系统进行了大量投资和跨部门磋商，并任命了一名国家协调员以支持各机构、地方当局、地区和非政府组织的工作，从而促进积极的心理健康。

亚美尼亚教育部在2008年确定了几个令人不安的问题，特别是与打架有关的问题（据报道，有51%的15岁男生打过架）后，启动了学校的健康生活方式课程计划，如与父亲沟通（48%的女生发现很难与父亲沟通）以及性健康和生殖健康（约一半的受访者对艾滋病毒了解不足）课程。因此，亚美尼亚为中欧、东欧和中亚地区树立了榜样，利用HBSC制定旨在改善青少年健康的政策。

总之，正如上述例子所表明的，政府和决策者重视HBSC关于青少年健康行为的可靠信息，并利用这些信息为旨在改善青少年福祉和降低青少年健康危险的政策制定提供依据。40年多来，HBSC一直在监测学龄儿童的健康、健康行为和健康的社会决定因素。HBSC国际网络生成的重要数据使参与国家和地区政府能够识别趋势、启动项目并评估其是否成功。HBSC代表了一种不同于其他国际组织的跨国合作类型。每年两次面对面的会议、定期开展的广泛工作以及应对最紧迫的社会挑战，都使其比单个团队能够独自完成的工作更强大、更有成效。

五　青少年健康和健康行为的主要国际趋势

HBSC研究的优势之一是它能够分析和展示多年来青少年心理健康、酒精消费和物质使用等各种健康相关主题的趋势。本部分将分析这些趋势，并讨论其影响和建议。

---

① S. Budisavljevic, A. Arnarsson, Z. Hamrik et al., "Improving Adolescent Health: Translating Health Behaviour in School-aged Children Evidence into Policy", *Journal of Adolescent Health* 2020 (6S): S9 – S11.

（一）心理健康趋势

此前的研究表明，青少年的心理健康状况恶化，如抑郁和焦虑障碍、睡眠困难或悲伤，尤其是高收入国家的女生。[①] 因此，心理健康研究引起了该领域从业人员的更多兴趣，尤其是自新冠肺炎全球大流行以来。[②] 在 Cosma 等人的文章中，对 2002～2018 年 36 个欧洲和北美国家和地区的青少年心理健康进行了研究。他们发现随着时间的推移，身心疾病和学业压力呈线性增长，但生活满意度没有变化。此外，青少年心理健康和学业压力以及随时间变化的趋势在全国范围内存在很大差异。[③] 总的来说，在高收入国家，幸福感下降和学业压力增大很明显。随着时间的推移，各国学业压力的小幅增大在一定程度上解释了身心健康抱怨的增加。

此外，调查结果因年龄、性别和家庭富裕程度不同而呈现差异，女生、年龄较大的青少年以及家庭富裕程度较低的人在每个时间点的心理健康状况较差。因此，建议政策制定者和政府考虑到学业压力对心理健康的不利影响，并致力于创造支持性学习环境，提供必要的工具来满足预期需求。[④]

一项最近的研究使用了 HBSC 调查的多层次数据，调查对象为 33 个国家 15～16 岁的青少年，为期 12 年（2002～2014 年）。研究发现，经济变化（以国内生产总值的变化而非教育扩张来衡量）导致青少年面临更多的学校

① S. Collishaw, “Annual Research Review: Secular Trends in Child and Adolescent Mental Health”, *Journal of Child Psychology and Psychiatry* 2015 (3): 370－393; T. Potrebny, N. Wiium, M. M. I. Lundegård, “Temporal Trends in Adolescents’ Self-reported Psychosomatic Health Complaints from 1980－2016: A Systematic Review and Meta-analysis”, *PLOS One* 2017 (11).

② L. Kola, B. A. Kohrt, C. Hanlon, et al., “COVID-19 Mental Health Impact and Responses in Low-income and Middle-income Countries: Reimagining Global Mental Health”, *The Lancet Psychiatry* 2021 (6): 535－550; U. Panchal, G. S. de Pablo, M. Franco, et al., “The Impact of COVID-19 Lockdown on Child and Adolescent Mental Health: Systematic Review”, *European Child & Adolescent Psychiatry* 2021 (8): 1－27.

③ A. Cosma, G. Stevens, G. Martin et al., “Cross-national Time Trends in Adolescent Mental Well-being from 2002 to 2018 and the Explanatory Role of Schoolwork Pressure”, *Journal of Adolescent Health* 2020 (6): S50－S58.

④ A. Cosma, G. Stevens, G. Martin et al., “Cross-national Time Trends in Adolescent Mental Well-being from 2002 to 2018 and the Explanatory Role of Schoolwork Pressure”, *Journal of Adolescent Health* 2020 (6): S50－S58.

压力。经济变化和教育扩张都使学校压力对心理健康问题产生很大的影响，因此，随着国家变得更富强和青少年受教育程度的提高，压力对心理健康问题的影响变得更大。这些发现强调了减轻学校压力的重要性，而学校压力最终会导致青少年出现更多的心理健康问题。为了减轻取得高分的压力，更具包容性的教育体系应该允许更多的青少年接受高等教育，从而可以减轻高中时期的压力。①

此外，Löfstedt 等人②进行的一项研究考察了 2002～2018 年世界卫生组织欧洲和北美地区 15 岁学生的学校压力和学校满意度在不同国家和性别之间的趋势，并探讨了学校压力和学校满意度在国家之间和性别之间是否存在差异。该研究使用了 2002～2018 年参与 HBSC 研究的 32 个国家的数据。结果表明，2002～2018 年，男生的学校满意度趋于提高，而女生的学校压力有所增大。此外，性别差异在学校满意度方面趋于消退，学校压力普遍增大。2017～2018 年，学校满意度和学校压力同时出现，这表明大多数学生属于“无压力—满意度不高”和“有压力—非常不满意”群体。前者男生较多，后者女生较多。这些结果表明，2002～2018 年，女生的学校压力增大，以及她们在压力群体中所占比例较高，需要进一步关注和干预。

（二）青少年饮酒趋势

青少年的危险行为尤其是饮酒，是一个广泛的研究课题。③ Vashishtha 等人在 39 个国家和地区的跨国调查报告中研究了青少年过去 1 个月或每月

① B. Högberg，“Educational Stressors and Secular Trends in School Stress and Mental Health Problems in Adolescents”，*Social Science & Medicine* 2021（270）.

② P. Löfstedt，I. García-Moya，M. Corell et al.，“School Satisfaction and School Pressure in the WHO European Region and North America：An Analysis of Time Trends（2002 – 2018）and Patterns of Co-occurrence in 32 Countries”，*Journal of Adolescent Health* 2020（6）：S59 – S69.

③ O. Shapiro，R. N. Gannot，G. Green et al.，“Risk Behaviors，Family Support，and Emotional Health among Adolescents during the COVID-19 Pandemic in Israel”，*International Journal of Environmental Research and Public Health* 2022（7）：3850；L. Sjödin，P. Larm，P. Karlsson，et al.，“Drinking Motives and Their Associations with Alcohol Use among Adolescents in Sweden”，*Nordic Studies on Alcohol and Drugs* 2021（3）：256 – 269.

饮酒量的趋势。结果表明，各国青少年饮酒量下降的时间和程度有显著差异。1999 年之前，美国青少年饮酒量开始下降，2000 年代初，北欧国家紧随其后；2000 年代中期的西欧国家和澳大利亚。降幅最大的是北欧国家和英国，降幅最小的是东欧和南欧国家。然而，之前对青少年饮酒量下降的分析强调了变化的广泛影响及其在时间上的近乎巧合。这些发现指向了图片的另一面，即广度有限，时间上有很大差异。因此，除了各国范围更广的因素外，解释青少年饮酒近期趋势的努力还应考虑国家和地区特有的因素。①

另一项研究调查了 2002 ~ 2014 年欧洲和北美 39 个国家和地区的 15 岁青少年每周饮酒、醉酒、早期开始饮酒和醉酒的趋势，并观察了青少年饮酒相关行为的地理因素。结果显示，2002 ~ 2014 年，除一些国家外，所有变量均普遍下降。然而，一个国家内部（取决于研究中的饮酒相关行为）和国家之间（在趋势的开始和形成阶段）都存在差异。一些国家某些变量的水平没有降低，反而提高。虽然随着时间的推移，一些特殊性持续存在，但各地区没有稳健的模式。② 尽管青少年酒精消费总体下降，但应特别关注那些没有下降的国家，或者尽管下降，但酒精消费占比仍然很高的国家。

（三）被欺负趋势

欺负是一种针对无法自卫的人故意重复进行的有害行为。欺负和被欺负是儿童和青少年中的一个世界性问题，它与危险行为、心理和身体健康问题等负面后果相关。③ 因此，HBSC 研究提供了随时间推移和跨国家的可比数据，有助于监测数据变化，并向成功减少青少年欺负行为的国家学习。

Chester 等人进行的一项研究比较了 2002 ~ 2010 年 33 个欧洲和北美国

① R. Vashishtha, A. Pennay, P. Dietze et al., “Trends in Adolescent Drinking across 39 High-income Countries: Exploring the Timing and Magnitude of Decline”, *European Journal of Public Health* 2021 (2): 424 - 431.

② E. Leal-López, I. Sánchez-Queija, A. Vieno et al., “Cross-national Time Trends in Adolescent Alcohol Use from 2002 to 2014”, *European Journal of Public Health* 2021 (4): 859 - 866.

③ K. L. Chester, M. Callaghan, A. Cosma et al., “Cross-national Time Trends in Bullying Victimization in 33 Countries among Children Aged 11, 13 and 15 from 2002 to 2010”, *The European Journal of Public Health* 2015 (S2): 61 - 64.

家和地区的欺负行为。研究人员发现，尽管欺负行为仍然频繁，但大多数国家的欺负行为呈下降趋势。① 最近的科学技术发展和青少年接触电子媒介的机会增加，以及成年人监督的减少，导致了新的欺负行为，包括威胁、侮辱和发生在虚拟领域的其他欺负行为。最近，Cosma 等人②研究了传统欺负和网络欺负的跨国趋势，认为传统欺负行为的减少与其他形式的欺负行为（即网络攻击）的增加同时存在。利用 2002～2014 年 4 个时间点的 37 个国家和地区的可比数据，该文发现网络欺负的发生率仍然低于传统形式的欺负，但近 50% 的国家报告了这两种形式的欺负。该文得出结论，任何干预和预防公共卫生政策都应该从更全面的角度考虑欺负行为，考虑到欺负行为的所有表现形式，包括传统的和线上的。

参考文献

M. Boer，G. W. Stevens，C. Finkenauer et al.，“Validation of the Social Media Disorder Scale in Adolescents：Findings from a Large-scale Nationally Representative Sample”，*Assessment* 2021（8）.

C. Currie，N. Ahluwalia，E. Godeau et al.，“Is Obesity at Individual and National Level Associated with Lower Age at Menarche? Evidence from 34 Countries in the Health Behaviour in School-aged Children Study”，*Journal of Adolescent Health* 2012（6）：621－626.

G. Gariepy，B. McKinnon，M. Sentenac et al.，“Validity and Reliability of a Brief Symptom Checklist to Measure Psychological Health in School-Aged Children”，*Child Indicators Research* 2016（2）：471－484.

Y. Harel-Fisch，E. Aviel，“Using an On-line Electronic Method to Administer the HBSC National Questionnaire：An Comparative Evaluation Study”，Ramat Gan：Bar-Ilan

① K. L. Chester，M. Callaghan，A. Cosma et al.，“Cross-national Time Trends in Bullying Victimization in 33 Countries among Children Aged 11，13 and 15 from 2002 to 2010”，*The European Journal of Public Health* 2015（S2）：61－64.

② A. Cosma，S. D. Walsh，K. L. Chester et al.，“Bullying Victimization：Time Trends and the Overlap between Traditional and Cyberbullying across Countries in Europe and North America”，*International Journal of Public Health* 2020（1）：75－85.

Univetrsity, 2011.

Y. Harel-Fisch, S. Walsh, N. Shteinmitz (2020), *Youth in Israel-Health, Well-Being and Patterns of Risk Behaviors: Findings from the 8th International HBSC Survey* (Hebrew: Bar-Ilan University Press, 2014): 179.

J. Kopcakova, Z. D. Veselska, M. Kalman et al., "Test-Retest Reliability of a Questionnaire on Motives for Physical Activity among Adolescents", *International Journal of Environmental Research and Public Health* 2020 (20).

C. Roberts, J. Freeman, O. Samdal et al., "The Health Behaviour in School-aged Children (HBSC) Study: Methodological Developments and Current Tensions", *International Journal of Public Health* 2009 (2): 140 – 150.

T. Torsheim, F. Cavallo, K. A. Levin et al., "Psychometric Validation of the Revised Family Affluence Scale: A Latent Variable Approach", *Child Indicators Rcscarch* 2016 (3): 771 – 784.

Ⅱ 分报告

Topical Reports

R.3 促进青少年健康相关行为的特点及干预措施调研报告*

周华珍　张树辉　李晓雯　薛　聪**

摘　要　为研究青少年健康相关行为及其影响因素，并有针对性地提出干预政策和建议，本报告采用中国社会科学院大学价值观与健康教育研究中心研发的《中国青少年健康行为网络调查问卷》，在中国健康教育中心的支持下，于2020年9~11月在全国10个省市进行了以43470名青少年为

---

* 本文系国家社会科学基金项目“在健康社会决定因素框架下构建我国儿童健康行为测量指标体系”（项目编号：18BSH073）阶段性成果。

** 周华珍，中国社会科学院大学马克思主义学院副教授、博士后、访问学者，硕士研究生导师，中国社会科学院大学思想政治教育高等研究院大学生心理与健康发展研究中心主任，中国社会科学院大学价值观与健康教育研究中心主任，主要研究方向为青少年健康行为、心理健康与幸福感、健康干预；张树辉，中国社会科学院大学副校长，教育部社科大高校思想政治工作创新发展中心副主任，北京市高等学校新闻与文化传播研究会理事长，主要研究方向为高校党建、理论宣传、思想政治教育、校园文化以及新闻传播；李晓雯，中国社会科学院大学价值观与健康教育研究中心研究助理，主要研究方向为青少年思想状况、青少年健康行为；薛聪，中国社会科学院大学硕士研究生，主要研究方向为社会网络与社会支持。

样本的网络问卷调查，采用 SPSS24.0 数据分析软件对所收集的调查数据进行分析。研究发现，在健康相关行为方面，青少年整体情况良好，但仍有部分学生存在饮食不规律、营养不均衡、体育锻炼时间和强度不足、休闲活动时间较少、活动内容单调、睡眠质量不高、睡眠时间不足等问题。家庭经济资本和家庭文化资本与促进青少年健康相关行为显著相关。良好的家庭经济资本和家庭文化资本有利于促进青少年健康；反之，亦然。家庭和学校采取有效措施，进行家校联合，能有效提高和改善青少年健康发展水平。

关键词　青少年　健康相关行为　家庭经济资本　家庭文化资本

一　引言

近年来，我国青少年体质下降、肥胖、活动不足等健康问题日趋明显，青少年健康问题日益受到社会各界的广泛关注。世界卫生组织研究显示，在影响健康的因素中，行为与生活方式非常重要。① 青少年的健康在很大程度上与青少年的健康行为有关，② 其中“世界卫生组织 - 学龄儿童健康行为”（World Health Organization-Health Behavior School-aged Children，WHO-HBSC）调查，自 1982 年就开始开展跨国合作，从多个维度研究青少年健康行为。作为青少年健康问题最重要的社会决定因素之一，家庭因素是讨论青少年健康相关行为绕不开的一个话题。

家庭作为青少年接触社会的第一场所，对青少年的成长和健康有重要的影响。家庭的经济条件、社会背景、家长受教育程度等，都会直接影响青少年的性格特征、生活习惯、行为方式。本文从社会资本理论视角出发，聚焦家庭资本，研究青少年健康相关行为的特点，分析家庭资本对青少年健康相关行为的影响，并着重探讨显著促进青少年健康相关行为的维度。

① 赵霞、孙宏艳、张旭东：《我国城市青少年健康生活方式的发展趋势与改进》，《中国青年研究》2019 年第 4 期。

② A. M. Davis，K. J. Bennett，C. Befort et al.，“Obesity and Related Health Behaviors among Urban and Rural Children in the United States：Data from the National Health and Nutrition Examination Survey 2003 - 2004 and 2005 - 2006，” *Journal of Pediatric Psychology* 36（2011）：669 - 676.

在此基础上提出干预措施，为青少年良好生活习性的养成提供帮助，为青少年发展研究提供参考。

二 研究方法

本研究根据 WHO-HBSC 2020 标准化通用国际调查问卷和测量指标体系（以下简称"WHO-HBSC 问卷测量指标体系"），结合 2010 年在全国 13 个省市开展青少年健康行为问卷调查的结果，研究编制了 2020 年《中国青少年健康行为网络调查问卷》（分为 A 卷、B 卷），并在 2020 年 9～11 月进行网络问卷发放和回收，进行了数据收集整理。本文所用的数据均来自此次问卷调查。

（一）测量指标

1. 饮食和作息

根据饮食和作息的测量指标，问卷中设置了 4 道题目测量饮食情况，如"一周吃几天早餐""吃快餐或叫外卖的频次"；设置了 2 道题目测量作息情况，如"平时晚上睡眠的时间""休息日晚上睡眠的时间"。

2. 体育活动

根据体育活动的测量指标，问卷中设置了 4 道题目测量体育活动情况，如"一周内超过 1 小时的体育锻炼""参加较激烈体育活动的频次"。

3. 休闲

根据休闲的概念和测量指标，问卷中设置了 3 道题目测量休闲情况，如"课余使用电子设备的时间及种类""使用手机时间最长的功能和内容"。

（二）影响因素

1. 家庭经济资本

根据 WHO-HBSC 问卷测量指标体系，用家庭富裕程度（FAS）来表示家庭经济资本。该指标包括针对家庭住房情况、私家车情况、电子设备等物质条件的一系列题目，是家庭物质条件的总和。

2. 家庭文化资本

根据 WHO-HBSC 问卷测量指标体系，用父母受教育程度来表示家庭文化资本。采用李克特量表，用选项设置为“没受过教育”“小学”“中学”“大学及以上”。

3. 家庭社会资本

根据 WHO-HBSC 问卷测量指标体系，用亲子关系来表示家庭社会资本。采用李克特量表，用 0~10 表示青少年与家人关系的强弱，0 代表与家人关系非常差，10 代表与家人关系非常好。

（三）家庭资本

家庭资本这一概念源于布迪厄提出的社会资本理论。他认为家庭资本是可以为家庭成员提供利益的集体性资本的家庭资源，这是一种依靠一定的关系网络实际或潜在的集合体。[①] 家庭资本水平较高的家庭能为孩子的成长和发展提供有利的资源和有价值的信息，让他们获得更好的资源，具有地位优势。家庭资本也在某种程度上通过代际转移，实现资本在家庭和孩子之间的传递。

部分学者提出，家庭资本的内容很全面，其中包括父母学历水平、社会地位以及家庭的经济基础；[②]《普劳顿报告书》（*The Plowden Report*）认为家庭背景包含家庭物质水平、经济来源、家长的受教育程度、职业环境、父母对子女学习的立场、期待和子女人数。[③] 科尔曼认为家庭资本是指家庭构成以及家长受教育程度、亲子之间的联系以及家校联系、家长期望，包括家庭的人力、物质和社会资本。[④] 人力资本一般指父母的受教育程度和能力，物质资本指家庭经济来源和财富积累，社会资本指家庭内的联系以及家庭与家庭存在的社会关系。[⑤] 布迪厄把家庭资本区分为经济资本、文化资本、社会资本。经济资本除了收入这层含义，还包括物质的积累及资源的

---

① J. S. Coleman, E. Campbell, C. Hobson et al., *Equality of Educational Opportunity* (Washington, D. C.: U. S. Government Printing Office, 1966): 10-32.

② 朱丽丽：《家庭资本对大学生人际交往能力影响的实证研究》，硕士学位论文，浙江师范大学，2019。

③ 马和民、高旭平：《教育社会学研究》，上海教育出版社，1998，第 172 页。

④ 易进、郑丹：《“科尔曼报告”对我国教育公平监测的启示》，《教育科学研究》2009 年第 7 期。

⑤ J. S. Coleman, "Social Capital in the Creation of Human Capital," *American Journal of Sociology* 94 (1988): 95-120.

生成。文化资本包括物质资本（如品位、气质）、制度化资本（如学历）和客观资本（如书本、字典等）。社会资本是人们可以在交际网络中使用的能力，每一类资本在观察其法律上的不平等时，都可以当成象征资本使用。①

不同的家庭资本会影响青少年的行为方式。本研究综合诸多学者的观点，将家庭资本分为家庭经济资本、家庭文化资本和家庭社会资本，探讨不同家庭资本对青少年健康行为的影响特征。

三　研究结果

（一）饮食和睡眠概况及家庭资本差异性分析

1. 饮食和睡眠概况

对我国青少年平均每周吃早餐的天数做统计分析，结果显示，我国青少年平均每周吃早餐的天数为 3.7 天，尚未达到理想状态。近五成（49.4%）青少年一天内吃东西的次数为 3 次，处于正常水平。36% 的青少年一天内吃东西的次数超过 3 次，即有加餐。其中，加餐 1 次（每天吃东西 4 次）的青少年占比最高，占 22.3%；加餐 2 次（每天吃东西 5 次）的青少年占 7.2%。青少年加餐的数据较以往研究有所提升，反映出我国青少年饮食与营养水平的总体提升。但仍有 14.6% 的青少年一天吃东西不足 3 次，这部分青少年可能存在营养不良的风险（见图 1）。

在吃快餐和叫外卖方面，我国青少年总体吃快餐和叫外卖的频次较低。其中 28.9% 的青少年表示“很少，一个月少于 1 次”，21.1% 的青少年表示“一个月有 2 ~ 3 次”，19.6% 的青少年表示“从来没有”（见图 2）。近年来随着互联网、电商的高速发展，快餐特别是外卖需求剧增，而快餐和外卖通常被贴上“不健康”的标签，在某种程度上威胁人们的健康。但是从青少年吃快餐和叫外卖总体频次较低的结果来看，我国青少年目前还是以家庭、学校食堂用餐为主，总体饮食质量较好。

① J. J. Sallaz and J. Zavisca, “Bourdieu in American Sociology, 1980 - 2004,” *Annual Review of Sociology* 33 (2007): 21 - 30.

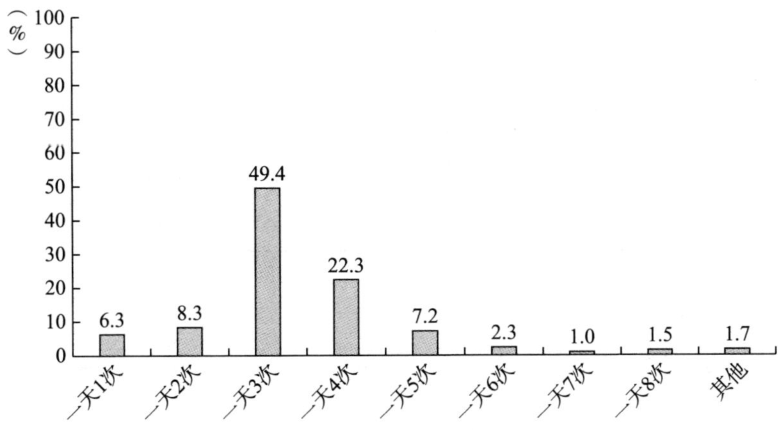

图1　我国青少年一天内吃东西的次数

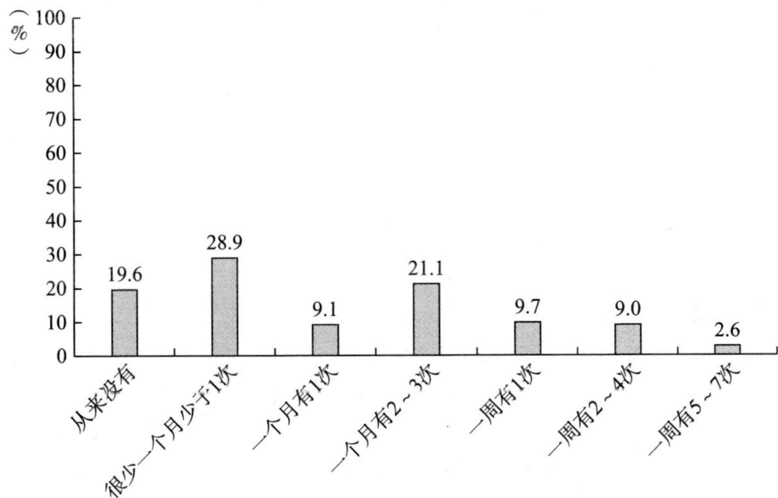

图2　我国青少年吃快餐或叫外卖的频次

分别对青少年平时和休息日晚上的睡眠时间做统计分析，结果显示，我国青少年平时平均睡眠时间约为7.7小时，休息日平均睡眠时间约为9.4小时（见表1），休息日平均睡眠时间比平时长1.7小时，青少年在休息日喜欢“睡懒觉”放松一下，这与我们平时观察到的情况是一致的。青少年每天的睡眠时间以9~10小时最佳，不应低于8小时，而本次调查结果显示，我国青少年平时平均睡眠时间不足8小时。青少年日常学习任务重、压力大是客观存在的，但若因此影响睡眠，也会引起一些潜在风险。

表 1 青少年平均睡眠时间统计

单位：小时

	N	最小值	最大值	均值	标准偏差
平时睡眠时间	21300	3.00	11.00	7.6500	1.06175
休息日睡眠时间	21300	5.00	17.00	9.3783	1.31371

2. 差异性分析

采用相关系数分析和交叉分析对数据进行分析，得出结论见表 2。

表 2 家庭资本各维度与青少年饮食与睡眠各维度的相关性分析

		家庭经济状况	父亲受教育程度	母亲受教育程度	亲子关系	一周内吃早餐的次数	吃快餐/叫外卖的频次	一天内吃东西的次数	平时睡眠时间	休息日睡眠时间
家庭经济状况	T/ρ /r	1								
父亲受教育程度	T/ρ /r	—	1							
母亲受教育程度	T/ρ /r	—	—	1						
亲子关系	T/ρ /r	—	—		1					
一周内吃早餐次数	T/ρ /r	0.051**	0.304	0.688	0.048**	1				
吃快餐/叫外卖频次	T/ρ /r	0.093*	0.095**	0.082**	-0.049**	—	1			
一天内吃东西的次数	T/ρ /r	0.097*	0.065**	0.083**	0.011*	—	—	1		
平时睡眠时间	T/ρ /r	0.075*	0.029**	0.053**	0.100**	—	—	—	1	
休息日睡眠时间	T/ρ /r	0.070**	0.029**	0.053**	0.029**	—	—	—	—	1

注：* 在 0.05 级别（双尾）相关性显著。

** 在 0.01 级别（双尾）相关性显著。

3. 家庭经济资本与青少年一周内吃早餐的次数，吃快餐或叫外卖的频次，一天内吃东西的次数，平时和休息日睡眠时间均显著正相关

关于吃快餐或叫外卖行为，在家庭经济状况处于“中间地带”（比较贫困、一般和比较富裕）的青少年中较为普遍，家庭经济状况处于“两极”（非常贫困和非常富裕）的青少年吃快餐或叫外卖的频次显著低于家庭经济状况处于“中间地带”的青少年。在“请问你多久在快餐店吃一次饭或叫一次外卖？”一题中，33.5%的家庭经济状况非常贫困、32.9%的家庭经济状况非常富裕的青少年选择了“从来没有”（见表3）。家庭经济状况非常贫困的青少年，可能是由于家庭经济条件不允许；家庭经济状况非常富裕的青少年，可能是由于父母饮食理念对孩子的干预较大。

表3　吃快餐或叫外卖的频次与家庭经济资本交叉情况

单位：人，%

			家庭经济资本					合计
			非常贫困	比较贫困	一般	比较富裕	非常富裕	
请问你多久在快餐店吃一次饭或叫一次外卖？	从来没有	计数	266	825	2644	321	116	4172
		占比	33.5	23.9	18.1	15.3	32.9	19.6
	很少(一个月少于1次)	计数	227	1106	4259	493	61	6146
		占比	28.6	32.0	29.2	23.6	17.3	28.9
	一个月有1次	计数	54	307	1373	181	30	1945
		占比	6.8	8.9	9.4	8.7	8.5	9.1
	一个月有2~3次	计数	103	579	3205	551	56	4494
		占比	13.0	16.7	22.0	26.3	15.9	21.1
	一周有1次	计数	43	280	1468	249	21	2061
		占比	5.4	8.1	10.1	11.9	5.9	9.7
	一周有2~4次	计数	54	276	1318	246	25	1919
		占比	6.8	8.0	9.0	11.8	7.1	9.0
	一周有5~7次	计数	48	86	334	51	44	563
		占比	6.0	2.5	2.3	2.4	12.5	2.6
总计		计数	795	3459	14601	2092	353	21300
		占比	100.0	100.0	100.0	100.0	100.0	100.0

值得注意的是，在最高频次即“一周有5~7次”选项中，家庭经济状况

处于“两极”的青少年的比例也显著高于家庭经济状况处于“中间地带”的青少年。这部分青少年，可能是由于长期不与父母住在一起，在家吃饭的条件不足；也可能是家庭经济条件好、零花钱多导致吃快餐或叫外卖频次高。

关于一天内吃东西的次数，家庭经济状况处于“中间地带”和“两极”的青少年也有显著性差异。青少年一天吃东西 3 次、4 次较为普遍，也是目前比较通用的饮食次数标准，但是家庭经济状况处于“两极”的青少年在这两项中的比例显著低于“中间地带”青少年，在一天吃东西 1 次中的比例显著高于“中间地带”青少年（见表 4）。也就是说，相比大多数青少年，家庭经济状况处于“两极”的青少年饮食习惯更差。

表 4　一天内吃东西次数与家庭经济资本交叉情况

单位：人，%

			家庭经济资本					总计
			非常贫困	比较贫困	一般	比较富裕	非常富裕	
请问你在一天里，吃多少次东西（包括一日三餐和加餐）？	一天 1 次	计数	114	237	820	111	68	1350
		占比	14.3	6.9	5.6	5.3	19.3	6.3
	一天 2 次	计数	132	452	1031	126	31	1772
		占比	16.6	13.1	7.1	6.0	8.8	8.3
	一天 3 次	计数	320	1758	7393	948	106	10525
		占比	40.3	50.8	50.6	45.3	30.0	49.4
	一天 4 次	计数	103	631	3428	539	42	4743
		占比	13.0	18.2	23.5	25.8	11.9	22.3
	一天 5 次	计数	35	192	1072	199	35	1533
		占比	4.4	5.6	7.3	9.5	9.9	7.2
	一天 6 次	计数	22	65	326	64	9	486
		占比	2.8	1.9	2.2	3.1	2.5	2.3
	一天 7 次	计数	7	18	141	33	7	206
		占比	0.9	0.5	1.0	1.6	2.0	1.0
	一天 8 次	计数	27	39	187	38	35	326
		占比	3.4	1.1	1.3	1.8	9.9	1.5
	其他	计数	35	67	203	34	20	359
		占比	4.4	1.9	1.4	1.6	5.7	1.7

续表

		家庭经济资本					总计
		非常贫困	比较贫困	一般	比较富裕	非常富裕	
总计	计数	795	3459	14601	2092	353	21300
	占比	100.0	100.0	100.0	100.0	100.0	100.0

4. 家庭文化资本与青少年一周内吃早餐的次数无显著相关关系，与青少年吃快餐或叫外卖的频次，一天内吃东西的次数，平时和休息日睡眠时间均显著正相关

总体上，父亲、母亲受教育程度对青少年饮食习惯的影响是一致的。关于吃快餐或叫外卖行为，父母受教育程度越高，青少年吃快餐或叫外卖频次越高。这可能是由于父母受教育程度越高，工作越繁忙。关于一天内吃东西的次数，父母受教育程度越高，青少年饮食和加餐次数越合理。在“一天1次”“一天2次”选项中，父母受教育程度越高，青少年占比越低；在“一天3次”选项中，父母受教育程度的影响没有明显差别；在“一天4次”“一天5次”选项中，父母受教育程度越高，青少年占比越高。可见，父母受教育程度越高，越注重青少年的饮食与营养，在保障三餐的基础上还强调适当的加餐。

5. 家庭社会资本与青少年吃快餐或叫外卖的频次显著负相关，与一周内吃早餐的次数，一天内吃东西的次数，平时和休息日睡眠时间均显著正相关

关于吃快餐或叫外卖行为，青少年与父母的关系越好，吃快餐或叫外卖的频次越低；关于一天内吃东西的次数，青少年饮食和加餐次数趋于合理。在“一天1次”“一天2次”选项中，亲子关系越好，青少年占比越低；在“一天3次”“一天4次”“一天5次”选项中，亲子关系越好，青少年占比越高。亲子关系较好的家庭，青少年的饮食与加餐水平较高。

（二）体育活动概况及家庭资本差异性分析

1. 体育活动概况

对我国青少年平均每周参加体育锻炼的情况做统计分析，结果显示，青少年平均每周参加超过1小时体育锻炼的天数约为2.5天，平均每月进行较剧烈运动的天数约为2.8天。总体来看，我国青少年运动的频次和程度都不高（见表5）。

表5　青少年平均体育锻炼时间统计

单位：天

	N	最小值	最大值	均值	标准偏差
每周体育锻炼天数	21300	0.00	7.00	2.4731	2.10170
每月剧烈运动天数	21300	0.00	7.00	2.7808	2.29194

关于青少年参加体育锻炼的原因，16.1%的青少年选择了“为了让自己更健康”，11.7%的青少年选择了“为了乐趣”，10.4%的青少年选择了“为了得到一个好身材”，9.7%的青少年选择了“为了和朋友一起玩”（见图3）。青少年参加体育锻炼较不重要的原因依次为“为了讨好父母”“为了追求时尚”“为了寻求刺激”“为了赢”。可见青少年参加体育锻炼的动机非常务实，这也为学校体育课和有关部门开展体育活动教育引导提供了方向。

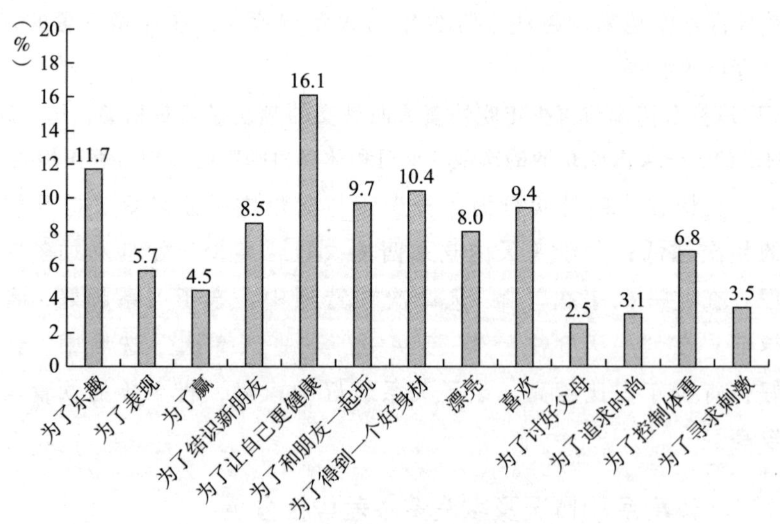

图3　青少年参加体育锻炼的原因

饮食和运动与体型密切相关，因此本研究对青少年的体型状况也做了分析，结果显示，我国青少年体型正常的比例仅为40.0%，偏瘦、超重的比例分别为31.5%、28.5%，合起来占青少年总数的六成（见图4）。全国学生体质健康调研结果也显示，中小学生超重与肥胖检出率持续增加，学生视力不良检出率持续增高且低龄化趋势明显。[①] 饮食质量总体较高，同时缺乏锻炼，可能是青少年产生体质、体型问题的重要原因。近年来我国青少年体质下降、肥胖等问题本就日益凸显，这一数据更是提醒我们，干预青少年饮食健康刻不容缓。

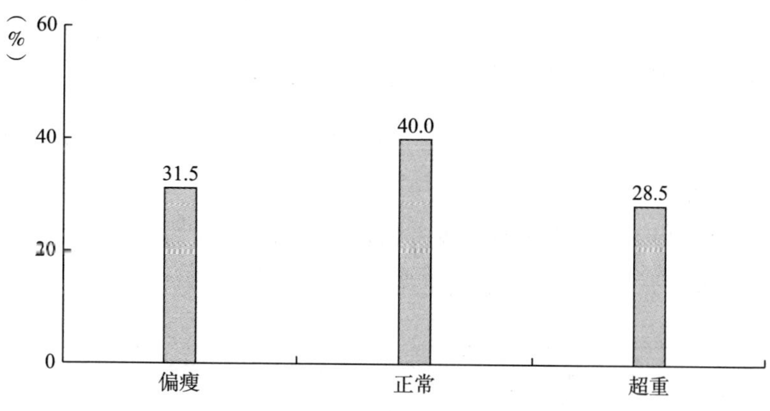

图4 我国青少年体型情况统计

2. 差异性分析

采用相关系数分析和交叉分析对数据进行分析，得出结论见表6。

表6 家庭资本各维度与青少年体育锻炼各维度的相关性分析

		家庭经济状况	父亲受教育程度	母亲受教育程度	亲子关系	每周锻炼天数	每月剧烈运动天数	体型
家庭经济状况	T/ρ /r	1						
父亲受教育程度	T/ρ /r	—	1					
母亲受教育程度	T/ρ /r	—	—	1				
亲子关系	T/ρ /r	—	—	—	1			

① 李小伟、柯进：《学生身体素质“向上”了吗?》，《中国教育报》2015年11月26日。

续表

		家庭经济状况	父亲受教育程度	母亲受教育程度	亲子关系	每周锻炼天数	每月剧烈运动天数	体型
每周锻炼天数	T/ρ /r	0.113 **	0.073 **	0.083 **	0.096 **	1		
每月剧烈运动天数	T/ρ /r	0.078 **	0.051 **	0.050 **	0.050 **	—	1	
体型	T/ρ /r	-0.028 **	-0.030 **	-0.029 **	-0.015 *	—	—	1

注 * 在 0.05 级别（双尾）相关性显著。

** 在 0.01 级别（双尾）相关性显著。

（1）家庭经济资本与青少年参加体育锻炼的频次、原因以及体型均显著相关

家庭经济资本对青少年参加体育锻炼的影响，从“非常贫困”到“非常富裕”，呈现“从高到低，从低到更高”的“对勾”形趋势（见图5）。

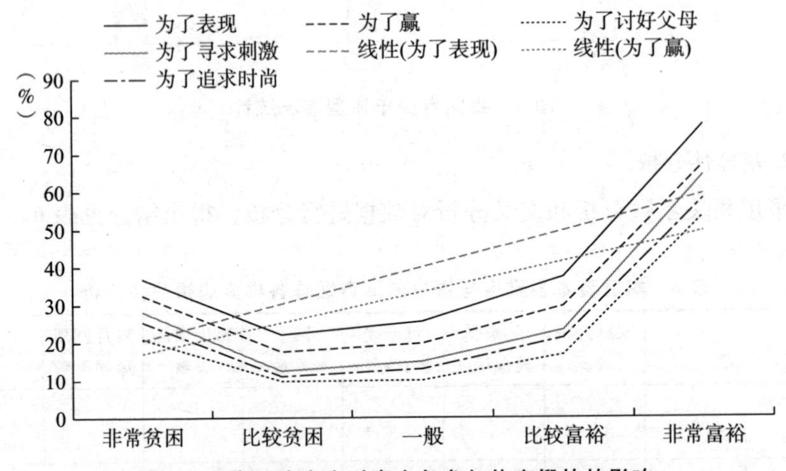

图5　家庭经济资本对青少年参加体育锻炼的影响

无论在哪个维度上，“非常富裕”对青少年的影响都是最大的，其次是“比较富裕”“非常贫困”。在具体的指标上，家庭经济状况非常富裕的青少年在“为了表现”“为了赢”“为了讨好父母”“为了追求时尚”“为了寻求刺激”几个选项中的占比显著高于其他几类青少年，且至少高出30个百分点。

除去家庭经济状况“非常贫困”的青少年，家庭经济状况越富裕，对

青少年体育锻炼的影响程度越高。随着家庭经济收入的提高，人们的体育消费意识、健身意识也随之增强，为青少年的身体健康投资已成为家长的共识，这为青少年参加体育锻炼创造了条件。[①] 对于家庭经济状况"非常贫困"的家长来说，健康的身体意味着为家庭带来改善现状的希望，也可以最大限度地避免由疾病带来的额外开销，这些家长对身体健康的重视程度也是极高的。因此，总体来说，家庭经济状况处于"两极"比处于"中间地带"对青少年参加体育锻炼的影响更大，而"非常贫困"对青少年的高度影响也值得重视。

需要注意的是，家庭经济资本与青少年体型呈负相关。家庭经济状况越富裕，青少年体型正常的比例越低，偏瘦的比例越高（见图6）。这与我们日常生活中观察到的现象也比较相似，家庭经济状况较好的青少年，往往更注重自己的外表，可能由此产生刻意"减肥"行为。

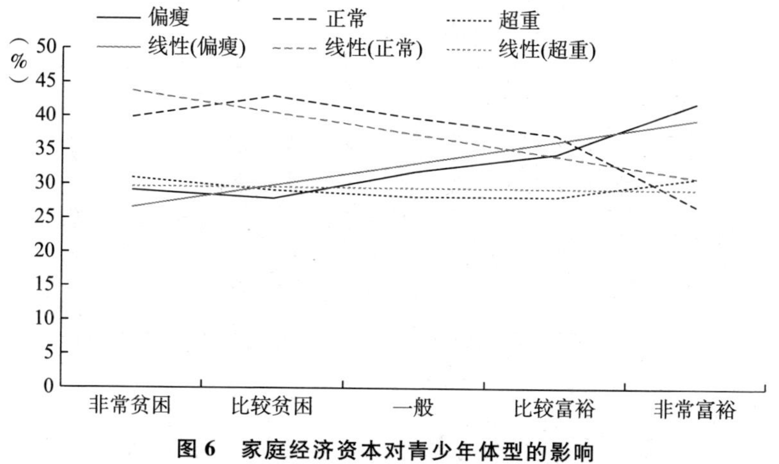

图6　家庭经济资本对青少年体型的影响

（2）家庭文化资本与青少年参加体育锻炼的频次、原因以及体型均显著相关

父母受教育程度越高，对青少年体育锻炼的影响越大。早有研究表明，随着家庭文化层次逐渐增高，在通过体育锻炼达到增强人的身体健康、改

① 董宏伟：《家庭社会资本对青少年体育锻炼意识与行为的影响及反思》，《沈阳体育学院学报》2010年第2期。

善精神状态和增进社会交往等现代健康观念指标方面呈现认识逐渐增强的趋势。① 具体来看，父亲、母亲受教育程度对青少年体育锻炼的影响略有不同。父亲“没受过教育”对青少年体育锻炼的影响最大，母亲受教育程度为“大学及以上”对青少年体育锻炼的影响最大（见图 7、图 8）。可能是由于男性没接受过教育，往往比较注重体力劳动；女性受教育程度越高，往往越重视身体健康。

在体型方面，家庭文化资本与青少年体型呈负相关。父母受教育程度越高，青少年体型正常的比例越低，偏瘦的比例越高。受教育程度越高，越重视身材的管理，这种观念也会潜移默化地影响孩子，可能会引起孩子主动“减肥”的行为。

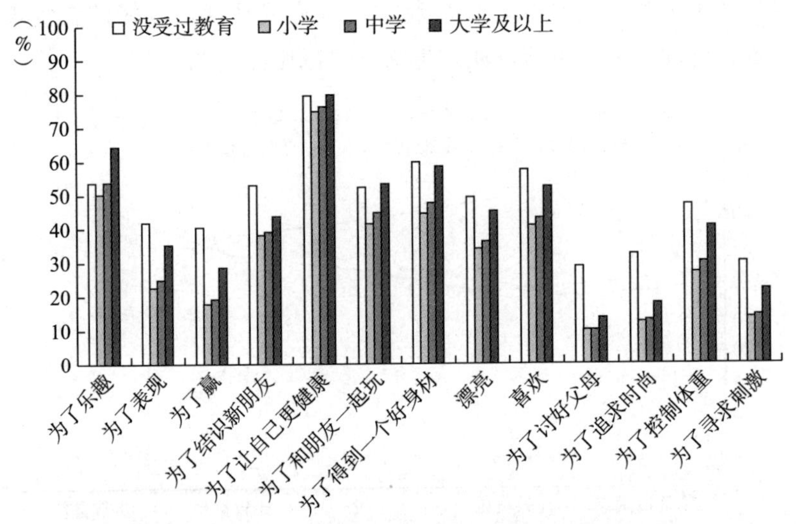

图 7　父亲受教育程度对青少年参加体育锻炼的影响

（3）家庭社会资本与青少年参加体育锻炼的频次、原因显著相关

数据分析结果表明，亲子关系越好，对青少年参加体育锻炼的影响越大。已有研究表明，家长对青少年情感上的支持和心理上的理解都影响青少年体育锻炼习惯的形成。② 亲子关系较好的家庭，父母对青少年的情感支

① 王崇喜等：《受教育程度与健身意识和行为关系的研究》，《体育科学》2004 年第 8 期。

② 史清敏、金盛华、山田敬：《中日青少年自主性发展的比较研究》，《外国教育研究》2003 年第 2 期。

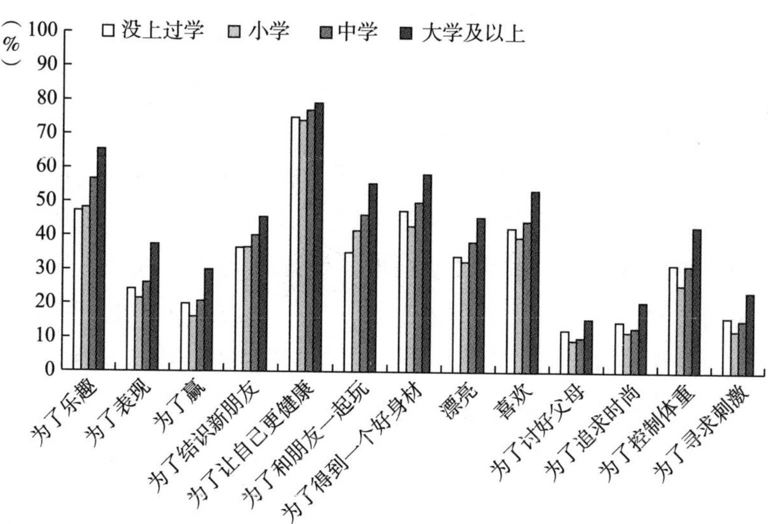

图8 母亲受教育程度对青少年参加体育锻炼的影响

持水平和理解程度比较高，可以对青少年参加体育锻炼形成较为积极的影响。同时无论在哪个维度，亲子关系“非常好”的比例均超过了60%，超过其他几项的总和（见图9），可见亲子关系对青少年参加体育锻炼的影响是极大的。在体型方面，亲子关系越好，体型正常的比例越高，偏瘦的比例越高，超重的比例越低。

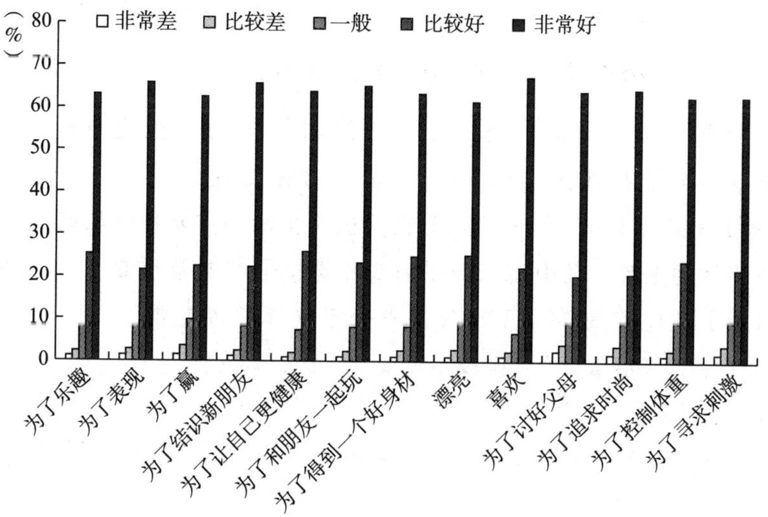

图9 亲子关系对青少年参加体育锻炼的影响

（三）休闲概况及家庭资本差异性分析

1. 休闲概况

对青少年使用电子设备的平均时间进行统计分析，结果显示，我国青少年周一至周五使用电子设备学习的时间最长，明显长于看视频、发邮件和聊天、玩游戏的时间；休息日使用电子设备学习、看视频、发邮件和聊天、玩游戏的时间差别不大。具体来看，周一至周五使用电子设备学习的平均时间为4.0小时，休息日为3.8小时，几乎持平；休息日看视频、发邮件和聊天、玩游戏的平均时间依次为3.7小时、3.3小时、3.3小时，明显长于周一至周五（见图10）。

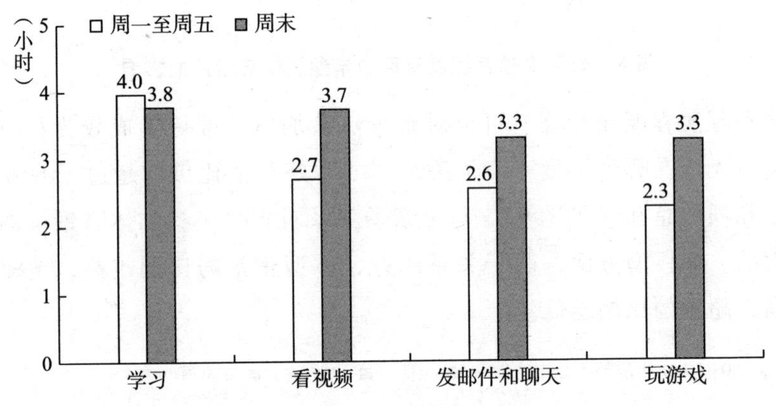

图10　青少年使用电子设备的平均时间

关于使用电子设备情况，青少年使用最多的是社交软件，占比为21.9%；其次是看视频（18.9%）、打电话和发短信（14.7%）、玩游戏（14.1%）（见图11）。关于“你觉得手机在生活中重要程度如何”，85.9%的青少年认为重要，其中26.3%的青少年选择了“非常重要”，32.2%的青少年选择了“比较重要”，27.4%的青少年选择了“重要”；只有14.1%的青少年选择了“不重要”“比较不重要”“根本不重要”。

2. 差异性分析

采用相关系数分析和交叉分析对数据进行分析，得出结论见表7。

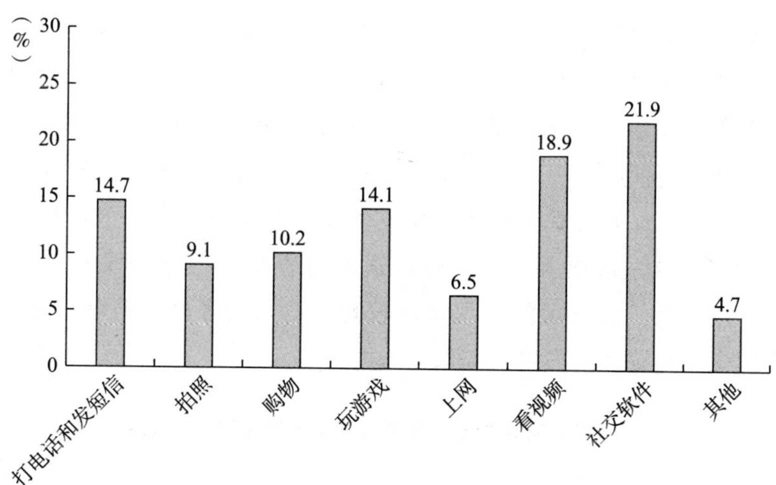

图 11　青少年使用电子设备情况

表 7　家庭资本各维度与青少年休闲各维度的相关性分析

		家庭经济状况	父亲受教育程度	母亲受教育程度	亲子关系	学习	看视频	邮件和聊天	玩游戏	手机重要程度
家庭经济状况	T/ρ /r	1								
父亲受教育程度	T/ρ /r	—	1							
母亲受教育程度	T/ρ /r	—	—	1						
亲了关系	T/ρ /r	—	—	—	1					
学习	T/ρ /r	-0.066**	-0.037*	-0.069**	0.035**	1				
看视频	T/ρ /r	-0.080**	-0.095**	-0.119**	-0.030**	—	1			
邮件和聊天	T/ρ /r	-0.095**	-0.104**	-0.131**	-0.039**	—	—	1		
玩游戏	T/ρ /r	-0.065**	-0.069**	-0.064**	-0.060**	—	—	—	1	
手机重要程度	T/ρ /r	0.076**	0.033**	0.065**	0.072**	—	—	—	—	1

注：* 在 0.05 级别（双尾）相关性显著。
** 在 0.01 级别（双尾）相关性显著。

（1）家庭经济资本与青少年使用电子设备的时间显著负相关，与休息日使用电子设备学习的时间不相关，家庭经济资本与青少年使用电子设备情况、认为手机在生活中的重要程度均显著相关在前三项最常使用的电子设备功能中，青少年使用社交软件、看视频的比例整体随家庭经济状况的变化呈现“低－高－低”的特征，其中“非常富裕”的青少年占比显著低于其他青少年；青少年打电话和发短信的比例也呈现同样特征，其中“非常富裕”的青少年占比显著低于其他青少年。可见家庭经济状况好的青少年在使用电子设备时比较务实。值得注意的是，在“玩游戏”这一选项上，家庭经济资本对青少年的影响没有太大差别。现代青少年用电子设备玩游戏现象比较普遍，无论家庭经济状况如何，都不影响青少年对游戏的喜爱（见表8）。

表8　使用时间最长的电子设备功能与家庭经济资本交叉情况

单位：人，%

			家庭经济资本					总计
			非常贫困	比较贫困	一般	比较富裕	非常富裕	
功能	打电话和发短信	计数	409	1510	6607	1009	208	9743
		占比	4.2	15.5	67.8	10.4	2.1	
	拍照	计数	242	898	4090	649	127	6006
		占比	4.0	15.0	68.1	10.8	2.1	
	购物	计数	297	1187	4508	655	116	6763
		占比	4.4	17.6	66.7	9.7	1.7	
	玩游戏	计数	333	1494	6403	956	167	9353
		占比	3.4	16.0	68.5	10.2	1.8	
	上网	计数	177	648	2929	455	89	4298
		占比	4.1	15.1	68.1	10.6	2.1	
	看视频	计数	441	2126	8671	1145	143	12526
		占比	3.5	17.0	69.2	9.1	1.1	
	社交软件	计数	525	2499	10007	1329	163	14523
		占比	3.6	17.2	68.9	9.2	1.1	
	其他	计数	170	533	2029	301	72	3105
		占比	5.5	17.2	65.3	9.7	2.3	

注：本表制作基于SPSS多重相应分析。问卷原问题是选择使用时间最长的三个功能，每位受访者可以选三项，表中总计为选择每一项的总人数，占比为各家庭经济状况学生占该项总计的比重，和样本量无关。

家庭经济资本对手机在青少年生活中重要程度的影响，从“非常贫困”到“非常富裕”，呈现“微笑曲线”趋势（见图12）。家庭经济状况处于“两极”比处于“中间地带”对手机在青少年生活中重要程度的影响更大，“非常贫困”和“非常富裕”的青少年认为手机对自己的重要程度显著高于其他青少年。

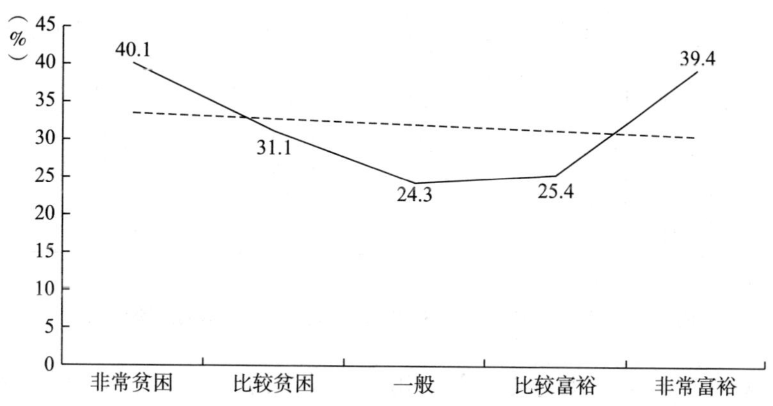

图12　家庭经济资本对手机在青少年生活中重要程度的影响

（2）家庭文化资本与青少年使用电子设备的时间、情况，以及认为手机在生活中的重要程度均显著相关

父亲、母亲受教育程度对青少年使用电子设备情况的影响是极其相似的，在前三项青少年最常使用的电子设备功能中，使用社交软件、看视频等娱乐性功能的比例随父母受教育程度的提升而降低，其中父母受教育程度为“大学及以上”的青少年占比显著低于其他青少年。这是由于父母受教育程度越高，对孩子减少使用电子设备娱乐性功能的要求可能越高。在“打电话和发短信”选项中，父母受教育程度对青少年的影响没有太大差别。

关于手机的重要程度，总体来说，父母“没受过教育”对手机在青少年生活中重要程度的影响大于“受过教育”，父母“没受过教育”的青少年认为手机在自己生活中的重要程度高于其他青少年，并且母亲的影响大于父亲。在“受过教育”选项中，无论父母受教育程度为小学、中学还是大学及以上，对青少年的影响均没有太大差别（见图13）。对于父母“没受过教育”的青少年，他们之所以觉得手机很重要，可能是因为没有从父母那里获得足够多的知识，进而需要通过网络获取知识，但这可能会造成他们与父母关系疏远，而且有沉迷网络等危险行为的风险。

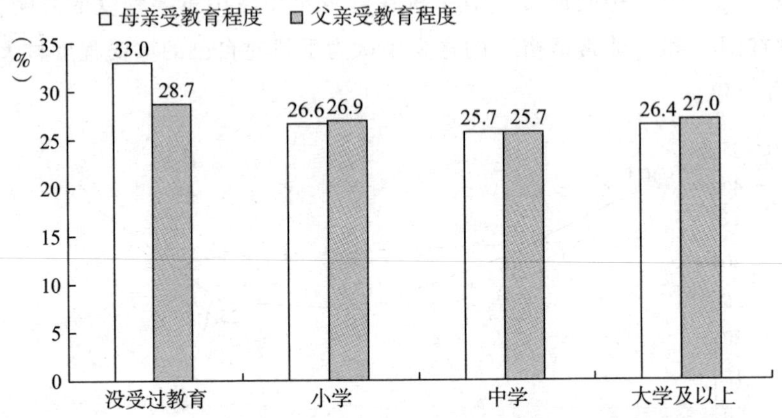

图 13　家庭文化资本对手机在青少年生活中重要程度的影响

（3）家庭社会资本与青少年使用电子设备的时间、情况，以及认为手机在生活中的重要程度均显著相关

亲子关系好，青少年使用电子设备学习的时间有显著提升，用于看视频、玩游戏的时间显著下降，可见良好的亲子关系对青少年使用电子设备有很显著的积极影响。在手机的重要程度方面，亲子关系越好，青少年认为"非常重要"的比例越低，认为"不重要"的比例也有所降低，说明良好的亲子关系可以在一定程度上减少青少年电子设备的使用。

四　结论

（一）我国青少年健康行为表现尚未达到理想状态

在饮食方面，我国青少年一天内吃东西的次数基本在 3～4 次，处于正常水平，但是我国青少年平均每周吃早餐的天数只有 3.7 天，还远没有达到理想水平，这也反映出当代青少年健康饮食习惯和观念的缺乏。这可能是由于青少年的父母现阶段正处于事业上升期，工作较忙，没有太多精力顾及孩子的早餐；也可能是很多青少年休息日喜欢睡懒觉，不吃早餐。另外，我国青少年总体吃快餐和叫外卖的频次较低，以家庭、学校食堂用餐为主，总体饮食质量较好。

在睡眠方面，我国青少年平时平均睡眠时间约为7.7小时，不足通用最低标准8小时；休息日平均睡眠时间约为9.4小时，处于合理范围之内。不少专家学者表示，青少年每天的睡眠时间以9～10小时最佳，不能低于8小时。本次调查结果显示，我国青少年平时平均睡眠时间与以往数据相比呈持续减少趋势。青少年睡眠时间的减少表明学习压力下移，长期来看可能会产生一些潜在的健康风险。

在体育锻炼方面，我国青少年平均每周参加超过1小时体育锻炼的天数约为2.5天，平均每月进行较剧烈运动的天数为2.8天，运动的频次和程度都不高。青少年参加体育锻炼的动机普遍比较务实，排在前几位的是"为了让自己更健康""为了乐趣""为了得到一个好身材"，"为了讨好父母""为了追求时尚""为了寻求刺激"是较不重要的原因。

此外，我国青少年体型正常的比例仅为40.0%，偏瘦、超重的比例分别为31.5%、28.5%，合起来占青少年总数的六成。饮食质量总体较高，同时缺乏锻炼，可能是青少年产生体质、体型问题的重要原因。

在休闲方面，我国青少年普遍认为手机在自己的生活中很重要，占比达到了85.9%，可见电子媒介已经"入侵"青少年休闲生活的各个方面。在使用电子设备方面，青少年学习的时间最长，其次是看视频、发邮件和聊天、玩游戏。从具体用途来看，青少年使用最多的是社交软件，占比为21.9%；其次是看视频（18.9%）、打电话和发短信（14.7%）、玩游戏（14.1%）。

（二）家庭经济资本对青少年健康行为的影响呈现"两极"化特征

统计结果表明，在家庭资本中，家庭经济资本对青少年的影响最为显著。并且，家庭经济状况处于"中间地带"和"两极"，对青少年的影响有较为显著的差别。例如，吃快餐或叫外卖行为在家庭经济状况处于"中间地带"的青少年中较为普遍，在家庭经济状况处于"两极"的青少年中则很少。又如，家庭经济状况处于"两极"比处于"中间地带"对青少年参加体育锻炼的影响更大，家庭经济状况处于"两极"的青少年，特别是

“特别富裕”的青少年，参加体育锻炼“为了表现”“为了赢”的比例显著高于其他青少年，这可能是因为家庭经济状况处于“两极”的青少年具有更强的自尊心和好胜心。此外，大多数青少年认为参加体育锻炼较不重要的原因如“为了讨好父母”“为了追求时尚”“为了寻求刺激”，在“特别富裕”的青少年心中反而很重要。

家庭经济状况好的青少年在使用电子设备时比较务实，不太容易沉迷娱乐性功能。如“非常富裕”的青少年使用社交软件、看视频的比例显著低于其他青少年。家庭经济状况处于“两极”比处于“中间地带”对手机在青少年生活中重要程度的影响更大，家庭经济状况处于“两极”的青少年认为手机对自己的重要程度显著高于其他青少年。

（三）家庭文化资本对青少年健康行为的影响显著

总体来看，父母受教育程度越高，对青少年健康行为的积极影响越显著。例如，父母受教育程度越高，青少年饮食和加餐次数越合理，这意味着这部分青少年的饮食习惯更好；父母受教育程度越高，对青少年体育锻炼的影响越大，青少年参加体育锻炼的动机越强烈。具体来说，父亲“没受过教育”对青少年体育锻炼的影响最大，母亲受教育程度为“大学及以上”对青少年体育锻炼的影响最大。在使用电子设备方面，青少年使用社交软件、看视频等娱乐性功能的比例总体随父母受教育程度的提升而降低，其中父母受教育程度为“大学及以上”的青少年占比显著低于其他青少年，这是由于父母受教育程度越高，对孩子减少使用电子设备娱乐性功能的要求可能越高。

关于手机对青少年的重要程度，母亲受教育程度的影响要大于父亲；父母“没受过教育”的青少年认为手机在自己生活中的重要程度远高于其他青少年，可能是由于没有从父母那里获得足够多的知识，需要通过网络获取知识，但这可能会造成他们与父母关系疏远，而且有沉迷网络等健康危险行为的风险。

（四）家庭社会资本对青少年健康行为的影响显著

总体来看，亲子关系越好，对青少年健康行为的积极影响越显著。例如，在饮食方面，青少年与父母的关系越好，吃快餐或叫外卖的频次越低，饮食和加餐次数越合理；亲子关系越好，对青少年体育锻炼的影响越大，青少年参加体育锻炼的动机越强烈。此外，亲子关系越好，青少年使用电子设备学习的时间越长，看视频、玩游戏的时间越短，并且认为手机的重要程度没有那么高。这些结果充分表明，良好的亲子关系对青少年健康行为有十分积极的影响。在互联网高度发达的今天，青少年过度使用电子设备的现象非常普遍，改善、提升亲子关系，或许是改善这一状况的可行路径。

五 干预措施建议

（一）加强对青少年饮食营养的支持

早餐是一天中最为重要的营养补给，青少年正处于生长发育和学习的重要时期，应该每天都吃早餐。调查结果显示，我国青少年平均每周吃早餐的天数只有3.7天，还远没有达到理想水平，这意味着青少年饮食习惯不够好，长此以往也不利于青少年身体健康。在家庭层面，家长应充分重视孩子的早餐，并为青少年按时吃早餐创造条件；即使不能达到营养全面，也比不吃要好。在学校层面，可适当出台为学生供应早餐的政策，为不能在家里吃早餐的学生提供便利。

（二）促进青少年加强体育锻炼

近年来我国青少年体质下降、肥胖等问题日益凸显，调查结果显示，我国青少年体型正常的比例仅为40.0%，偏瘦、超重的比例分别为31.5%、28.5%，合起来占青少年总数的六成。体型与饮食、体育锻炼有很大的关系，一方面，应进一步倡导青少年健康饮食；另一方面，相关部门应加强宣传，大力倡导青少年参加体育锻炼。在学校层面，可适当增加体育课频次，减少或杜绝体育课被文化课“霸占”的情况；有计划地聘请相关领域的专家、学者讲授有关青少年体育锻炼的内容、方法及促进措施等。在家庭层面，提高对青少年参加体育锻炼的重要性的认识，很多家长一味关注孩子的学习情况，常常限制其体育活动，应呼吁家长不仅要在态度上支持青少年参加体育锻炼，促使其体育锻炼意识与行为的形成，而且要在行动上做青少年的榜样。

（三）加大对家庭经济困难学生的社会支持力度

各种数据表明，家庭资本中，家庭经济资本对青少年的影响最为显著。经济水平高的家庭可以为青少年提供强有力的经济基础，在很多方面增强青少年的自尊和自信心，从而使其具有更好的表现。应该加大对贫困学生的经济扶持力度，如免学费、免书费、补助生活费、增加奖学金配额等。一方面减轻贫困家庭青少年的开销负担，另一方面在一定程度上减轻他们对生活的担心与忧虑。

（四）弱化互联网对青少年健康的不良影响

从青少年认为手机对其生活的重要程度来看，互联网已经渗透到青少年的日常生活之中，成为影响其健康的重要因素。虽然随着电子媒介的普及和教育手段、工具的更新迭代，使用电子媒介学习、查资料等已经成为常态，但随之而来的负面影响也不可忽视。已有很多研究表明，青少年休闲时间宅在家中上网、因上网而晚睡等现象持续增多，客观上减少了参与户外运动甚至睡眠的时间，对青少年的健康造成不良影响。家庭资本对青少年网络生活方式的影响已被证明是显著的，应充分发挥家庭资本的作用，引导青少年养成健康的网络生活方式，弱化互联网对青少年健康的不良影响。

（五）强化家庭教育的作用

调查结果显示，家庭资本对青少年健康行为的影响非常显著，家庭资本越好，对青少年健康发展越有明显的积极影响，但是目前很多家长还没有全面意识到家庭资本对孩子发展的重要作用。特别是家庭文化资本在家庭资本中起到的作用往往被忽视，但是结果表明其产生了十分重要的作用，父母的言传身教对青少年的影响是十分显著的。在家庭层面，家长应有意识地了解相关知识，在可控的范围内优化家庭资本结构，如提升自己的学习能力或学历、加强与孩子的沟通、提升亲子关系质量等。青少年父母要从自身做起，从点滴小事做起，努力奋斗，为孩子树立榜样。在学校层面，学校、老师应强化与家长的联系，定期开展线上、线下见面会，为学生家长特别是家庭资本不足的家长提供必要的家庭教育指导，优化家校联动作用机制。

R.4
损害青少年健康相关行为的特点及干预措施调研报告*

周华珍　孟家麒　薛　聪**

摘　要　为研究损害青少年健康相关行为及其影响因素，为政府相关部门制定健康促进政策提供实证依据，本报告采用中国社会科学院大学价值观与健康教育研究中心研发的《中国青少年健康行为网络调查问卷》，在中国健康教育中心支持下，于2020年9~11月在全国10个省市进行了以43470名青少年为样本的网络问卷调查，采用SPSS24.0数据分析软件对所收集的调查数据进行分析。研究发现，大部分青少年尚未涉及与健康相关的危险行为，但部分青少年物质性成瘾行为、精神性成瘾行为、伤害行为均与性别、年龄、户籍以及家庭支持、同辈支持、社区支持有显著相关性。损害青少年健康的危险行为在留守儿童、流动儿童与非留守儿童、非流动儿童之间均呈现显著性差异。良好的家庭支持、同辈支持、社区支持有助于减少或避免损害青少年健康的危险行为，反之，亦然。

关键词　青少年　健康相关行为　家庭支持　同伴支持　社区支持

---

* 本文系国家社会科学基金项目“在健康社会决定因素框架下构建我国儿童健康行为测量指标体系”（项目编号：18BSH073）阶段性成果。

** 周华珍，中国社会科学院大学马克思主义学院副教授、博士后、访问学者，硕士研究生导师，中国社会科学院大学思想政治教育高等研究院大学生心理与健康发展研究中心主任，中国社会科学院大学价值观与健康教育研究中心主任，主要研究方向为青少年健康行为、心理健康与幸福感、健康干预；孟家麒，中国社会科学院大学，主要研究方向为社会人类学；薛聪，中国社会科学院大学硕士研究生，主要研究方向为社会网络与社会支持。

一　导言

人民健康是民族昌盛和国家富强的重要基础，党和政府高度重视人民健康。青少年是国家的未来和民族的希望，促进青少年健康也是实施“健康中国”战略的重要内容。青少年阶段是人生中生理、认知、行为、情绪和社会功能迅速发展的重要时期。近年来，国家出台了一系列法律法规、政策制度、规范和标准，加大社会治理力度，努力营造有利于青少年健康成长的环境和社会文化氛围。2016 年，中共中央、国务院制定《中长期青年发展规划（2016—2025 年）》，提到持续提升青年营养健康水平和体质健康水平，有效控制青年心理健康问题发生率，提升青年心理健康辅导和服务水平，引领青年积极投身“健康中国”建设。2018 年 9 月 25 日，国家卫生健康委员会召开例行新闻发布会，由中国健康教育中心制定的《中国青少年健康教育核心信息及释义（2018 版）》正式出台。此次核心信息包括合理膳食、科学运动、不吸烟、不饮酒、讲究个人卫生、保持积极向上健康心理状态等，为各界开展青少年健康教育工作提供基本的遵循和支持。本研究旨在为与青少年发展相关的部门制定青少年健康政策提供科学实证依据，更好地保护青少年健康权益，促进青少年健康发展。而为了提升青少年健康素养，开展青少年健康教育和健康促进活动，首先要对青少年健康相关行为及其影响因素进行研究，分析促进青少年健康的保护性因素和损害青少年健康的危险性因素。健康危险因素的监测是开展公共卫生活动的基础，监测不但是促进健康和预防疾病至关重要的基础工作，而且为减轻疾病负担、识别高危人群、指导和评价疾病预防工作提供必要资料。凡是对青少年健康、完好状态乃至终生的生活质量造成直接或间接损害的行为，通称青少年健康危险行为。青少年健康危险行为可能直接危及健康和生命，也是部分成年期疾病的基础，更有可能引发疾患和社会问题。因此，本研究需要监测青少年一系列的行为变量，获得有国家代表性的青少年健康相关行为信息，研究损害青少年健康的行为方式，进而探索得到教育、干预措施，引导青少年及早转变态度，有效纠正损害健康的危险行为。

二　研究方法

（一）损害青少年健康相关行为界定

本研究参照国际惯例，结合我国青少年具体情况，将损害青少年健康相关行为分为以下几类：物质性成瘾行为，包括吸烟、饮酒等；精神性成瘾行为，包括赌博、电子游戏成瘾等；故意伤害行为，包括暴力、自我伤害等；意外伤害行为，包括交通安全隐患、摔伤等；不良生活方式，包括不良饮食习惯、不良作息习惯、不良运动习惯等。

（二）资料统计分析

问卷数据由此项目的主要负责团队集中从答题系统后台中导出，经过初步的数据清洗和逻辑纠错后导入 SPSS 软件并进行初步的变量赋值，以 sav 文件格式下发各省市调查数据。排除随意填写以及重要数据缺失的无效问卷，以保证数据的客观性与准确性。[①] 其中男生为 21651 人，女生为 21819 人；中小学生占 64%，其中 14 岁及以下青少年占 24%，15～17 岁青少年占 40%；城市户籍占 39.3%，非城市户籍占 60.7%；留守儿童占 11.2%，非留守儿童占 88.8%；流动儿童占 13.8%，非流动儿童占 86.2%。问卷收回后，采用 SPSS24.0 对数据进行分析，了解当前青少年的健康危险行为现状，并从多角度对青少年行为背后深层次的影响因素进行分析。

三　研究结果

（一）物质性成瘾行为

物质性成瘾行为包括吸烟、饮酒、滥用药物等。青少年物质性成瘾行

① 排除无效问卷后，每个问题的有效样本量不一致，本文各表的总计和占比根据实际有效样本量计算。并且，实际调查问卷分为 A 卷和 B 卷两部分，分别回答两个问卷的实际人数不一致，表格中的数据以该问题实际有效样本量为准。资料统计分析部分的总体情况，为所有纳入分析的样本情况。

为一直是各国社会关注的重要公共卫生问题之一，此类行为的影响大多从青少年期延续到成年期，对家庭和社会造成巨大危害。成瘾行为并不是孤立存在的，而是心理障碍累积的反映，会造成心理问题的恶化。

1. 吸烟行为情况

吸烟被认为是滥用成瘾性物质的开始，吸烟可导致多种疾病的发生，是人类首要可预防的死亡原因。青少年吸烟已被证明会严重影响其生长发育，一旦开始吸烟，大部分青少年会成为终生吸烟者。开始吸烟的年龄越早，成为经常吸烟者的可能性越大，戒烟的可能性越小，成年后吸烟量也越大，烟草对其身体造成的危害也越大。另外，吸烟会对青少年心血管系统和呼吸系统造成严重危害，并且会加速成年之后慢性病的发生。预防青少年吸烟与降低成人吸烟率密切相关。

从问卷调查①的吸烟情况来看，有7.9%的青少年在过去12个月中吸过烟。有3.1%的青少年在14岁及以下已经开始吸烟；有1.6%的青少年在14岁及以下已经开始吸电子烟（见表1），有3.7%的青少年表示无法坚持1天以上不吸烟（见表2）。从性别上来看，有10.9%的男生在过去12个月里吸过烟，而只有3%的女生吸过。从成瘾性上来看，有6.1%的男生及1.2%的女生表示无法坚持1天以上不吸烟。仅有6.0%的男生与2.5%的女生表示曾经吸烟现在已经戒烟。从户籍上来看，有6.7%的城市户籍青少年在过去12个月里吸过烟，而有8.7%的非城市户籍青少年在过去12个月里吸过烟，显示有更高比例非城市户籍青少年吸过烟。从年龄上来看，随着年龄增大，呈现吸烟频次越高、烟瘾越大的趋势。在留守儿童与普通青少年比较的相关性检验中，P值为0.006，在95%的置信度下，小于显著性水平α0.05，且相关系数

表1　青少年吸烟情况

单位：人，%

吸烟情况		人数	占比
过去12个月吸烟	从未吸烟	19825	93.1
	吸烟	1475	7.9

① 本调查包括留守儿童、非留守儿童、大学生样本。

续表

吸烟情况		人数	占比
首次吸烟年龄	从未吸烟	14031	87.9
	14 岁及以下	493	3.1
	15～17 岁	665	4.2
	18 岁及以上	782	4.9
首次吸电子烟年龄	从未吸电子烟	14733	92.2
	14 岁及以下	252	1.6
	15～17 岁	375	2.3
	18 岁及以上	5940	3.8

表 2　青少年烟瘾情况

单位：人，%

烟瘾情况		人数	占比
坚持多久不吸烟	从未吸过烟	14370	90.0
	以前吸现在不吸	670	4.2
	能坚持几天但不超过 1 周	347	2.2
	能坚持 1 天	80	0.5
	能坚持 3 小时以上但是不超过 1 天	177	1.1
	能坚持 1～3 小时	169	1.1
	能坚持半小时	158	1.0

为正，显示留守儿童的吸烟比例更高；而流动儿童 P 值为 0.154，高于显著性水平 α0.05。

2. 饮酒行为情况

我国青少年的饮酒问题日益严重。青少年尝试饮酒的年龄呈现逐年下降趋势。青少年酗酒已成为一个重要的社会问题。随着时代的发展，社会竞争压力日趋增加，青少年常常借助酒精来逃避内心的压力和困惑。在这个阶段，酗酒特别具有危险性。由于青少年普遍适应能力较弱，与成人相比，他们从心理上较少能进行理性饮酒。酗酒不像别的物质嗜好那样会遭到众多的指责。青少年也许会将饮酒作为融入群体并获得地位的一种手段。由于多种心理机能的变化，酗酒对家庭和社区生活、经济生产力和公共开支造成严重影响。

青少年在青春期养成的酗酒习惯会导致诸多社会和心理危害。

根据问卷调查的饮酒情况来看，有18.0%的青少年饮过酒，其中7.0%的青少年在14岁及以下便已开始饮酒；而有5.5%的青少年曾经有喝醉的经历，甚至有1.4%的青少年在14岁及以下便有过喝醉的经历（见表3）。从性别上来看，有23.9%的男生在过去12个月里饮过酒，其中有7.7%的男生在最近3个月中1天内喝过5杯及以上的酒，有7.3%的比例醉过酒；饮酒的女生比例则相较男生略低，为13.1%，其中有2.2%的女生在最近3个月中1天内喝过5杯及以上的酒，有2.8%的比例醉过酒。从户籍上来看，非城市户籍青少年在过去12个月中饮过酒的比例高于城市户籍青少年，醉酒的比例也高于城市户籍青少年。从年龄上来看，呈现年龄越大，饮酒、酗酒频次越高的趋势。在留守儿童与普通青少年比较的相关性检验中，*P*值为0.000，在95%的置信度下，小于显著性水平α0.05，且相关系数为正，显示出留守儿童的饮酒比例更高；在流动儿童与普通青少年比较的相关性检验中，*P*值为0.008，在95%的置信度下，小于显著性水平α0.05，且相关系数为正，显示出流动儿童的饮酒比例更高。

表3　青少年饮酒和醉酒的情况统计

单位：人，%

饮酒/醉酒情况		人数	占比
一生饮酒大数	从未饮过	17456	82.0
	饮过酒	3844	18.0
一生醉酒天数	从未醉过	20124	94.5
	醉过酒	1176	5.5
过去30天饮酒	从未饮过	18448	86.6
	饮过酒	2852	13.4
过去30天醉酒	从未醉过	20446	96.0
	醉过酒	854	4.0
过去12个月饮酒	从未饮过	17576	82.5
	饮过酒	3724	17.5
过去12个月醉酒	从未醉过	20227	95.0
	醉过酒	1073	5.0

续表

饮酒/醉酒情况		人数	占比
第一次饮酒年龄	从未饮过	10423	65.2
	14 岁及以下	1114	7.0
	15～17 岁	1944	12.2
	18 岁及以上	7819	15.6
第一次醉酒年龄	从未醉过	14040	87.9
	14 岁及以下	227	1.4
	15～17 岁	591	3.7
	18 岁及以上	1113	7.0
最近 3 个月 1 天饮酒量	从未饮过	13070	70.1
	少于 1 杯	2523	13.5
	1 杯	800	4.3
	2 杯	691	3.7
	3 杯	418	2.2
	4 杯	167	0.9
	5 杯及以上	985	5.3

（二）精神性成瘾行为

精神性成瘾行为包括以下特征：有一个时间相对较长的、慢性的形成过程；会产生各种生理性的、心理性的依赖；一旦该行为被中断可产生戒断症状。包括赌博、网络成瘾等。精神性成瘾行为给青少年的身心发展带来一系列的严重损害，赌博、沉迷网络等容易导致生物钟紊乱、精力不足、思维迟缓、学习兴趣丧失、社会活动减少、人际交往技能退化、自我评价能力降低；干预不及时，状况会加剧升级，严重者会产生心理障碍，也会形成抑制或兴奋的行为障碍，甚至出现妄想和轻生行为。精神性成瘾行为容易导致很多青少年厌学、暴力、侵害、盗窃等社会问题，又易导致青少年物质性成瘾的叠加，还会影响将来青少年成年后的健康和生活质量，并且可能会带来严重的社会问题，受到了社会各方面的关心和关注。

1. 赌博行为情况

赌博是通过打赌盈利，意味着对比赛或游戏的结果进行预测，或对亲自打一场比赛的结果打赌，在此过程中可能会赢钱或输钱。当前，青少年赌博人数持续攀升，赌博成瘾的青少年不分时间、地点进行赌博，荒废学业，置监护人劝告于不顾。青少年赌博行为与其人生目标、成就感的缺位，社会关怀及支持不足等因素紧密相关。赌博已经成为青少年违法犯罪的一个重要诱发因素。

有9.5%的青少年曾经参与过赌博行为，有2.5%的青少年过去12个月中参与了5次以上的赌博，而有1.2%的青少年曾参与过40次及以上的赌博。而有3.0%的青少年曾因赌博花费超出预计，有7.5%的青少年曾对赌钱感到糟糕，有4.6%的青少年不认为自己会停止赌博，有2.7%的青少年因赌博同家人朋友发生争吵，有1.9%的青少年曾因赌博逃学，有2.1%的青少年曾借钱赌博，有2.0%的青少年曾因赌博或掩盖赌博而偷东西，有5.6%的青少年曾因赌博被批评（见表4）。从性别上来看，参与过赌博的男生比例高于女生，分别为12.7%与6.2%；从户籍上来看，参与过赌博的非城市户籍青少年比例高于城市户籍青少年，高出1.6个百分点；从年龄上来看，赌博频次随年龄增长呈现上升趋势。留守儿童、流动儿童与普通青少年比较的相关性检验显示，留守儿童、流动儿童赌博频次均比普通青少年高。

表4　青少年参与赌博情况

单位：人，%

赌博情况		人数	占比
一生中赌博次数	从不赌博	19280	90.5
	参与过赌博	2020	9.5
过去12个月赌博次数	从不赌博	19972	93.8
	参与过赌博	1328	6.2
赌博的影响	在赌博没有赢钱的时候告诉别人赢钱	888	4.8
	赌钱导致问题出现	612	3.0
	因赌博花费超出预计	555	3.0
	对赌钱感到糟糕	1400	7.5

续表

赌博情况		人数	占比
赌博的影响	感觉到自己应该要停止赌博但不认为自己会停止赌博	865	4.6
	向家人朋友藏匿参与赌博的迹象	482	2.6
	同家人朋友因为赌博花钱发生争吵	499	2.7
	借钱赌博	386	2.1
	因为赌博逃学	357	1.9
	因为赌博或掩盖赌博而偷东西	366	2.0
	因为赌博被批评	1047	5.6

2. 沉迷网络情况

随着互联网的普及，青少年网络成瘾是近年来社会关注的热点问题。网络成瘾是由过度使用互联网而引起的一种社会、心理功能损害现象，主要表现为网络游戏成瘾、网络社交成瘾、网络色情成瘾、网络制作成瘾和网络信息收集成瘾等。上网成瘾、游戏成瘾在所有青少年成瘾行为中最为突出，已经成为危及我国青少年健康成长的重大隐患。

超过40%的青少年每周课余使用电子设备时间在20～29小时，有8.2%的青少年每周课余使用电子设备时间在40小时及以上，有0.5%的青少年每周课余使用电子设备时间在60小时及以上（见表5）。从玩电子游戏上来看，我国青少年每周玩电子游戏时间达到5.53小时。其中男生每周玩电子游戏时间长于女生，男生平均每周玩电子游戏时间为6.57小时，女生则为4.49小时。从户籍上来看，非城市户籍青少年每周玩电子游戏时间为5.62小时，城市户籍青少年则为5.39小时，非城市户籍青少年每周玩电子游戏时间长于城市户籍青少年。每周使用电子设备时间，非城市户籍青少年为26.07小时，长于城市户籍青少年的24.75小时。随着年龄增长，每周玩电子游戏时间不断增长。在留守儿童与普通青少年比较的相关性检验中，留守儿童玩电子游戏的时间更长，流动儿童与普通青少年在这方面则没有显著性差异。

表 5 青少年课余使用电子设备时间

单位：人，%

课余使用电子设备时间		人数	占比
每周	8～19 小时	5881	27.6
	20～29 小时	9059	42.5
	30～39 小时	4596	21.6
	40～49 小时	1352	6.3
	50～59 小时	305	1.4
	60 小时及以上	107	0.5

（三）故意伤害行为

1. 父母伤害情况

父母对孩子的伤害包括身体伤害、言语伤害等。根据数据分析，衣食保障不足的比例较低，但仍有 3.9% 的青少年在过去 12 个月衣食保障不足，承受父母咒骂与承受父母身体伤害的比例较高，一生中曾承受父母身体伤害的比例甚至超过 1/4（见表 6）。其中 7.1% 的青少年承受父母咒骂很多次，7.1% 的青少年承受父母身体伤害很多次（见图 1）。

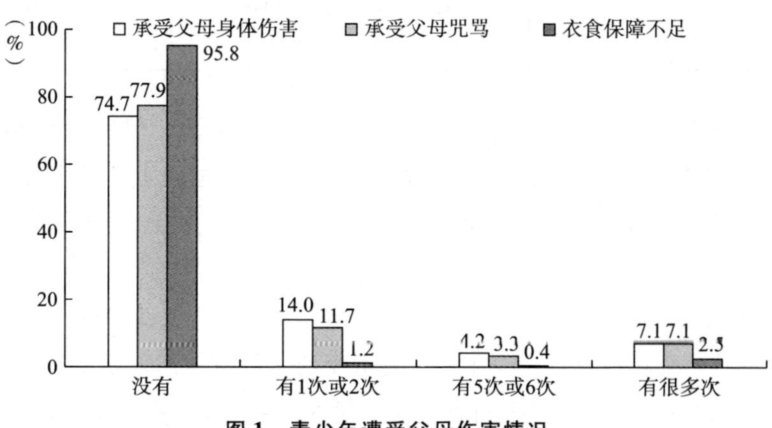

图 1 青少年遭受父母伤害情况

18 岁以下的未成年中，有 55.1% 的青少年在过去 1 个月里曾被父母骂过，有 13.4% 的青少年被父母骂过 5 次及以上；有 25.6% 的青少年在过去 1

表 6　青少年遭受父母伤害情况

单位：人，%

伤害情况		人数	占比
你的父母是否骂过你（过去 1 个月）	没有	6458	44.9
	有	7932	55.1
你的父母是否用手打过你（过去 1 个月）	没有	10702	74.4
	有	3688	25.6
是否感受到父母的忽视	没有	10898	75.7
	有	3492	24.3
父母身体伤害（一生）	没有	16565	74.7
	有	5605	25.3
父母身体伤害（过去 12 个月）	没有	20507	92.5
	有	1663	7.5
父母咒骂（一生）	没有	11207	77.9
	有	3183	22.1
父母咒骂（过去 12 个月）	没有	12567	87.3
	有	1823	12.7
衣食保障不足（一生）	没有	21242	95.8
	有	928	4.2
衣食保障不足（过去 12 个月）	没有	21348	96.3
	有	822	3.9

个月里曾被父母用手打过，10.9%的青少年被打过 1 次，但也有 5.6%的青少年被父母打过 5 次及以上；有 15.9%的青少年在过去 1 个月里曾被父母用尺子、木棍、发梳、鞭子、绳子、胶皮管子等打过，有 3.9%的青少年被父母打过 5 次及以上。

相比之下，男生遭受的父母身体伤害多于女生，但女生遭受的父母咒骂则多于男生。而城市户籍青少年无论是遭受的父母身体伤害还是父母咒骂都多于非城市户籍青少年。在留守儿童与普通青少年比较的相关性检验中，P 值分别为 0.002 与 0.000，在 95%的置信度下，小于显著性水平 α0.05，且相关系数为正，显示出留守儿童遭受父母身体伤害比例、遭受父母咒骂比例更高；受到的衣食保障也较普通青少年更低。流动儿童也呈现这样的特征。

2. 同辈群体伤害情况

同辈群体伤害主要体现为校园欺负。校园欺负指在校园内外学生间一方（个体或群体）单次或多次蓄意或恶意通过肢体、语言及网络等手段实施欺负、侮辱，造成另一方（个体或群体）身体和心理伤害、财产损失或精神损害等的事件。具体表现为在校的青少年学生中，某些人无端地、长期地挑衅、欺负、虐待、殴打弱小者，例如：抢夺低年级同学的财物、文具，向弱小的同学勒索钱财，殴打、侮辱、责骂弱小同学，收取保护费等。校园欺负不仅给社会带来危害，也给青少年健康成长带来消极影响。一方面，给受害学生带来巨大的人身伤害，受虐致死、受伤情况时有发生，损害受害学生自尊心、自信心；另一方面，如果其得不到及时有效的心理援助，容易出现心理调适不当引发的过激反抗，进而成为新的加害者，或发展为以暴制暴，最终对社会产生较大危害。

根据问卷结果分析，在过去 1 个月中，在校中小学生中，有 4.5% 的青少年曾在校外被高年级同学拦截要东西，有 9.8% 的青少年被本校或外校同学打骂过。初中以上的青少年中，有 21.2% 的青少年被别人取过侮辱性绰号；有 24.5% 的青少年被其他同学故意冷落过；有 5.1% 的青少年被踢、打或锁在室内过；有 12.4% 的青少年被散布谣言让其他人讨厌；有 2.7% 的青少年因为身体残疾被取恶意绰号；有 11.1% 的青少年被其他同学开过不尊重玩笑（见表 7）。从性别上来看，男生被同辈群体身体伤害的频次高于女生，遭受了更多的不尊重玩笑，但女生更容易遭到其他同学的冷落与排挤。有 6.1% 的青少年被网络欺负过，且男生遭遇的网络欺负更多，比例达到 7.7%，其中城市户籍青少年遭受了更多的网络欺负。从年龄上来看，呈现年龄越小，遭受同辈群体欺负越多的趋势。留守儿童及流动儿童比普通青少年遭受更多的同辈群体欺负。

（四）意外伤害行为

意外伤害是指各种意外事故引起的人体损伤。它是一种突发事件，主要是物理、化学和生物因素对人体的损伤，如摔伤、药物中毒等。无论是在发达国家还是在发展中国家，意外伤害对青少年健康的影响和对社会经济造成的损失都是巨大的。目前，我国正在进入青少年安全事故多发期。

表 7　同辈群体伤害情况

单位：人，%

伤害情况		人数	占比
被高年级同学校外拦截要东西	没有	13741	95.5
	有	649	4.5
被本校或外校同学打骂过	没有	12983	90.2
	有	1407	9.8
被人取过侮辱性绰号	没有	15532	78.8
	有	4177	21.2
被故意冷落	没有	16736	75.5
	有	2973	24.5
被踢、打或锁在室内	没有	18705	94.9
	有	1004	5.1
被散布谣言让其他人讨厌	没有	17267	87.6
	有	2442	12.4
因为身体残疾被取恶意绰号	没有	19171	97.3
	有	538	2.7
被开不尊重玩笑	没有	17526	88.9
	有	2183	11.1

根据问卷数据分析，在过去 12 个月中，有 47.4% 的青少年受到过伤害，其中因为体育锻炼或娱乐活动受到伤害的比例较高，达到 14.1%，因为骑自行车、散步或跑步、骑摩托车/电瓶车或开车或驾驶其他机动车辆受到伤害的比例也均超过 4.0%（见表 8），这显示由交通安全隐患造成的伤害需要得到重视。

有 67.8% 的青少年骑自行车，但在大学生中，只有 23.2% 的青少年在骑车时总是戴头盔，有 20.5% 的青少年很少戴头盔，有 32.5% 的青少年从来没有戴过头盔。有 46.5% 的青少年从来没有闯过红灯，有 5.7% 的青少年经常闯红灯，有 15% 的青少年总是闯红灯。只有 43.2% 的青少年总是走人行横道过马路，有 5.1% 的青少年很少走人行横道过马路，有 12.7% 的青少年过马路时没有走过人行横道。在大学生中，乘车坐前排总是系安全带的占 60.3%，有 16.1% 的青少年很少或者从未在前排系过安全带。而在后排乘车时，则仅有 33% 的青少年表示总是会系安全带，有 35.8% 的青少年表示很少或者从未在后排系过安全带。从性别上来看，男生骑自行车的频次更高，13.8%的男生几乎每天都骑自行车。在闯红灯方面，男生的频次也高于女生。但相比女生，男生走人行横道过马路的频次较高。更少的男生会在乘坐汽车时系安全带。城市户籍青少年骑自行车的频次高于非城市户籍青少年，而且城市户籍青少年骑自行车时戴头盔的比例低于非城市户籍青少年。在年龄分组上，闯红灯比例最高的是15~17岁年龄组。

有53.3%的青少年曾经驾驶过两轮机动车，其中16.3%的青少年表示以每周1次以上的频次驾驶两轮机动车。其中男生驾驶两轮机动车的频次高于女生，非城市户籍青少年驾驶两轮机动车的频次高于城市户籍青少年。但即便是在有资格考驾驶执照的大学生中，也仅有6.9%的青少年拥有有效的两轮机动车驾驶执照。

表8　过去12个月中因何受到最大伤害

单位：人，%

伤害情况		人数	占比
受到最大伤害的原因	我过去12个月没有受伤	11667	52.6
	骑自行车	1141	5.1
	体育锻炼或娱乐活动	3122	14.1
	散步或跑步	1042	4.7
	骑摩托车/电瓶车或开车或驾驶其他机动车辆	920	4.1
	打架或打斗	295	1.3
	做有偿或无偿工作	283	1.3
	其他活动	3700	16.7
总计		22170	100.0

（五）不良生活方式

1. 不良饮食习惯

青少年时期是体格和智力发育的关键时期，也是饮食行为和习惯形成的重要时期。如果饮食不合理，营养摄入不均衡，就会出现营养问题。每天吃早餐是世界卫生组织（WHO）倡导的一种促进健康的行为。早餐所提供的能量和营养素在全天能量和营养素的摄入中占有极其重要的地位。不吃早餐或早餐质量不好不仅影响营养素摄入，还会影响认知能力和学习成绩，甚至影响营养状况乃至健康；不吃早餐还可能导致肥胖，诱发胃炎、胆结石等消化系统疾病。随着我国社会经济的快速发展和都市化进程加速，慢性非传染性疾病已成为危害人们健康的主要问题，而这些疾病的发生往往与人们长期不良的饮食行为习惯有密切的关系。但根据问卷数据，仅有47.8%的青少年每天都吃早餐，有13.6%的青少年每周吃早餐天数少于3天，其中有2.9%的青少年不吃早餐（见表9）。随着年龄增长，每周吃早餐的频次呈现下降趋势。而在过量喝饮料方面，有9.1%的14岁及以下的青少年在最近3个月内喝过5杯及以上饮料，同时有12.5%的15~17岁的青少年与9.7%的18岁及以上的青少年有相同情况。饮料饮用情况并未完全随着年龄的增长而增长，反而在15~17岁组呈现最高水平。

表9　每周吃早餐天数

单位：人，%

吃早餐情况		人数	占比
上周有几天吃了早餐	0	559	2.9
	1	1407	7.3
	2	652	3.4
	3	1429	7.4
	4	752	3.9
	5	3871	19.9
	6	1458	7.5
	7	9276	47.8
总计		19404	100.0

2. 不良作息习惯

青少年阶段是人生中生理、认知、行为、情绪和社会功能迅速而持续发展的重要时期。有研究表明，睡眠情况是青少年阶段受到特别关注的问题之一。睡眠问题常常与内化问题和外化问题同时出现。芬兰一项大型研究表明，睡眠晚于23：30的青少年情绪和行为问题发生的风险显著增高。无论是婴幼儿还是青少年，晚睡都与较高的抑郁风险、认知能力下降及行为问题相关。根据问卷结果分析，仅有10.0%的青少年在上学期间睡觉时间不超过21：00，绝大多数青少年在21：00～00：00这个时间段睡觉。在00：00及之后睡觉的青少年比例达到6.3%。虽然上学期间2.8%的青少年8：00或更晚起床，但休息日这一比例有明显增长，甚至9.0%的青少年10：00之后才起床（见表10）。从社会环境因素方面来说，一般青少年上学期间的睡眠时间必须遵守学校的规定，而休息日相对自由，青少年会更倾向于用晚睡来弥补平时自由支配时间较少的缺憾，造成睡觉时间更晚，也更能体现青少年自身的睡眠模式偏好。这种上学期间和休息日作息时间的差异，容易导致睡眠模式紊乱，进而造成青少年抑郁和外化问题。

表10 青少年作息时间

单位：人，%

青少年作息时间		人数	占比
上学期间睡觉时间	不超过21：00	2125	10.0
	21：00～22：30	9117	42.8
	22：30～00：00	8730	41.0
	00：00至02：00	1059	5.0
	02：00或更晚	269	1.3
休息日睡觉时间	不超过21：00	1744	8.2
	21：00～22：30	7476	35.1
	22：30～00：00	8477	39.8
	00：00～02：00	2299	10.8
	02：00或更晚	1304	6.1
上学期间起床时间	06：00或更早	10649	50.0
	06：30	5334	25.0
	07：00	3160	14.8
	07：30	1565	7.3
	08：00或更晚	592	2.8
休息日起床时间	早于07：00	3448	16.2
	07：00～08：30	10985	51.6
	08：30～10：00	4969	23.3

续表

青少年作息时间		人数	占比
休息日起床时间	10：00～12：00	1531	7.2
	12：00～14：00	161	0.8
	14：00 或更晚	206	1.0

3. 不良运动习惯

科学运动，帮助青少年远离慢性疾病。近年来我国青少年超重肥胖的发生率明显增加。超重肥胖不仅会危害青少年正常生长发育，而且会对其心理、行为、认知和智力产生不良影响，甚至会造成血压、血糖、血脂升高，影响青少年身体素质和健康成长。科学运动和合理膳食是保持健康体重、防止超重肥胖的非常关键的两个方面。已经超重的青少年，要在合理膳食的基础上，辅以科学运动，养成运动习惯。根据问卷结果分析，每天运动超过 1 小时的青少年仅占 11.6%，有 68.4% 的青少年每周运动超过 1 小时的天数在 3 天及以内，有 13.6% 的青少年一周内没有运动超过 1 小时的天数（见表 11）。这显示出我国青少年运动时长严重不足。

表 11　青少年运动情况

单位：人，%

青少年运动情况		人数	占比
上周运动超过 1 小时天数	7 天	2561	11.6
	6 天	633	2.9
	5 天	1969	8.9
	4 天	1854	8.4
	3 天	3837	17.3
	2 天	4059	18.3
	1 天	4246	19.2
	没有过	3011	13.6

（六）不同社会支持程度下青少年健康危险行为差异

根据数据分析结果，不同社会支持程度下的青少年健康危险行为呈现显著性差异。家庭支持程度较低的青少年，其多重健康危险行为如饮酒、遭受父母身体伤害频次均高于家庭支持程度较高的青少年（见表12）；而同辈支持程度较低的青少年也存在多重健康危险行为发生频次更高的现象，同时其受到的校园欺负与被同学冷落等频次也更高（见表13）。这显示出必要的社会支持对青少年的健康行为起到重要的作用。

表12　家庭支持与青少年健康危险行为

健康危险行为	家庭支持	
	χ^2	P
饮酒频次	286.013	0.000
自杀频次	524.038	0.000
自我伤害频次	736.745	0.000
体育锻炼频次	291.607	0.000
16岁前性行为	10.346	0.006
成人性骚扰频次	230.756	0.000
成人性侵犯频次	269.441	0.000
父母衣食保障不足	273.558	0.000
父母身体伤害频次	848.847	0.000

表13　同辈支持与青少年健康危险行为

健康危险行为	同辈支持	
	χ^2	P
饮酒频次	209.209	0.000
自杀频次	703.972	0.000
体育锻炼频次	163.887	0.000
16岁前性行为	82.840	0.000
成人性骚扰频次	208.782	0.000
成人性侵犯频次	163.886	0.000
校园欺负频次	319.468	0.000
被同学冷落	670.801	0.000

四　损害青少年健康相关行为的特点分析

（一）社会支持程度影响青少年健康危险行为发生频次

社会支持的概念界定为：在个人处于需求状态时，社会网络提供的帮助。已有研究表明，社会支持可通过鼓励产生直接作用，也可通过改变自我效能产生间接作用，从而使个体行为发生改变，并能产生持续的效应。本研究以家庭支持程度、同辈支持程度为变量，数据结果显示家庭支持、同辈支持均与青少年健康危险行为显著相关。结果显示，家庭支持程度越低，青少年受到父母身体伤害的频次便越高，同辈支持程度越低，受到的校园欺负越多。不仅如此，家庭支持程度及同辈支持程度越低，其成瘾行为发生频次越高、不良生活习惯越多。这体现出社会支持程度较低的青少年健康危险行为更多，表明社会支持对于预防青少年不良发展结果以及促进青少年积极发展非常重要。

（二）多重健康危险行为问题凸显

在物质性成瘾方面，有较高比例的青少年参与吸烟、酗酒，而这些将成为成人期疾病的基础。心脏病、癌症、中风等疾病的发生与吸烟、酗酒等健康危险行为关系密切。已有研究表明，青少年时期形成这些行为的人和其后才形成的人相比，发生成年期疾病的概率显著增高。在故意伤害方面，校园欺负成为影响我国青少年健康成长的突出因素。校园欺负在 14 岁及以下年龄组发生比例最大，这对青少年在校园的健康成长造成巨大的生理心理隐患，这体现了施暴者（同样也是青少年）的行为失范。有研究显示，学校亲密度差是校园欺负行为发生的危险因素，需要改善。在精神性成瘾方面，虽然青少年参与赌博的整体比例并不高，但参与过赌博的青少年受到的负面影响颇为严重。

（三）不同年龄、不同性别的青少年健康危险行为存在差异

从年龄上来看，我国青少年健康危险行为的发生呈现低龄化趋势。从物质性成瘾行为来看，14 岁及以下的青少年中，3.1% 已经开始吸烟，

7.0%已经开始饮酒，甚至有1.4%的青少年有过醉酒的经历。这显示出健康危险行为已经呈现低龄化趋势。同时青春期青少年也需要关注，15～17岁组的青少年中，在过去12个月中承受父母身体伤害和咒骂的比例最大，闯红灯等具有交通安全隐患的行为发生比例最高。在生活上，该年龄段青少年的休息时间是最短的，且过量饮用饮料的比例也是最高的。从性别上来看，男生的健康危险行为显著多于女生，特别值得注意的是，男生比女生遭受性骚扰的比例更高，这些行为的性别差异或许与我国青少年所处的文化背景有关。学者们更倾向于关注青少年受到的物理性伤害和疾病，较少关注青少年潜在的精神和心理隐性伤害。青少年的心理隐性伤害需要得到关注。

（四）非城市户籍青少年、留守儿童与流动儿童健康危险行为值得关注

在与城市户籍青少年的对比分析中，非城市户籍青少年遭受的伤害行为频次更高。非城市户籍青少年物质性成瘾行为发生频次更高，精神性成瘾行为如过度使用电子设备等更严重，受到的父母伤害也更多。

留守儿童与流动儿童比其他青少年遭受的伤害行为频次更高。物质性成瘾行为频次更高，自我伤害频次也更高。在精神性成瘾行为方面与其他青少年差异显著，这或许是没有父母在身旁进行管控所致。部分青少年缺少向上流动和获得成功的机会，长期处于受忽视状态，从而产生自我放逐。总体来讲，家庭社会经济环境与青少年健康危险行为呈现负相关的关系，低收入、低支付能力、人均居住面积小以及家庭不完整等因素都是导致青少年健康危险行为的关键因素。在家庭环境方面，已有研究发现父母监控、亲子冲突、亲子沟通等家庭因素与青少年健康危险行为紧密相关，低父母监控、低父母支持以及高亲子冲突等成为导致青少年健康危险行为的关键因素。而非城市户籍青少年、留守儿童、流动儿童的父母监控与父母支持程度都较低。

五 对策及干预措施

（一）政府制度保障青少年健康

建议各级政府以《“健康中国2030”规划纲要》为推进“健康中国”

建设的行动纲领，从“五位一体”总体布局和“四个全面”战略布局出发，从制度上更好地保障青少年健康。第一，需要加强健康宣传。如常态化发布针对青少年的健康知识和技能核心信息，利用新媒体普及健康知识。开展性道德、性健康和性安全宣传教育；大力普及毒品危害、应对措施和治疗途径等知识；引导青少年树立每个人是自己健康的第一责任人的意识；调动青少年学习健康知识、践行健康行为的积极性、主动性和创造性。第二，需要强化社会综合治理、完善公共服务体系。如统筹建设健身中心、体育公园、社区多功能运动场等场地设施，推行公共体育设施免费或低收费开放，为青少年体育锻炼提供基础条件，进一步培育青少年体育爱好；加强全国戒毒医疗服务体系建设，早发现、早治疗青少年成瘾者。第三，需要加强对青少年健康的监管与干预。如建立健全营养监测制度，对青少年实施营养干预，加强对学校、幼儿园等营养健康工作的指导，逐步解决青少年营养不足与过剩并存问题；加强道路交通安全设施设计、规划和建设，组织实施公路安全生命防护工程，加大执法力度，治理公路安全隐患，将青少年意外伤害造成的危害控制在最低水平。建立伤害综合监测体系，加强对青少年意外伤害的预防，减少意外伤害。

（二）学校干预

一要做好健康教育，把健康教育作为所有教育阶段素质教育的重要内容。根据损害青少年健康相关行为的发生特点，有针对性地开展早期安全教育，使青少年了解日常生活中面临的各类危险，开展生活技能教育，使青少年掌握控制情绪、沟通交流的技巧，完善自我教育，提高自我概念。二要为学生提供心理咨询服务，定期开展心理健康状况普查，建立心理危机干预机制。三要整治学校存在的危险因素，如过重的学习负担、不恰当的学校控制、教师的不良教育行为等；同时要构建良好的师生关系、提供针对性支持、有效监控等。四要建立危机预警体系。在日常学生管理中对学生中的高危人群，重大生活事件者及个性孤僻、人际交往困难者进行有针对性的重点排查，将问题出现后再处理的被动式危机干预变为主动式危机干预。

（三）社区及社会组织干预

加强社会组织的建设，加大社会力量帮助青少年的力度。政府部门应充分引导和发挥非政府组织的作用，加强协作。如在帮助非城市户籍青少年及留守儿童的时候，社会组织可以对进城务工的家长进行引导和教育，强化家长的家庭教育观念，让家长学会与孩子沟通、交流以及教育孩子的正确方式，发挥家长对孩子的独特教育功能，引导孩子健康成长。社区层面特别是农村社区，则需要建立社区青少年教育和监护体系。相关的青少年社区教育组织，将填补非城市户籍青少年教育与成长发展方面存在的空白。农村建立社区教育和监护体系，可以考虑由基层学区和共青团牵头，联合妇联、工会、村委会、学校，共同构建青少年健康发展的教育和监护体系。这些社区机构可由离退休教师、青年志愿者等人员构成。

（四）同伴教育

同伴教育是具有相同的背景、共同经历或由于某些原因具有共同语言的人在一起分享信息、观念或行为技能，以实现教育目标的一种教育形式。国外已有研究证明，同伴教育在使人们形成正确的认知、态度、行为方面发挥着十分有效的作用。同伴教育者是受教育学生心目中的楷模，使受教育学生建立“他们能讲的我们也能讲，他们能做的我们也能做”的信念。在青少年教育中采用这种方式，可以弥补学校教育的不足，同时能有效促进同伴间的人际互动，该方式可应用于预防吸烟、饮酒、参与校园欺负和网络欺负等健康危险行为，以及预防性传播疾病。

参考文献

季成叶：《青少年健康危险行为》，《中国学校卫生》2007 年第 4 期。

康均心、夏婧：《由成瘾行为引发的青少年成长危机问题——从认知、分析与防范的角度出发》，《青少年犯罪问题》2011 年第 1 期。

罗伯特·克劳斯诺、顾定兰：《同龄人对青少年酗酒的影响》，《当代青年研究》2006 年第 1 期。

姚建龙：《校园欺负：一个概念的界定》，《中国青年政治学院学报》2008 年第 4 期。

张莹、余丽君：《动机性访谈在青少年健康危险行为干预中的应用进展》，《护理研究》2013 年第 26 期。

吴宗宪主编《教矫者相宜　可防子不肖——青少年不良行为的心理与防治》，山东科学技术出版社，2000。

R.5
中国青少年与全球青少年精神健康调研报告*

周华珍　Yossi Harel-Fisch　Lilach Ben Meir　Ariela Giladi
陈　珍　王佳琦　强俪馨　雷晓岚**

摘　要　为比较中国与全球47个国家及地区青少年的心理健康与幸福感的调查结果，为我国相关部门制定促进青少年健康、提升青少年幸福感的政策提供实证依据，本报告采用《中国青少年健康行为网络调查问卷》于2020年9～11月采集到的全国10个省市青少年心理健康与幸福感的研究结果与同期全球47个国家及地区采用国际标准的统一调查问卷收集到的研

---

* 本文系国家社会科学基金项目“在健康社会决定因素框架下构建我国儿童健康行为测量指标体系”（项目编号：18BSH073）阶段性成果。

** 周华珍，中国社会科学院大学马克思主义学院副教授、博士后、访问学者，硕士研究生导师，中国社会科学院大学思想政治教育高等研究院大学生心理与健康发展研究中心主任，中国社会科学院大学价值观与健康教育研究中心主任，主要研究方向为青少年健康行为、心理健康与幸福感、健康干预；Yossi Harel-Fisch，教授，以色列巴伊兰大学教育学院国际青少年福祉与健康研究中心主任，世界卫生组织HBSC全球项目委员会成员，以色列HBSC项目组负责人，主要研究方向为实施跨国家和民族的科学研究方法以影响儿童和青少年福祉和健康的循证政策和干预战略；Lilach Ben Meir，博士，以色列巴伊兰大学教育学院国际青少年福祉与健康研究中心博士后研究员，以色列HBSC项目助理，主要研究方向为跨文化视角下青少年心理和行为健康的社会心理和文化决定因素；Ariela Giladi，博士，以色列巴伊兰大学教育学院国际青少年福祉与健康研究中心博士后研究员，以色列HBSC项目助理，主要研究方向为跨文化视角下青少年心理和行为健康的社会心理和文化决定因素；陈珍，中国社会科学院大学，主要研究方向为社会政策、青少年健康行为；王佳琦，中国社会科学院大学价值观与健康教育研究中心助理，主要研究方向为青少年幸福感；强俪馨，中国社会科学院大学，主要研究方向为马克思主义人学；雷晓岚，中国社会科学院大学硕士研究生，主要研究方向为马克思主义人学。

究结果，对测量青少年心理健康和幸福感的四个维度，即自报健康状况、自报生活满意度、健康抱怨、体重进行量化比较研究。研究发现，在青少年健康状况方面存在性别和年龄的显著性差异，男生认为自身健康状况比较好的比例高于女生，随着年龄的增长，认为自身健康状况比较好的青少年所占比例出现下降。在自报生活满意度方面，不同性别和不同年龄的青少年存在显著性差异，对自己生活满意的男生所占比例高于女生，随着年龄的增长，认为自身生活满意度较高的青少年所占比例出现下降。在健康抱怨方面，除中国外，其他国家和地区青少年每周提出超过一次健康抱怨所占比例基本超过20%，不同性别和不同年龄的青少年每周提出超过一次健康抱怨的比例存在显著性差异，每周提出超过一次健康抱怨的男生所占比例低于女生，随着年龄的增长，每周提出超过一次健康抱怨的青少年比例显著提高。在体重方面，多数国家的女生自评肥胖比例高于男生，但也有保加利亚、马耳他的男生比例高于女生。依据测量结果可以看出，各个国家及地区青少年心理健康与幸福感既有相似的方面，也存在差异。性别、年龄、社会经济发展水平、社会政策和教育信息都对青少年心理健康与幸福感产生重要影响。

关键词 青少年 心理健康 幸福感

一 研究背景

新冠肺炎疫情在世界范围内的流行，对全球公民的生命健康及全球经济、卫生健康等领域产生了巨大的影响，尤其对正处于身心发展阶段的青少年造成了不利的影响。为了阻止新冠肺炎疫情的传播，全球很多国家和地区的学校实行了居家隔离、线下教学转为线上教学等措施。对应激性事件反应比较敏感的青少年群体，自我调节能力没有成年人强，受居家隔离、受教育方式改变、室内活动受限、社交隔离等影响，更容易出现恐慌、焦虑、抑郁等心理问题，影响青少年的幸福感。

青少年时期是人生发展的关键阶段，是个体神经系统发育的关键期和敏感期。青少年的健康不仅关系个人的发展、家庭的幸福，还关系国家和世界的未来。但由于青少年正经历心理社会性发展中“同一性对角色混乱”

的特殊阶段，其身体素质和心理素质正在急剧变化和发展。在自身和外部压力的影响下，部分青少年开始出现叛逆、厌学、早恋、吸烟、喝酒、打架斗殴、抑郁、焦虑等状况。因此，开展中国与全球青少年心理健康与幸福感研究具有十分重要的价值和意义。

二　研究方法

通过《中国青少年健康行为网络调查问卷》收集全国10个省市的在校中小学生心理健康及福祉数据，与全球数据进行比较研究。

（一）概念界定与测量指标

对47个参与国家及地区采用整群抽样的方法，按照一定比例从不同性别、年龄（11岁、13岁、15岁）的青少年中进行抽样，以确保样本能够代表该性别、年龄段的所有人。以自报健康状况、自报生活满意度、健康抱怨、体重作为衡量青少年心理健康和幸福感的指标。通过对所得数据进行量化分析，得出全球47个国家及地区不同年龄、不同性别青少年的幸福指数。

（二）样本基本状况

本次研究以全球47个国家及地区的青少年作为研究样本，总样本数为236105.335人。其中，年龄为11岁的青少年共58664人，占比34.10%（以有效样本数172014人算），年龄为13岁的青少年共58019人，占比33.73%，年龄为15岁的青少年共55331人，占比32.17%。在性别构成中，女生共115353人，占比49.39%（以有效样本数233552人算），男生共118199人，占比50.61%，年龄与性别构成均较为均衡。提供样本数较多的5个国家及地区分别是威尔士（15686人，占比6.64%）、加拿大（12740人，占比5.40%）、捷克（11541人，占比4.89%）、法国（9088人，占比3.85%）、以色列（7713人，占比3.27%）。提供样本数较少的5个国家及地区分别是格陵兰（1048人，占比0.44%）、阿尔巴尼亚（1754人，占比0.74%）、马耳他（2555人，占比1.08%）、挪威（3095人，占比1.31%）、芬兰（3142 人，占比 1.33%）。①

三　调查结果

（一）青少年自报健康状况

1. 样本总体情况

以自报健康状况为测量指标，以年龄和性别分组，统计发现自报健康状况年龄分组中，有效样本数量 172014 人，占比 72.9%，遗失样本数量 64091.335 人，占比 27.1%；性别分组中，有效样本数量 233552 人，占比 98.9%，遗失样本数量 2553.335 人，占比 1.1%。

2. 相关因素分析

（1）年龄

图 1 共录入 35 个国家及地区的数据，分为 15 岁、13 岁、11 岁三组，以自报健康状况为良好为统计标准。从图中可以看出，从 11 岁组到 13 岁组再到 15 岁组，所有国家及地区自报健康状况为良好的学生人数比例逐渐下降。

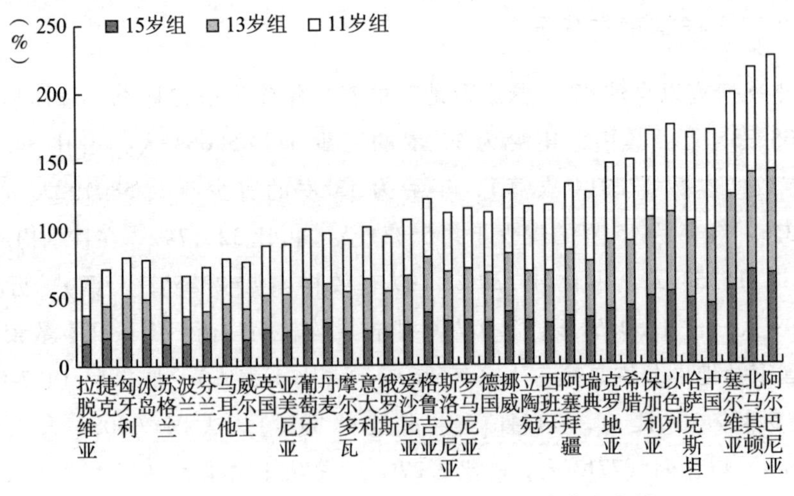

图 1　按年龄分组自报健康状况为良好的学生比例

① 因各个国家及地区参与题目的情况不同，不同的题目样本数不同。

以11岁组自报健康状况为良好的学生比例数据为关键测评指标按照升序排序，可以得出表1和表2。中国排在第4位，说明中国青少年对自身健康状况较为满意。

表1　按年龄分组自报健康状况为良好的学生比例排前5位的国家

单位：%，人

排名	国家	自报健康状况为良好的学生比例			参与人数
		15岁组	13岁组	11岁组	
1	阿尔巴尼亚	67	76	83	1754
2	北马其顿	69	71	77	4634
3	塞尔维亚	58	66	75	3914
4	中国	44	54	73	14268
5	哈萨克斯坦	49	57	64	4856

表2　按年龄分组自报健康状况为良好的学生比例排后5位的国家及地区

单位：%，人

排名	国家及地区	自报健康状况为良好的学生比例			参与人数
		15岁组	13岁组	11岁组	
31	苏格兰	16	20	29	4982
32	冰岛	24	28	28	6909
33	匈牙利	24	28	28	3716
34	捷克	21	24	27	11541
35	拉脱维亚	17	21	26	4369

（2）性别

图2共录入47个国家及地区的数据，分为女生、男生两组，以自报健康状况为良好为统计标准。从图中可以看出，所有国家及地区自报健康状况为良好的男生比例都高于对应的女生比例，这可能是社会文化规训的体现。以自报健康状况为良好的男生比例为关键测评指标按照升序排序，中国排在第7位。男生自报健康状况为良好的比例为55%，女生对应比例为46%。

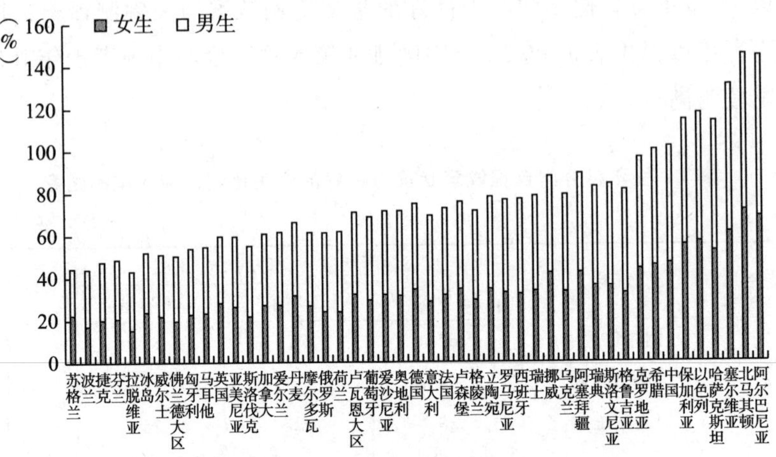

图 2　按性别分组自报健康状况为良好的学生比例

表 3　按性别分组自报健康状况为良好的学生比例排前 5 位的国家

单位：%，人

排名	国家	自报健康状况为良好的学生比例		参与人数
		女	男	
1	阿尔巴尼亚	68	76	1740
2	北马其顿	71	74	4634
3	塞尔维亚	61	70	3914
4	哈萨克斯坦	52	61	4856
5	以色列	57	61	7713

表 4　按性别分组自报健康状况为良好的学生比例排后 5 位的国家及地区

单位：%，人

排名	国家及地区	自报健康状况为良好的学生比例		参与人数
		女	男	
42	拉脱维亚	15	28	4369
43	芬兰	21	28	3143
45	捷克	20	27	11541
46	波兰	17	27	5204
47	苏格兰	22	22	4982

（二）青少年自报生活满意度

1. 样本总体情况

以自报生活满意度为测量指标，以年龄和性别分组，自报生活满意度的年龄分组中，有效样本数量170932人，占比72.4%，遗失样本数量65173.335人，占比27.6%；性别分组中，有效样本数量231989人，占比98.3%，遗失样本数量4116.335人，占比1.7%。

2. 相关因素分析

（1）年龄

图3共录入36个国家及地区的数据，分为15岁、13岁、11岁三组。从图中可以看出，从11岁组到13岁组再到15岁组，多数国家及地区的自报生活满意度逐渐下降。但其中亚美尼亚、丹麦15岁组的学生自报生活满意度超过了该国13岁组的数据；阿塞拜疆、格鲁吉亚、保加利亚13岁组的学生自报生活满意度超过了该国11岁组和15岁组的数据。

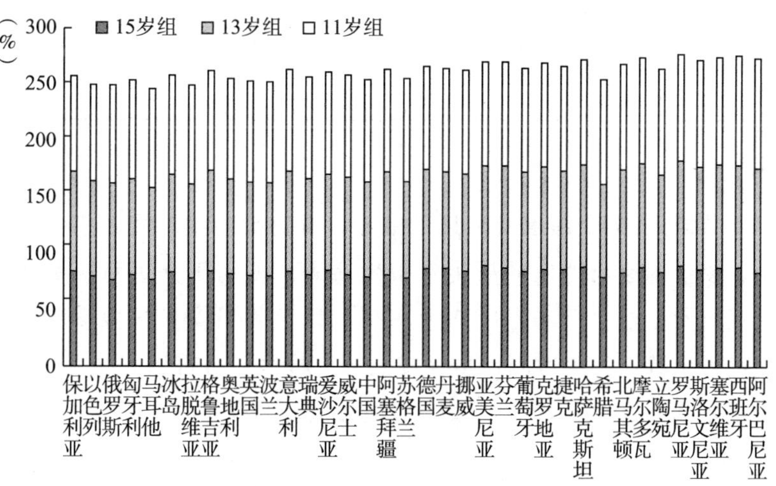

图3　按年龄分组学生的自报生活满意度

以11岁组的自报生活满意度为关键测评指标按照升序排序，得出表5和表6。中国11岁组自报生活满意度为91%，13岁组为84%，15岁组为80%，排在第21位。

表 5　按年龄分组学生的自报生活满意度排前 5 位的国家

单位：%，人

排名	国家	学生的自报生活满意度			参与人数
		15 岁组	13 岁组	11 岁组	
1	阿尔巴尼亚	84	92	97	1649
2	西班牙	88	91	97	4313
3	塞尔维亚	88	92	95	3879
4	斯洛文尼亚	87	91	95	5666
5	罗马尼亚	90	93	94	4523

表 6　按年龄分组学生的自报生活满意度排后 5 位的国家

单位：%，人

排名	国家	学生的自报生活满意度			参与人数
		15 岁组	13 岁组	11 岁组	
32	马耳他	77	81	88	2490
33	匈牙利	81	85	87	3670
34	俄罗斯	77	86	87	4256
35	以色列	80	84	85	7712
36	保加利亚	84	89	84	4548

（2）性别

图 4 共录入 47 个国家及地区的数据，分为男生组、女生组。从图中可以看出，多数国家及地区的男生自报生活满意度高于女生对应数据，其中亚美尼亚男女自报生活满意度均为 90%，以色列男女自报生活满意度均为 83%。以男生数据为关键测评指标按照升序排序，可得出表 7 和表 8。中国男生自报生活满意度为 85%，女生对应数据为 80%。

表 7　按性别分组学生的自报生活满意度排前 5 位的国家及地区

单位：%，人

排名	国家及地区	学生的自报生活满意度		参与人数
		女	男	
1	佛兰德大区	92	95	4294
2	荷兰	91	95	4683

续表

排名	国家及地区	学生的自报生活满意度		参与人数
		女	男	
3	西班牙	89	94	4313
4	罗马尼亚	92	93	4523
5	芬兰	87	93	3127

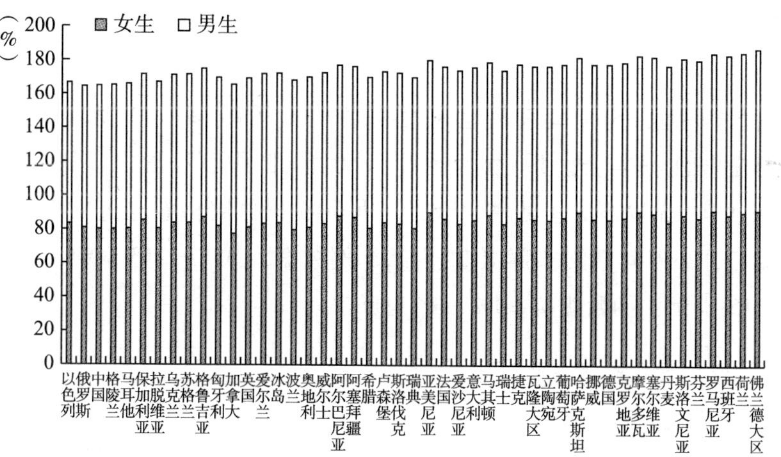

图 4 按性别分组学生的自报生活满意度

表 8 按性别分组学生的自报生活满意度排后 5 位的国家及地区

单位：%，人

排名	国家及地区	学生的自报生活满意度		参与人数
		女	男	
43	马耳他	81	85	2490
44	格陵兰	80	85	1048
45	中国	80	85	21270
46	俄罗斯	81	84	4256
47	以色列	83	83	7712

（三）青少年健康抱怨

1. 样本总体情况

以青少年健康抱怨为测量指标，以年龄和性别分组，健康抱怨年龄分组中，有效样本数量 162274 人，占比 68.7%，遗失样本数量 73831.335 人，占比 31.3%；性别分组中，有效样本数量 222242 人，占比 94.1%，遗失样本数量 13863.335 人，占比 5.9%。

2. 相关因素分析

（1）年龄

图 5 共录入 35 个国家及地区的数据，分为 15 岁、13 岁、11 岁三组，以每周提出健康抱怨超过一次为统计标准。从图中可以看出，从 11 岁组到 13 岁组再到 15 岁组，多数国家及地区每周提出健康抱怨超过一次的学生比例逐渐上升，但其中阿塞拜疆 11 岁组比例数据为 38%，13 岁组比例数据为 28%，15 岁组比例数据为 30%，较为反常。

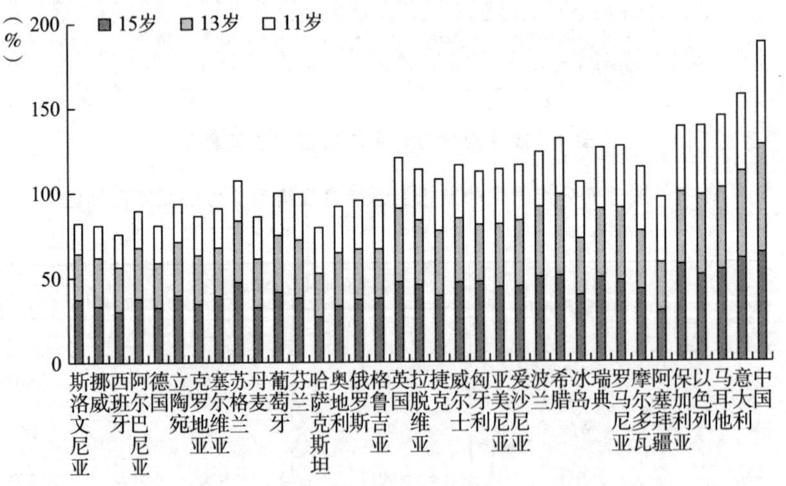

图 5　年龄分组每周提出健康抱怨超过一次的学生比例

以 11 岁组的每周提出健康抱怨超过一次的学生比例为关键测评指标按照升序排序，可得出表 9 和表 10。中国 11 岁组比例为 60%，13 岁组比例为 64%，15 岁组比例为 64%，排在第 1 位。

表 9 按年龄分组每周提出健康报怨超过一次的学生比例排前 5 位的国家

单位：%，人

排名	国家	每周提出健康抱怨超过一次的学生比例			参与人数
		15 岁组	13 岁组	11 岁组	
1	中国	64	64	60	28402
2	意大利	61	52	45	4099
3	马耳他	54	48	42	2495
4	以色列	51	47	41	7711
5	保加利亚	58	42	39	4548

表 10 按年龄分组每周提出健康报怨超过一次的学生比例排后 5 位的国家

单位：%，人

排名	国家	每周提出健康抱怨超过一次的学生比例			参与人数
		15 岁组	13 岁组	11 岁组	
31	德国	32	26	22	4299
32	阿尔巴尼亚	38	30	22	1670
33	西班牙	30	26	19	4248
34	挪威	33	29	19	3014
35	斯洛文尼亚	37	27	18	5535

（2）性别

图 6 共录入 46 个国家及地区的数据，分为男生、女生两组，以每周提出健康抱怨超过一次为统计标准。从图中可以看出，所有国家的女生数据高丁且几乎远高于男生。

以每周提出健康抱怨超过一次的男生比例为关键测评指标按照升序排序，得出表 11 和表 12。中国男生比例为 62%，女生比例为 65%，排在第 1 位。

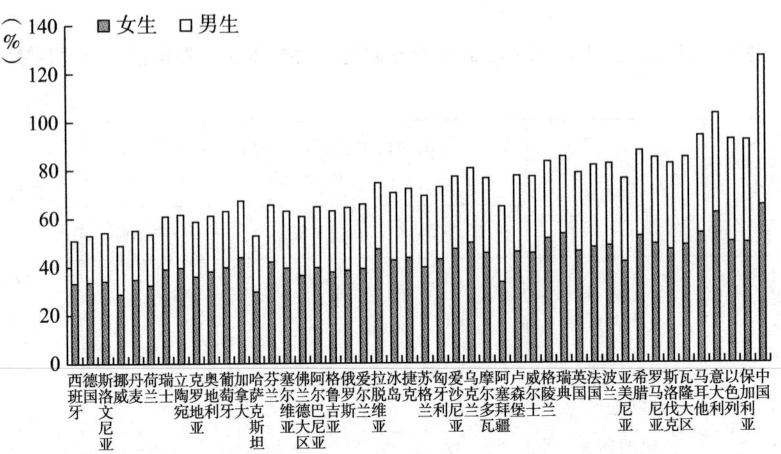

图 6　按性别分组每周提出健康抱怨超过一次的学生比例

表 11　按性别分组每周提出健康抱怨超过一次的学生比例排前 5 位的国家

单位：%，人

排名	国家	每周提出健康抱怨超过一次的学生比例		参与人数
		女	男	
1	中国	65	62	5007
2	保加利亚	50	43	4548
3	以色列	50	42	7712
4	意大利	62	41	4099
5	马耳他	54	40	2495

表 12　按性别分组每周提出健康抱怨超过一次的学生比例排后 5 位的国家

单位：%，人

排名	国家	每周提出健康抱怨超过一次的学生比例		参与人数
		女	男	
42	丹麦	35	20	3093
43	挪威	29	20	3014
44	斯洛文尼亚	34	20	5535
45	德国	34	20	4299
46	西班牙	33	18	4248

（四）青少年体重

1. 样本总体情况

以体重为测量指标，以年龄和性别分组，青少年体重年龄分组中，有效样本数量 162274 人，占比 68.7%，遗失样本数量 73831.335 人，占比 31.3%；性别分组中，有效样本数量 222242 人，占比 94.1%，遗失样本数量 13863.335 人，占比 5.9%。

2. 相关因素分析

（1）年龄

图 7 共录入 34 个国家及地区的数据，分为 15 岁、13 岁、11 岁三组，以自评肥胖为统计标准。从图中可以看出，从 11 岁组到 13 岁组再到 15 岁组，相当比例的国家自评肥胖的学生比例逐渐上升。但也有 13 岁组比例数据最高的，包括德国、拉脱维亚、爱沙尼亚、立陶宛、芬兰、保加利亚、捷克、克罗地亚、马耳他、亚美尼亚；还有且仅有亚美尼亚 11 岁组比例数据最高。

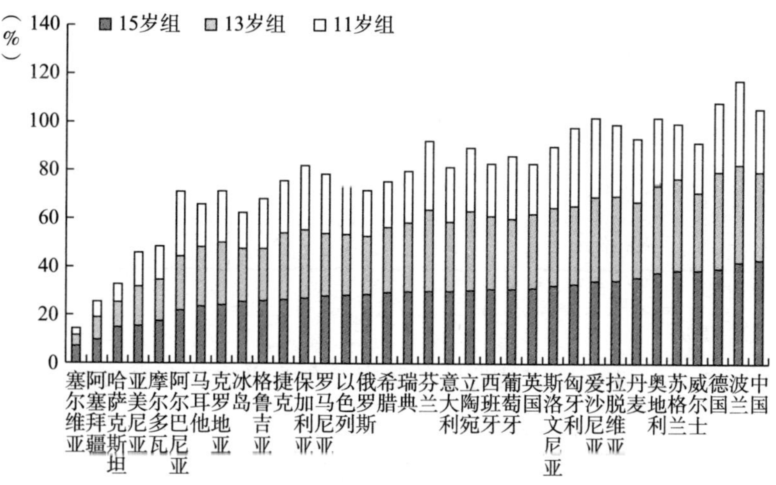

图 7　按年龄分组自评肥胖的学生比例

以 15 岁组自评肥胖的学生比例为关键测评指标按照升序排序，得出表 13 和表 14。中国 11 岁组比例为 26%，13 岁组比例为 36%，15 岁组比例为 43%，排在第 1 位。

表 13　按年龄分组自评肥胖的学生比例排前 5 位的国家及地区

单位：%，人

排名	国家及地区	自评肥胖的学生比例			参与人数
		15 岁组	13 岁组	11 岁组	
1	中国	43	36	26	14134
2	波兰	42	40	35	5208
3	德国	39	40	29	4268
4	威尔士	39	32	21	15170
5	苏格兰	39	38	23	4908

表 14　按年龄分组自评肥胖的学生比例排后 5 位的国家

单位：%，人

排名	国家	自评肥胖的学生比例			参与人数
		15 岁组	13 岁组	11 岁组	
30	摩尔多瓦	17	17	14	4657
31	亚美尼亚	15	16	14	4689
32	哈萨克斯坦	15	10	7	4776
33	阿塞拜疆	10	9	6	4551
34	塞尔维亚	7	5	3	3888

（2）性别

图 8 共录入 44 个国家及地区的数据，分为男生、女生两组，以自评肥胖为统计标准。从图中可以看出，绝大多数国家的女生自评肥胖比例高于男生对应数据，但也有保加利亚、马耳他的男生比例高于女生比例。

以自评肥胖的男生比例为关键测评指标按照升序排序，可以得出表 15 和表 16。此表暂无中国相关数据。

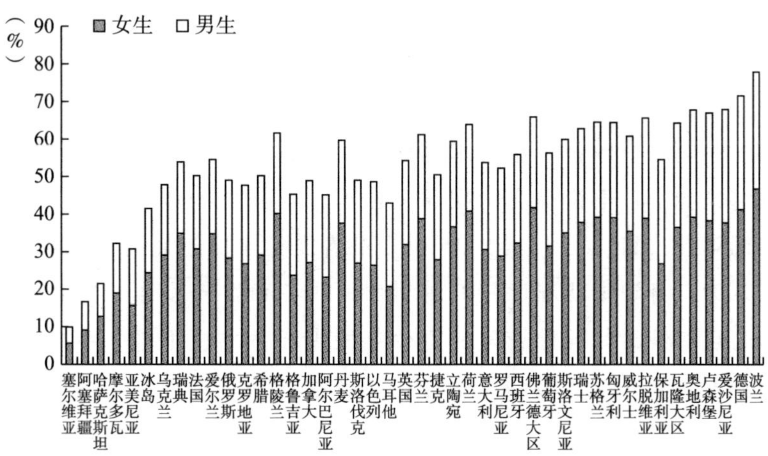

图 8 按性别分组自评肥胖的学生比例

表 15 按性别分组自评肥胖的学生比例排前 5 位的国家

单位：%，人

排名	国家	自评肥胖的学生比例		参与人数
		女	男	
1	波兰	47	31	5208
2	德国	41	30	4268
3	爱沙尼亚	38	30	4678
4	卢森堡	38	29	4039
5	奥地利	39	29	4108

表 16 按性别分组自评肥胖的学生比例排前 5 位的国家

单位：%，人

排名	国家	自评肥胖的学生比例		参与人数
		女	男	
40	亚美尼亚	16	15	4689
41	摩尔多瓦	19	13	4657
42	哈萨克斯坦	13	9	4776
43	阿塞拜疆	9	8	4551
44	塞尔维亚	6	4	3888

四　研究结论

基于中国和全球青少年心理健康与幸福感调查研究的共同部分，得出的共同结论如下：不论是在中国还是在国际上开展的调查研究中，不同性别和不同年龄（11 岁、13 岁、15 岁）的青少年自报健康状况均存在显著性差异，认为自身健康状况比较好的男生所占比例高于女生；随着年龄的增长，认为自身健康状况比较好的青少年所占比例出现下降。不同性别和不同年龄的青少年自报生活满意度存在显著性差异，对自己生活满意的男生所占比例高于女生；随着年龄的增长，认为自身生活满意度较高的青少年所占比例出现下降。

得出的差异性结论如下：中国青少年生理状况比较良好，每周提出超过一次健康抱怨的状况基本不存在，没有头痛、胃痛、背部疼痛、情绪低落、容易发脾气、感觉紧张、难以入睡、头晕眼花等生理状况的青少年均超过半数。在其他国家及地区，每周提出超过一次健康抱怨的青少年所占比例基本超过 20%，不同性别和不同年龄的青少年每周提出超过一次健康抱怨的比例存在显著性差异，每周提出超过一次健康抱怨的男生所占比例低于女生，随着年龄的增长，每周提出超过一次健康抱怨的青少年比例显著提高。

Ⅲ 专题报告

Special Topics

R.6 青少年心理健康及其影响因素分析*

周华珍 陈 珍 薛 聪**

摘 要 青少年时期既是个体生理、心理飞速发展、成熟的关键阶段，也是个体心理发展极具敏感性和不稳定性、易于出现心理问题的危险时期。对青少年而言，心理健康是其全面素质发展中的重要组成部分。本文运用抗逆力理论，分析新冠肺炎疫情背景下，青少年可能面临的风险因素，并通过保护因素的构建提升其抗逆力，实现心理健康的持久稳固。运用《中国青少年健康行为网络调查问卷》收集全国10个省市在校大中小

* 本文系国家社会科学基金项目“在健康社会决定因素框架下构建我国儿童健康行为测量指标体系”（项目编号：18BSH073）阶段性成果。

** 周华珍，中国社会科学院大学马克思主义学院副教授、博士后、访问学者，硕士研究生导师，中国社会科学院大学思想政治教育高等研究院大学生心理与健康发展研究中心主任，中国社会科学院大学价值观与健康教育研究中心主任，主要研究方向为青少年健康行为、心理健康与幸福感、健康干预；陈珍，中国社会科学院大学硕士研究生，主要研究方向为社会政策、青少年健康行为；薛聪，中国社会科学院大学硕士研究生，主要研究方向为社会网络与社会支持。

学生心理健康及健康相关行为的数据，并用 Stata 数据分析软件，从家庭支持、同伴支持和危险行为三个维度运用多元线性回归的方法对假设进行检验。研究发现：在自报健康状况方面，4.21%的青少年认为自己不健康；在自报生活满意度方面，近 20%的青少年自报生活满意度较低或一般；在积极情绪方面，超过 7 成的青少年幸福感较高、拥有信心且热爱生活；在躯体特征方面，较多青少年存在难以入睡、半夜经常醒来或经常发脾气等特征；在消极情绪方面，超过 30%的青少年感到孤独、郁闷或痛苦；在自我认知方面，37.14%的青少年意识到在情感、注意力、行为等方面存在问题。综观以上数据发现，青少年的心理健康状况不容乐观。良好的家庭支持对青少年心理健康具有积极作用；良好的同伴支持对青少年心理健康具有积极作用；饮酒、伤害、欺负等危险行为对青少年心理健康具有消极作用。对此，本文提出构建政府—学校—家庭多部门联动模式，构建和谐的家庭关系，建立良好的同伴关系，净化网络环境，从而实现青少年身心的健康成长。

关键词　青少年　心理健康　生活满意度

一　前言

青少年是国家的未来、民族的希望，其发展不仅关系个人的发展、家庭的幸福，还关系国家的强弱和民族的兴衰。唯有健康的体魄和健全的心智共存才可实现个人的理想与抱负，党和政府历来高度重视青少年心理健康问题。2016 年颁布的《“健康中国 2030”规划纲要》提出，要重视青少年心理健康，做好心理健康知识、疾病科普工作，规范发展心理治疗咨询等服务，依托学校、社区的心理健康咨询有效开展心理健康教育，营造有利于青少年心理健康的社会环境，形成学校、社区、家庭、媒体、医疗卫生机构联动的心理健康服务模式。[①] 2017 年，国家卫健委、中

① 《中共中央 国务院印发〈“健康中国 2030”规划纲要〉》，中国政府网，2016 年 10 月 25 日，http://www.gov.cn/xinwen/2016-10/25/content_5124174.htm。

宣部、中央综治办、民政部等22个部门共同印发《关于加强心理健康服务的指导意见》，明确提出了坚持以人为本，全面加强青少年心理健康教育的战略要求，充分彰显了党和政府对青少年健康成长与成才的高度重视。[①] 党的十九届五中全会审议通过的《中华人民共和国国民经济和社会发展第十四个五年规划和2035年远景目标纲要》再次提出，重视青少年心理健康教育和服务。[②] 《健康中国行动（2019—2030年）》明确提出，要实施中小学健康促进行动，并明确了促进青少年心理健康及全面素质发展的路径。[③] 2022年全国两会上，青少年心理健康也是被反复提及的重要话题，许多政协委员和人大代表提交了相关提案和议案。

但是，目前我国青少年心理健康状况不容乐观。中国青少年研究中心和共青团中央国际联络部共同发布的《中国青年发展报告》显示，我国17岁以下的青少年中，约3000万人受到各种情绪障碍和行为问题的困扰，其中青少年常见的外向障碍包括多动及注意力缺陷障碍、对立违抗障碍、品行障碍等，内向障碍包括焦虑症、忧郁症等。[④] 中国科学院心理研究所科研团队完成的《中国国民心理健康发展报告（2019～2020）》显示，青少年的抑郁检出率为24.6%，其中重度抑郁检出率为7.4%，检出率随着年级的升高而增长。[⑤] 也就是说，几乎每5个孩子中就有一个可能抑郁。中国社会科学院大学价值观与健康教育研究中心2020年《中国青少年健康行为网络调查问卷》结果显示，初中及以上的学生感到沮丧或恐惧的检出率分别为34.11%和27.91%，高中及以上的学生感到郁闷或痛苦的检出率为31.03%。

---

① 《关于加强心理健康服务的指导意见》，国家卫健委网站，2017年1月19日，http://www.nhc.gov.cn/cms-search/xxgk/getManuscriptXxgk.htm?id=6a5193c6a8c544e59735389f31c971d5。

② 《中华人民共和国国民经济和社会发展第十四个五年规划和2035年远景目标纲要》。

③ 《健康中国行动（2019—2030年）》，中国政府网，2019年7月15日，http://www.gov.cn/xinwen/2019-07/15/content_5409694.htm。

④ 《我国3000万青少年受情绪和行为障碍的困扰》，"新民晚报"百家号，2020年4月21日，https://baijiahao.baidu.com/s?id=1664544531992116483&wfr=spider&for=pc。

⑤ 傅小兰、张侃主编《中国国民心理健康发展报告（2019～2020）》，社会科学文献出版社，2018。

尤其是新冠肺炎疫情发生以来，正处于身心发展阶段的青少年受到一定的不利影响。2020 年《中国青少年健康行为网络调查问卷》结果显示，68.06%的家庭收入有所减少，2.24%的青少年父母下岗或失业。除了因疫情而产生的恐惧、担忧和焦虑之外，青少年长期待在家中，缺少与同伴正常的交流和互动，社会交往能力受挫，更容易产生一系列心理健康问题。本文在界定心理健康测量指标的基础上，重点从家庭支持、同伴支持和健康生活方式三个维度分析当下影响青少年心理健康的因素，以期寻找稳定青少年心理健康的相关措施。

二　研究方法及样本情况介绍

（一）资料统计分析

问卷数据由此项目的主要负责团队集中从答题系统后台中导出，经初步的数据清洗和逻辑纠错后导入 SPSS 软件并进行初步的变量赋值，形成 sav 文件。在分析前进行数据逻辑检查，排除随意填写以及重要数据缺失的无效问卷，保证数据的客观性与准确性。主要采用 Stata17.0 和 SPSS23.0 进行描述性分析、相关分析和回归分析，构成比用百分数表示。

（二）样本基本情况

此报告仅以北京、重庆、贵州、辽宁、江西、云南、浙江、湖北、山东和广东 10 个省市的中小学生和大学生作为研究样本，总样本数为 41679 人。其中，男性共 20645 人，占比 49.53%，女性共 21034 人，占比 50.47%，性别比较为均衡；在年级构成中，小学生共 5007 人，占比 12.01%，初中生共 5284 人，占比 12.68%，高中生共 18111 人，占比 43.45%，大学生共 13277 人，占比 31.86%；在户籍类别中，拥有城市户籍的青少年共 16241 人，占比 38.97%，拥有非城市户籍的青少年共 25438，占比 61.03%；留守儿童（仅包括中小学生）共 3153 人，占总样本的 7.56%；流动儿童（仅包括中小学生）共 3867 人，占总样本的 9.28%（见表 1）。

表 1　样本人口学特征分布情况

单位：人，%

变量		人数	占比	累计占比
性别	男	20645	49.53	49.53
	女	21034	50.47	100.00
年级	小学五年级	4753	11.40	11.40
	小学六年级	254	0.61	12.01
	初一	142	0.34	12.35
	初二	5142	12.34	24.69
	高一	9720	23.32	48.01
	高二	8391	20.13	68.14
	大一	4276	10.26	78.40
	大二	4533	10.88	89.28
	大三	4468	10.72	100.00
户籍	城市户籍	16241	38.97	38.97
	非城市户籍	25438	61.03	100.00
是否留守儿童（仅中小学生）	是	3153	7.56	7.56
	否	25248	60.58	68.14
是否流动儿童（仅中小学生）	是	3867	9.28	9.28
	否	24534	58.86	68.14

（三）概念界定与测量指标

本文采用心理健康双因素模型，将心理健康分为积极心理健康和消极心理健康两个维度，同时运用主客观相结合的方法，将自报健康状况和自报生活满意度作为测量心理健康的主观指标，在客观指标中，将积极情绪作为测量心理健康的积极指标，将消极情绪、躯体特征和自我认知作为测量心理健康的消极指标。

本文通过累加法，对自报健康状况、自报生活满意度、积极情绪、躯体特征、消极情绪和自我认知六个维度所覆盖的众多指标同向再编码后进行累加，形成心理健康的综合指数，得分越高，代表心理健康水平越好。心理健康综合指标的编码如表 2 所示。

表2　心理健康综合指标的编码

维度	变量	变量说明
自报健康状况	整体健康状况自评	1 = 我感觉不健康；2 = 我感觉健康；3 = 我感觉比较健康；4 = 我感觉非常健康
	实际感受	0 = 否；1 = 是
自报生活满意度	生活状况打分	1 = 生活满意度低；2 = 生活满意度一般；3 = 生活满意度高
	状态总评	1 = 我对自己目前状态感觉非常不满意；2 = 我对自己目前状态感觉不满意；3 = 我对自己目前状态感觉一般；4 = 我感觉我有像大多数其他人一样成功地做事；5 = 总的来说，我对自己目前状态感觉很满意
积极情绪	幸福感	1 = 从未有过；2 = 有时会有；3 = 少于一半时间；4 = 多于一半时间；5 = 大部分时间；6 = 所有时间
	能力	1 = 非常不赞同；2 = 不赞同；3 = 赞同；4 = 非常赞同
	自信心	1 = 非常不赞同；2 = 不赞同；3 = 既不赞同也不反对；4 = 赞同；5 = 比较赞同；6 = 非常赞同
	热爱生活	1 = 一点都不重要；2 = 一般；3 = 重要；4 = 比较重要；5 = 非常重要
躯体特征	健康抱怨	1 = 几乎每天；2 = 每周一次以上；3 = 每周一次；4 = 每月一次；5 = 几乎没有
	长期疾病诊断	1 = 是；2 = 否
	长期疾病服药	1 = 是，我曾因长期的疾病、残疾或就医而服药；2 = 否，我曾经患有长期的疾病、残疾或就医，但没有服药；3 = 我身体健康，我没有长期的疾病
	长期疾病影响生活	1 = 是，我因为患长期的疾病、残疾或就医而影响出勤或参加学校活动；2 = 否，我没有因为患长期的疾病、残疾或就医影响出勤或参加学校活动；3 = 我身体健康，我没有长期的疾病
	睡眠	1 = 不止一次；2 = 有一次；3 = 没有
	服用药物	1 = 是的，有很多次；2 = 是的，有一次；3 = 不，没有

续表

维度	变量	变量说明
消极情绪	孤独	1 = 没有人可以谈论困扰我的事情；2 = 我感到孤独；3 = 我觉得我没有与谁交谈和分享我的想法
	郁闷或痛苦	1 = 我感觉有很多问题；2 = 我感觉有一些问题；3 = 我感觉有点问题；4 = 我没有任何问题
	感受或行动的方式	1 = 所有的时间；2 = 偶尔有或适度的次数；3 = 有几次；4 = 很少或没有
	治疗后状态	1 = 完全没有；2 = 没有平时好；3 = 比平时好一些；4 = 比平时好很多
自我认知	情感、注意力、行为	1 = 是的，我存在很严重的问题；2 = 是的，我存在一些问题；3 = 是的，我认为有点问题；4 = 不，没有问题

三　研究结果

（一）青少年自报健康状况

1. 样本总体情况

数据显示，45.57% 的受访青少年认为自己非常健康，37.92% 的受访青少年认为自己比较健康，12.30% 的受访青少年认为自己健康。总之，共 95.79% 的受访青少年认为自身的整体健康状况属于健康及以上，仅 4.21% 的受访青少年认为自己不健康。总体上，青少年自报健康状况良好（见表 3）。

表 3　总样本自报告整体健康状况

单位：人，%

整体健康状况自评	人数	占比	累计占比
自我感觉非常健康	9692	45.57	45.57
自我感觉比较健康	8066	37.92	83.49
自我感觉健康	2617	12.30	95.79
自我感觉不健康	895	4.21	100.00
合计	21270	100.00	

数据显示，81.53%的受访青少年认为自身的身体很好，68.58%的受访青少年认为自身的情绪和状态都很好，59.70%的受访青少年感到高兴，59.89%的受访青少年认为自己社交关系很好。8.40%的受访青少年认为自身的身体不好，11.40%的受访青少年认为自身的情绪和状态都不好，8.11%的受访青少年感到不高兴，8.41%的受访青少年认为自己社交关系不好（见表4）。

表4 青少年对自身情绪、状态和身体健康等的认知

单位：人，%

认知	选项	人数	占比
我的身体很好	否	3929	18.47
	是	17341	81.53
我的情绪和状态都很好	否	6684	31.42
	是	14586	68.58
我感到高兴	否	8572	40.30
	是	12698	59.70
我的社交关系很好	否	8532	40.11
	是	12738	59.89
我的身体不好	否	19483	91.60
	是	1787	8.40
我的情绪和状态都不好	否	18846	88.60
	是	2424	11.40
我感到不高兴	否	19544	91.89
	是	1726	8.11
我的社交关系不好	否	19482	91.59
	是	1788	8.41

2. 交互分析

（1）性别

不同性别的青少年自报健康状况存在显著性差异。50.62%的受访男性认为自身非常健康，但只有40.65%的受访女性认为自身非常健康；35.43%的受访男性认为自身比较健康，40.35%的受访女性认为自身比较健康。并

且卡方检验的 P 值小于 0.05，说明男性和女性的自报健康状况存在显著性差异（见表5）。

表5 不同性别的青少年自报健康状况

单位：人，%

性别	我感觉非常健康	我感觉比较健康	我感觉健康	我感觉不健康	合计
男	5311	3717	1075	389	10492
	50.62	35.43	10.25	3.71	100.00
女	4381	4349	1542	506	10778
	40.65	40.35	14.31	4.69	100.00
合计	9692	8066	2617	895	21270
	45.57	37.92	12.30	4.21	100.00

注：$\chi^2 = 233.59$，$P < 0.05$。

（2）年级

不同年级的青少年自报健康状况存在显著性差异。通过交互分析可以发现，随着年级的增长，认为自身非常健康的受访青少年占各年级青少年的比例明显下降。小学阶段，有72.93%的受访青少年认为自己非常健康；初中阶段，有54.14%的受访青少年认为自己非常健康；高中阶段，有44.28%的受访青少年认为自己非常健康；大学阶段，只有34.69%的受访青少年认为自己非常健康。此外，随着年级的增长，认为自身健康状况较差的青少年所占比例明显上升。并且卡方检验的 P 值小于 0.05，说明各年级的青少年自报健康状况存在显著性差异（见表6）。

表6 不同年级的青少年自报健康状况

单位：人，%

年级	我感觉非常健康	我感觉比较健康	我感觉健康	我感觉不健康	合计
小学	1751	475	143	32	2401
	72.93	19.78	5.96	1.33	100.00
初中	1412	888	237	71	2608
	54.14	34.05	9.09	2.72	100.00

续表

年级	我感觉非常健康	我感觉比较健康	我感觉健康	我感觉不健康	合计
高中	4100	3534	1209	416	9259
	44.28	38.17	13.06	4.49	100.00
大学	2429	3169	1028	376	7002
	34.69	45.26	14.68	5.37	100.00
合计	9692	8066	2617	895	21270
	45.57	37.92	12.30	4.21	100.00

注：$\chi^2 = 1161.97$，$P < 0.05$。

（3）户籍

不同户籍的青少年自报健康状况存在显著性差异。与非城市户籍青少年相比，城市户籍青少年更倾向于认为自身非常健康，占比47.77%。此外，4.67%的城市户籍青少年认为自身不健康，而非城市户籍青少年只有3.92%认为自身不健康。并且卡方检验的P值小于0.05，说明不同户籍的青少年自报健康状况存在显著性差异（见表7）。

表7　不同户籍青少年自报健康状况

单位：人，%

户籍	我感觉非常健康	我感觉比较健康	我感觉健康	我感觉不健康	合计
城市户籍	3908	2933	958	382	8181
	47.77	35.85	11.71	4.67	100.00
非城市户籍	5784	5133	1659	513	13089
	44.19	39.22	12.67	3.92	100.00
合计	9692	8066	2617	895	21270
	45.57	37.92	12.30	4.21	100.00

注：$\chi^2 = 39.72$，$P < 0.05$。

（4）省市

不同省市的青少年自报健康状况存在显著性差异。辽宁超过半数（55.39%）的青少年认为自己非常健康，远远高于其他省市。而北京青少年有6.43%认为自己不健康，高于均值（4.21%）。大部分云南青少年认为自己非常健康和比较健康。并且卡方检验的 P 值小于 0.05，说明不同省市的青少年自报健康状况存在显著性差异（见表 8）。

表 8　不同省市的青少年自报健康状况

单位：人，%

省市	我感觉非常健康	我感觉比较健康	我感觉健康	我感觉不健康	合计
北京	579	397	115	75	1166
	49.66	34.05	9.86	6.43	100.00
广东	1058	1009	387	122	2576
	41.07	39.17	15.02	4.74	100.00
贵州	1617	1426	521	167	3731
	43.34	38.22	13.96	4.48	100.00
湖北	970	951	232	106	2259
	42.94	42.10	10.27	4.69	100.00
江西	909	771	271	70	2021
	44.98	38.15	13.41	3.46	100.00
辽宁	647	349	123	49	1168
	55.39	29.88	10.53	4.20	100.00
山东	1776	1248	328	109	3461
	51.31	36.06	9.48	3.15	100.005
云南	762	727	302	72	1863
	40.90	39.02	16.21	3.86	100.00
浙江	748	618	188	59	1613
	46.37	38.31	11.66	3.66	100.00
重庆	626	570	150	66	1412
	44.33	40.37	10.62	4.67	100.00
合计	9692	8066	2617	895	21270
	45.57	37.92	12.30	4.21	100.00

注：$\chi^2=248.00$，$P<0.05$。

（5）留守儿童与非留守儿童

留守儿童与非留守儿童的自报健康状况存在显著性差异。通过表 9 可以看出，只有 49.38% 的留守儿童认为自身非常健康，但是有 51.10% 的非留守儿童的认为自身非常健康；高达 4.89% 的留守儿童认为自身不健康，而只有3.48%的非留守儿童认为自身不健康。总体上看，留守儿童的健康状况较差。并且卡方检验的P值小于0.05，说明留守儿童与非留守儿童的自报健康状况存在显著性差异。

表9　留守儿童与非留守儿童自报健康状况

单位：人，%

留守儿童	我感觉非常健康	我感觉比较健康	我感觉健康	我感觉不健康	合计
是	797	515	223	79	1614
	49.38	31.91	13.82	4.89	100.00
否	6466	4382	1366	440	12654
	51.10	34.63	10.80	3.48	100.00
合计	7263	4897	1589	519	14268
	50.90	34.32	11.14	3.64	100.00

注：$\chi^2=23.56$，$P<0.05$。

（6）流动儿童与非流动儿童

流动儿童与非流动儿童的自报健康状况存在显著性差异。表10显示，只有45.83%的流动儿童认为自身非常健康，但是超过半数的非流动儿童认为自身非常健康。认为自身不健康的流动儿童与非流动儿童占比也存在明显差异，前者占5.64%，后者占3.33%。总的来说，流动儿童的自报健康状况较差。并且卡方检验的P值小于0.05，说明流动儿童与非流动儿童的自报健康状况存在显著性差异。

表10　流动儿童与非流动儿童的自报健康状况

单位：人，%

流动儿童	我感觉非常健康	我感觉比较健康	我感觉健康	我感觉不健康	合计
是	869	681	239	107	1896
	45.83	35.92	12.61	5.64	100.00
否	6394	4216	1350	412	12372
	51.68	34.08	10.91	3.33	100.00
合计	7263	4897	1589	519	14268
	50.90	34.32	11.14	3.64	100.00

注：$\chi^2=41.09$，$P<0.05$。

（二）青少年自报生活满意度

自报生活满意度通过“请问目前你处于哪种生活状况”来测量，得分范围为0～10分，0分代表最差的生活状态，10分代表最好的生活状态。实际分析过程中，将0～4分重新编码为生活满意度低，5～7分重新编码为生活满意度一般，将8～10分重新编码为生活满意度高。

1. 样本总体情况

总体上看，青少年自报生活满意度较高。其中，80.10%的青少年自报生活满意度高，15.20%的青少年自报生活满意度一般，仅有4.70%的青少年自报生活满意度低（见表11）。

表11　青少年自报生活满意度

单位：人，%

自报生活满意度	人数	占比	累计占比
低	1958	4.70	4.70
一般	6335	15.20	19.90
高	33386	80.10	100.00
合计	41679	100.00	

数据显示，54.04%的青少年对目前状态很满意，11.63%的青少年感觉自己像大多数其他人一样成功地做事，27.31%的青少年感觉目前状态一般，5.04%的青少年对目前状态不满意，1.98%的青少年对目前状态非常不满意。总的来说，7.02%的青少年对目前的状态不满意（见表12）。

表12　青少年对自我状态的评价

单位：人，%

状态总评	人数	占比	累计占比
总的来说，我对自己目前状态感觉很满意	11494	54.04	54.04
我感觉我有像大多数其他人一样成功地做事	2474	11.63	65.67
我对自己目前状态感觉一般	5809	27.31	92.98
我对自己目前状态感觉不满意	1072	5.04	98.02

续表

状态总评	人数	占比	累计占比
我对自己目前状态感觉非常不满意	421	1.98	100.00
合计	21270	100.00	

2. 交互分析

（1）性别

不同性别青少年的自报生活满意度存在显著性差异。自报生活满意度低的男性占比低于女性，前者为4.39%，后者为5.00%；自报生活满意度高的男性占比高于女性，前者为81.52%，后者为78.72%。并且卡方检验的P值小于0.05，说明不同性别青少年的自报生活满意度存在显著性差异（见表13）。

表13　不同性别的青少年自报生活满意度

单位：人，%

性别	自报生活满意度低	自报生活满意度一般	自报生活满意度高	合计
男	907	2909	16829	20645
	4.39	14.09	81.52	100.00
女	1051	3426	16557	21034
	5.00	16.29	78.72	100.00
合计	1958	6335	33386	41679
	4.70	15.20	80.10	100.00

注：$\chi^2 = 51.37$，$P < 0.05$。

（2）年级

不同年级的青少年自报生活满意度存在显著性差异。根据表14可知，在中小学阶段，随着年级的增长，自报生活满意度低的青少年占比越来越高，自报生活满意度高的青少年占比越来越低。但是大学阶段这一趋势有所扭转。在大学生样本中，自报生活满意度低的青少年所占比重较低，而自报生活满意度一般的青少年占比大幅增加。加以推测，在中小学阶段，学业压力逐渐增大，自报生活满意度逐渐降低，在大学阶段，学业压力陡然减小，青少年的压力来源转移至社交、求职等，因此虽然自报生活满意度低的青少年比较少，但是自报生活满意度高的青少年仍不多。并且卡方检验的 P 值小于 0.05，说明不同年级青少年的自报生活满意度存在显著性差异。

表 14　不同年级的青少年自报生活满意度

单位：人，%

年级	自报生活满意度低	自报生活满意度一般	自报生活满意度高	合计
小学	151	302	4554	5007
	3.02	6.03	90.95	100.00
初中	239	594	4451	5284
	4.52	11.24	84.24	100.00
高中	1069	2827	14215	18111
	5.90	15.61	78.49	100.00
大学	499	2612	10166	13277
	3.76	19.67	76.57	100.00
合计	1958	6335	33386	41679
	4.70	15.20	80.10	100.00

注：$\chi^2=731.00$，$P<0.05$。

（3）户籍

不同户籍的青少年自报生活满意度存在显著性差异。拥有城市户籍的青少年超过 80% 自报生活满意度高，而自报生活满意度高的非城市户籍青少年仅占 78.98%。此外，4.50% 的拥有城市户籍的青少年自报生活满意度低，4.82% 的非城市户籍青少年自报生活满意度低。可以得出，拥有城市户籍的青少年自报生活满意度更高。并且卡方检验的 P 值小于 0.05，说明不同户籍青少年的自报生活满意度存在显著性差异（见表 15）。

表 15　不同户籍的青少年自报生活满意度

单位：人，%

户籍	自报生活满意度低	自报生活满意度一般	自报生活满意度高	合计
城市户籍	731	2214	13296	16241
	4.50	13.63	81.87	100.00
非城市户籍	1227	4121	20090	25438
	4.82	16.20	78.98	100.00

续表

户籍	自报生活满意度低	自报生活满意度一般	自报生活满意度高	合计
合计	1958	6335	33386	41679
	4.70	15.20	80.10	100.00

注：$\chi^2 = 55.54$，$P < 0.05$。

（4）省市

不同省市的青少年自报生活满意度存在显著性差异。根据表16可知，自报生活满意度高的青少年占比较高的3个省市分别是山东、辽宁和北京，自报生活满意度高的青少年占比分别为84.10%、83.48%和81.21%。较为特殊的是，虽然北京和辽宁自报生活满意度高的青少年占比较高，但是自报生活满意度低的青少年占比也较高，前者为6.37%，后者为5.70%。这表明，北京和辽宁的青少年自报生活满意度具有两极分化的特征。并且卡方检验的P值小于0.05，说明不同省市青少年的自报生活满意度存在显著性差异。

表16　不同省市的青少年自报生活满意度

单位：人，%

省市	自报生活满意度低	自报生活满意度一般	自报生活满意度高	合计
北京	143	279	1824	2246
	6.37	12.42	81.21	100.00
广东	255	829	4213	5297
	4.81	15.65	79.54	100.00
贵州	363	1272	5516	7151
	5.08	17.79	77.14	100.00
湖北	203	676	3439	4318
	4.70	15.66	79.64	100.00
江西	163	644	3246	4053
	4.02	15.89	80.09	100.00
辽宁	137	260	2006	2403
	5.70	10.82	83.48	100.00
山东	240	841	5719	6800
	3.53	12.37	84.10	100.00

续表

省市	自报生活满意度低	自报生活满意度一般	自报生活满意度高	合计
云南	192	599	2697	3488
	5.50	17.17	77.32	100.00
浙江	136	478	2563	3177
	4.28	15.05	80.67	100.00
重庆	126	457	2163	2746
	4.59	16.64	78.77	100.00
合计	1958	6335	33386	41679
	4.70	15.20	80.10	100.00

注：$\chi^2=204.66$，$P<0.05$。

（5）留守儿童与非留守儿童

留守儿童与非留守儿童的自报生活满意度存在显著性差异。根据表 17 可知，6.91% 的留守儿童自报生活满意度低，但是只有 4.92% 的非留守儿童自报生活满意度低；77.67% 的留守儿童自报生活满意度高，但是有 82.26% 的非留守儿童自报生活满意度高。因此可以得出，相较于非留守儿童，留守儿童的自报生活满意度较低。并且卡方检验的 P 值小于 0.05，说明留守儿童与非留守儿童的自报生活满意度存在显著性差异。

表 17　留守儿童与非留守儿童自报生活满意度

单位：人，%

留守儿童	自报生活满意度低	自报生活满意度一般	自报生活满意度高	合计
是	218	486	2449	3153
	6.91	15.41	77.67	100.00
否	1241	3237	20770	25248
	4.92	12.82	82.26	100.00
合计	1459	3723	23219	28401
	5.14	13.11	81.75	100.00

注：$\chi^2=43.41$，$P<0.05$。

（6）流动儿童与非流动儿童

流动儿童与非流动儿童的自报生活满意度存在显著性差异。根据表 18

可知，6.44%的流动儿童自报生活满意度低，但是只有4.93%的非留守儿童自报生活满意度低；79.05%的流动儿童自报生活满意度高，但是有82.18%的非留守儿童自报生活满意度高。因此可以得出，相较于非流动儿童，流动儿童的自报生活满意度较低。并且卡方检验的 P 值小于0.05，说明流动儿童与非流动儿童的自报生活满意度存在显著性差异。

表18　流动儿童与非流动儿童自报生活满意度

单位：人，%

流动儿童	自报生活满意度低	自报生活满意度一般	自报生活满意度高	合计
是	249	561	3057	3867
	6.44	14.51	79.05	100.00
否	1210	3162	20162	24534
	4.93	12.89	82.18	100.00
合计	1459	3723	23219	28401
	5.14	13.11	81.75	100.00

注：$\chi^2=25.45$，$P<0.05$。

（三）青少年积极情绪

1. 幸福感

根据表19可知，约70%的青少年多于一半的时间精神状态良好、平静放松、充满精力、清醒。这表明，约七成青少年幸福感较强。但是仍有少部分青少年幸福感较弱，尤其突出地表现在醒来后感觉不清醒且生活中并未充满感兴趣的东西。

表19　青少年幸福感

单位：%

类别	精神状态良好	平静放松	充满精力	清醒	充满兴趣
从未有过	4.69	4.70	4.82	6.62	5.25
有时会有	13.11	13.06	12.80	14.28	14.74
少于一半时间	7.41	9.39	10.06	12.24	11.15
多于一半时间	16.12	18.51	17.81	16.82	17.62

续表

类别	精神状态良好	平静放松	充满精力	清醒	充满兴趣
大部分时间	34.21	31.01	30.60	26.95	27.02
所有时间	24.46	23.33	23.92	23.08	24.22
合计	100.00	100.00	100.00	100.00	100.00

2. 自信心

根据表20分析得出，67.88%的青少年大部分时间里对自己感到满意，55.51%的青少年觉得自己很好看，78.46%的青少年认为按照自己的方式做事很开心，39.20%的青少年做一些知道不应该做的事情，54.90%的青少年经常按照自己被期望的方式做事，76.37%的青少年认为成为自己很开心，70.41%的青少年确信成年之后将有很好的生活。数据表明，大部分青少年对自身的总体认知、外貌和未来等比较有自信，但是一半以上的青少年对自身的处事方式不太自信，经常按照被期望的方式做事。

表20 青少年自信心

单位：%

问题	非常不赞同	不赞同	既不赞同，也不反对	赞同	比较赞同	非常赞同
大部分时间里，我对自己感到满意	4.80	6.27	21.05	26.72	18.89	22.27
我觉得自己很好看	5.85	9.95	28.68	21.27	13.69	20.55
按照自己的方式做事很开心	3.76	3.03	14.76	32.67	17.84	27.95
我做一些我知道不应该做的事情	15.84	20.49	24.46	17.39	8.22	13.59
我经常按照我被期望的方式做事	6.06	10.90	28.14	26.22	12.51	16.17
总之，成为我自己很开心	4.01	3.58	16.05	29.62	15.50	31.25
我确信当我成年之后我将有很好的生活	4.26	4.47	20.87	25.60	15.97	28.84

数据显示，76.13%的青少年认为自己和同龄人一样聪明，80.06%的青少年认为自己有许多朋友，66.26%的青少年认为自己可以做好任何新的体育活动，74.72%的青少年认为自己的作业完成得很好，48.39%的青少年认

为自己比同龄人更擅长体育，66.86%的青少年认为自己在同龄人中很受欢迎。总体来说，大部分青少年对自身的智商和社交、课业、体育活动方面的能力比较有自信（见表21）。

表21　青少年能力自信心

单位：%

问题	非常不赞同	不赞同	赞同	非常赞同
我觉得我和我的同龄人一样聪明	5.63	18.24	51.71	24.42
我有许多朋友	4.61	15.34	53.07	26.99
我认为我可以做好任何新的体育活动	7.26	26.48	44.68	21.58
我的作业完成得很好	5.00	20.28	54.09	20.63
我比我的同龄人更擅长体育	10.95	40.66	32.64	15.75
我在同龄人中很受欢迎	6.20	26.94	48.48	18.38

3. 热爱生活

根据表22可知，约90%的青少年认为对人友善、学会原谅、生活有意义有目标、享受快乐十分重要（包括重要、比较重要和非常重要，下同）。但是只有80%左右的青少年认为亲近自然、关心自然和精神力量十分重要。而对其他事物重要感的认知已不足七成。总体来说，青少年比较热爱生活，但是这份热爱更多地体现在社会交往和与自身关联紧密的日常生活方面，其次是对自然的热爱。

表22　青少年热爱生活基本情况

单位：%

类别	对人友善	学会原谅	生活有意义有目标	享受快乐	亲近自然	关心自然	精神力量	其他事物
一点都不重要	2.98	3.02	3.17	3.09	3.80	3.49	5.15	8.57
一般	5.79	7.63	6.53	6.52	14.65	12.50	16.18	27.32
重要	22.79	24.99	19.21	19.16	22.99	24.14	23.32	22.43
比较重要	16.00	19.34	14.40	13.49	16.70	16.80	16.54	14.55
非常重要	52.44	45.02	56.69	57.73	41.85	43.07	38.82	27.13
合计	100.00	100.00	100.00	100.00	100.00	100.00	100.00	100.00

（四）青少年躯体特征

1. 健康抱怨

总体来说，几乎没有头痛、胃痛、背部疼痛、情绪低落、容易发脾气、感觉紧张、难以入睡、头晕眼花等生理状况的青少年均超过了半数，因此，可以说明，青少年的生理状况总体比较良好。但是，与其他生理状况相比，情绪低落、容易发脾气和感觉紧张的频次明显较高，超过17%的青少年每月有一次情绪低落、容易发脾气或感觉紧张的经历（见表23）。

表23　青少年健康抱怨情况

单位：%

频次	头痛	胃痛	背部疼痛	情绪低落	容易发脾气	感觉紧张	难以入睡	头晕眼花
几乎每天	6.48	6.44	7.06	8.35	8.47	8.47	9.05	6.79
每周一次以上	6.14	5.62	5.90	10.00	9.65	9.65	8.39	5.68
每周一次	5.41	4.91	5.41	9.29	9.25	9.25	6.72	5.19
每月一次	11.72	11.08	9.77	17.79	17.39	17.39	10.88	8.66
几乎没有	70.26	71.96	71.86	54.57	55.24	55.24	64.96	73.69

2. 身体疾病

4.64%的青少年被诊断有长期的疾病、残疾或就医等，3.81%的青少年因长期的疾病、残疾或就医而服药，2.62%的青少年因为患有长期的疾病、残疾或就医而影响出勤或参加学校活动。总体来说，有身体疾病情况的青少年比较少，并且身体疾病对青少年生活和学习的影响较小（见表24）。

表24　青少年身体疾病情况

单位：人，%

类别	编码	人数	占比
长期的疾病、残疾或就医	否	17994	95.36
	是	875	4.64
因长期的疾病、残疾或就医而服药	否	18151	96.19
	是	718	3.81

续表

类别	编码	人数	占比
因为患有长期的疾病、残疾或就医而影响出勤或参加学校活动	否	18374	97. 38
	是	495	2. 62

3. 睡眠质量

根据表 25 可知，青少年的睡眠质量并不理想。37. 24% 的青少年曾经出现过难以入睡的情况，36. 38% 的青少年曾经出现过半夜醒来的情况，接近半数的青少年每晚平均睡眠不足 7 小时。

表 25　青少年睡眠质量情况

单位：%

频次	难以入睡	半夜醒来	每晚平均睡眠不足 7 小时
没有	62. 76	63. 62	52. 82
有一次	22. 00	21. 74	15. 04
不止一次	15. 24	14. 64	32. 14
合计	100. 00	100. 00	100. 00

4. 服用药物

根据表 26 可知，超过 90% 的青少年未曾因为背部疼痛、难以入睡或感觉紧张而服用过药物，但是超过 10% 的青少年曾因为头痛、胃痛或其他原因而服药。总体来看，服用药物的青少年占比较少。

表 26　青少年因不同原因服用药物情况

单位：%

服用药物	头痛	胃痛	背部疼痛	难以入睡	感觉紧张	其他
不，没有	87. 24	84. 68	93. 34	91. 15	91. 00	86. 67
是的，有一次	9. 86	10. 63	4. 62	5. 46	6. 03	9. 09
是的，有很多次	2. 90	4. 70	2. 05	3. 39	2. 97	4. 24
合计	100. 00	100. 00	100. 00	100. 00	100. 00	100. 00

新冠肺炎疫情发生后，有 0. 56% 的青少年开始服用精神性物质，0. 40% 的青少年开始更频繁地使用精神性物质（见表 27）。

表 27 新冠肺炎疫情发生后青少年服用药物情况

单位：人，%

你是否因新冠肺炎疫情改变了服用精神性物质（药物或成瘾性药物）	人数	占比	累计占比
不变（或从未使用过药物）	14804	97.87	97.87
开始停止服用精神性物质	108	0.71	98.59
开始服用精神性物质	85	0.56	99.15
开始减少服用精神性物质	69	0.46	99.60
更频繁地使用精神性物质	60	0.40	100.00
合计	15126	100.00	

（五）青少年消极情绪

1. 孤独

根据表 28 可知，39.15% 的青少年认为没有人可以谈论困扰自己的事情，31.81% 的青少年感到孤独，29.03% 的青少年没有与他人交谈和分享的想法。

表 28 青少年孤独情况

单位：人，%

分类	人数	占比	累计占比
没有人可以谈论困扰我的事情	8328	39.15	39.15
我感到孤独	6767	31.81	70.97
我觉得我没有与谁交谈和分享我的想法	6175	29.03	100.00
合计	21270	100.00	

2. 郁闷或痛苦

根据表 29 可知，22.91% 的青少年感觉有点郁闷或痛苦，6.00% 的青少年感觉有一些郁闷或痛苦，2.12% 的青少年感觉非常郁闷或痛苦。总的来说，共 31.03% 的青少年曾出现过郁闷或痛苦的消极情绪。

表 29　青少年郁闷或痛苦情况

单位：人，%

你因为上述问题而感到郁闷或痛苦吗？	人数	占比	累计占比
我没有任何问题	11215	68.97	68.97
我感觉有点问题	3725	22.91	91.88
我感觉有一些问题	976	6.00	97.88
我感觉有很多问题	345	2.12	100.00
合计	16261	100.00	

根据表 30 可知，在“觉得我所做的一切都是成就”“对未来充满希望”“感到开心”3 个正向指标中，对未来充满希望和感到开心的青少年占比更多，其中 28.74% 的青少年所有的时间都对未来充满希望，28.95% 的青少年所有的时间都感到开心。在其余负向指标中，较为突出的前 3 项是“感到孤独”、“会失眠”和“很难对所做的事情集中注意力”。

表 30　青少年郁闷或痛苦的情况

单位：%

项目	很少或没有（少于 1 天）	有几次（1～2 天）	偶尔有或适度的次数（3～4 天）	所有的时间（5～7 天）
被之前未曾烦扰我的事情所烦扰	68.22	20.88	8.34	2.57
很难对所做的事情集中注意力	60.76	24.02	11.63	3.58
感到沮丧	65.89	22.56	8.61	2.95
觉得我所做的一切都是成就	57.82	21.70	14.30	6.18
对未来充满希望	26.72	16.81	27.73	28.74
感到恐惧	72.09	18.44	6.77	2.70
会失眠	67.74	19.95	8.48	3.82
感到开心	23.05	15.77	32.23	28.95
感到孤独	61.01	25.16	9.74	4.09
不能开始着手做事情	71.63	18.77	6.89	2.71

根据表 31 可知，较为突出的是，25.48%的青少年完全没有认为自己在一些事情当中扮演重要角色，21.51%的青少年完全没有认为所有的事情都有理由开心。

表 31　青少年焦虑或压力情况

单位：%

项目	完全没有	没有平时好	比平时好一些	比平时好很多
能集中精力做自己的事情	16.81	17.10	38.54	27.55
觉得你在一些事情当中扮演重要角色	25.48	16.52	36.36	21.63
可以对一些事情做出决定	16.91	13.03	41.73	28.33
可以享受每天的活动	18.06	14.42	38.60	28.92
可以面对自己的问题	15.95	13.23	41.51	29.31
觉得所有的事情都有理由开心	21.51	16.37	36.39	25.73
感觉自己无法克服困难	43.77	22.65	23.58	10.00
感觉不开心或感觉压抑	46.52	23.09	20.72	9.67
对自己失去自信	55.73	19.03	17.46	7.77
觉得自己一文不值	63.08	15.00	14.42	7.50
因为担忧而焦虑失眠	59.77	17.52	15.25	7.46
总是感觉有压力	44.47	25.86	21.08	8.59

（六）青少年自我认知

表 32 显示，26.77%的青少年认为在情感、注意力、行为等方面有点问题，8.65%的青少年认为在情感、注意力、行为等方面存在一些问题，1.72%的青少年认为在情感、注意力、行为等方面存在很严重的问题。总的来说，共 37.13%的青少年在情感、注意力、行为等方面存在问题。

表 32　青少年心理问题的自我觉察

单位：人，%

你在情感、注意力、行为等方面存在问题吗？	人数	占比	累计占比
不，没有问题	10223	62.87	62.87

续表

你在情感、注意力、行为等方面存在问题吗？	人数	占比	累计占比
是的，我认为有点问题	4353	26.77	89.64
是的，我存在一些问题	1406	8.65	98.28
是的，我存在很严重的问题	279	1.72	100.00
合计	16261	100.00	

四　影响心理健康的相关因素分析

据前文描述性统计分析可知，青少年心理健康状况不容乐观。抗逆力作为个人的资源禀赋，能够引领个人在恶劣环境下利用不利的条件，产生正面的结果。具体而言，在面对逆境时，抗逆力能使人的心理健康恢复至逆境发生前的状态，甚至展示出更理想的心理状态，在克服逆境后能够拥有更高的抗逆力。家庭支持和同伴支持是抗逆力的外部正向支持因素，危险行为则是抗逆力的外部负向风险因素。接下来，本文主要考察家庭支持、同伴支持以及危险行为等外部因素对青少年心理健康的影响。

（一）家庭支持对青少年心理健康的影响

家庭支持用于测量家庭要素对青少年心理健康的影响。将母亲对孩子的熟悉程度矩阵量表转化成多选题进行分析，累加得出母亲在朋友、金钱去向、放学后去向、晚上外出去向和闲暇时间等方面对孩子的熟悉程度，分数越高，表明母亲对孩子越不熟悉。将父亲对孩子的熟悉程度矩阵量表转化成多选题进行分析，累加得出父亲在朋友、金钱去向、放学后去向、晚上外出去向和闲暇时间等方面对孩子的熟悉程度，分数越高，表明父亲对孩子越不熟悉。孩子花在家庭劳务上的时间，原始变量为分类变量，取值分别有少于1个小时、大约1个小时、约2～3个小时、约4～5个小时、约6～7个小时、约8个小时或更长时间，在此近似当作连续变量纳入回归模型。由于母亲对孩子的熟悉程度和父亲对孩子的熟悉程度存在多重共线性，因此分别考虑母亲对孩子的熟悉程度和孩子花在家庭劳务上的时间对青少年心理健康的影响，以及父亲对孩子的熟悉程度和孩子花在家庭劳务上的时间对青少年心理健康的影响。此外，受已有研究的启发，基于数据的可及性，将个体层面的性别、年级、户籍、是否留守儿童和是否流动儿童作为控制变量纳入回归方程。由于因变量心理健康得分为连续变量，因此采用最小二乘法 OLS 回归模型进行分析。

如模型一和模型二所示，在控制了多个人口学变量的基础上，母亲对孩子的熟悉程度、父亲对孩子的熟悉程度以及孩子花在家庭劳务上的时间 3 个自变量均对青少年心理健康产生了显著影响，且两个回归模型的 R^2 分别为 0.674 和 0.671，证明自变量和控制变量较好地解释了青少年心理健康的变化。模型一的数据显示，母亲对孩子的熟悉程度每增加一个单位，青少年的心理健康水平将下降 3.528 个单位，孩子花在家庭劳务上的时间每增加一个单位，其心理健康水平将增加 1.407 个单位。模型二的数据显示，父亲对孩子的熟悉程度每增加一个单位，青少年的心理健康水平将下降 2.781 个单位，而孩子花在家庭劳务上的时间每增加一个单位，青少年的心理健康水平则上升 1.214 个单位（见表 33）。由此可见，家庭作为影响青少年身心发展最重要的微观生态环境，其发挥的作用是至关重要的。父母对孩子的熟悉和关心、孩子在家庭中的参与程度，是影响青少年身心健康发展的重要因素。

表 33　家庭支持对青少年心理健康的影响

变量	模型一	模型二
	青少年心理健康	青少年心理健康
母亲对孩子的熟悉程度	-3.528*** (0.103)	
孩子花在家庭劳务上的时间	1.407*** (0.188)	1.214*** (0.189)
父亲对孩子的熟悉程度		-2.781*** (0.086)
性别（参照组：男）		
女	-4.843*** (0.536)	-2.583*** (0.537)
年级（参照组：小学）		
初中	58.464*** (0.905)	58.322*** (0.909)

续表

变量	模型一	模型二
	青少年心理健康	青少年心理健康
高中	120.228*** (0.752)	118.965*** (0.750)
户籍（参照组：城市户籍）		
非城市户籍	-1.767*** (0.565)	-2.122*** (0.567)
是否留守儿童（参照组：是）		
否	3.062*** (0.866)	5.360*** (0.862)
是否流动儿童（参照组：是）		
否	4.088*** (0.799)	4.030*** (0.803)
常数项	140.962*** (1.564)	136.987*** (1.528)
N	14268	14268
R^2	0.674	0.671

注：括号内是标准误。

* $P<0.1$, ** $P<0.05$, *** $P<0.01$。

（二）同伴支持对青少年心理健康的影响

同伴支持用于考察同伴要素对青少年心理健康的影响。同伴要素使用五个变量予以测评。我与朋友相互关心，数值越大，表明越赞同这一说法；学校班级、社区、体育团队、城镇、乡村等社会组织及团体的团结意识和责任感，得分越高，代表这些社会组织及团体的团结意识和责任感越强；学校里的同学因性别而不公正或消极对待青少年的频次，得分越高，代表性别歧视的频次越高；学校里的同学因为家庭富裕程度而不公正或者消极对待青少年的频次，得分越高，代表经济歧视的频次越高；对不公正对待的看法，得分越低，代表大部分人会尝试利用你，得分越高，代表大部分人是公正的。

如表 34 所示，整个回归模型的 P 值小于 0.05，说明整个回归模型具有一定的解释效力。模型的 R^2 为 0.601，则说明朋友交往、团结意识和责任感、性别歧视、经济歧视、公正对待这五个衡量同伴支持的自变量可以解释60.1%的青少年心理健康的变化。数据显示，朋友交往得分每增加一个单位，青少年的心理健康水平将增加6.757个单位；团结意识和责任感每增加一个单位，青少年心理健康水平反而降低0.015个单位；性别歧视的频次每增加一个单位，青少年心理健康水平则降低0.078个单位；经济歧视的频次每增加一个单位，青少年心理健康水平则降低0.304个单位，但是性别歧视和经济歧视对青少年心理健康的影响并未通过显著性检验；而针对公正对待这一变量，认为大部分人是公正的看法越强烈，心理健康水平越好。

由此可见，纵观人的毕生发展，青少年时期或许是同伴关系对其心理健康影响最大的时期。不良的同伴关系，不仅会使青少年感到不被信任和尊重，甚至会产生孤独感，还可能会通过影响社会支持进而影响心理健康。

表34 同伴支持对青少年心理健康的影响

自变量	回归系数	标准误	t 值	P 值	95% CI
朋友交往	6.757	0.09	74.91	<0.001	6.580 ~ 6.934
团结意识和责任感	-0.015	0	-159.91	<0.001	-0.015 ~ -0.014
性别歧视	-0.078	0.266	-0.29	0.771	-0.600 ~ 0.445
经济歧视	-0.304	0.297	-1.02	0.306	-0.887 ~ 0.279
公正对待	2.753	0.094	29.37	<0.001	2.569 ~ 2.937
常数项	155.173	0.992	156.37	<0.001	153.227 ~ 157.118
因变量均值		221.747		因变量标准差	52.297
R^2		0.601		样本数	21270
F 检验		6404.141		Prob > F	0.000
AIC		209161.883		BIC	209209.673

（三）危险行为对青少年心理健康的影响

危险行为通过六个变量进行测评。在过去12个月里的饮酒频次，分值越大，代表饮酒频次越高；在过去一个月内，遭受家长或生活主要照料人的伤害频次，分值越大，代表频次越高；在过去几个月内，遭受校园欺负的频次，分值越大，代表频次越高；在过去的几个月内，被网络欺负的频次，分值越大，代表频次越高；遭受家庭欺负的频次，如长期不提供充足的食物、干净的衣服或干净温暖的住所，分值越大，代表频次越高。

根据回归分析的结果，可得整个回归模型的 P 值小于 0.05，说明整个回归模型具有一定的解释效力，模型的 R^2 为 0.509，说明饮酒、伤害、校园欺负、网络欺负、家庭欺负等危险行为可以解释 50.9% 的青少年心理健康的变化，并且这几个自变量均通过了显著性检验。观察回归系数可知，饮酒的频次每增加一个单位，青少年心理健康水平则下降 2.630 个单位；受到伤害的频次每增加一个单位，青少年心理健康水平却增加 0.002 个单位，这与我们的预期相反；校园欺负的频次每增加一个单位，青少年心理健康水平则下降 0.015 个单位；网络欺负的频次每增加一个单位，青少年心理健康水平下降 8.685 个单位；家庭欺负的频次每增加一个单位，青少年心理健康水平下降 2.688 个单位。综上所述，饮酒、校园欺负、网络欺负、家庭欺负等危险行为与青少年心理健康呈现显著的负相关关系（见表 35）。

表 35　危险行为对青少年心理健康的影响

自变量	回归系数	标准误	t 值	P 值	95% CI
饮酒	-2.630	0.33	-7.98	<0.001	-3.276 ~ -1.984
伤害	0.002	0	34.01	<0.001	0.002 ~ 0.003
自杀（参照组：是）	31.685	1.114	28.45	<0.001	29.502 ~ 33.868
校园欺负	-0.015	0	-126.47	<0.001	-0.015 ~ -0.015
网络欺负	-8.685	0.554	-15.68	<0.001	-9.771 ~ -7.600
家庭欺负	-2.688	0.512	-5.25	<0.001	-3.692 ~ -1.683
常数项	181.779	2.473	73.50	<0.001	176.932 ~ 186.627
因变量均值		221.747		因变量标准差	52.297
R^2		0.509		样本数	21270
F 检验		3671.461		Prob > F	0.000
AIC		213580.381		BIC	213636.137

为进一步探究新冠肺炎疫情对青少年心理健康的影响，本文采取了十个变量对新冠肺炎疫情予以测量和界定，其中，变量1~4来自多选题“请问最近是否出现过以下症状?”，变量5~8来自多选题“请问新冠肺炎疫情发生后，你是否出现过以下现象?”。采用二分编码法，将每一个多选题的选项重新转换为一个二分变量，并且“0”代表否，“1”代表是，回归模型中以“否”作为参照组。变量9来自“面对全球疫情和国内疫情现实，请问你采取以下措施吗?”，变量10来自“请问疫情发生后，你对未来持有什么样的态度?”，这两个变量均通过累加法产生，数值越大，分别代表面对全球疫情和国内疫情现实所采取措施的数量越多以及对未来所持的态度越积极。

总体而言，新冠肺炎疫情作为一种突发的公共卫生事件，对青少年的心理健康状况产生了明显的不良影响。尽管所有的自变量均通过了显著性检验，但是部分反映新冠肺炎疫情的变量对青少年心理健康的影响方向与预期相反，接下来，仅对符合预期的影响机制展开重点讨论。具体而言，梦到新冠病毒传播的青少年心理健康得分比没有梦到新冠病毒传播的青少年心理健康得分低4.962个单位；对新冠病毒流行感到紧张或恐惧的青少年比对新冠病毒流行不紧张或不恐惧的青少年的心理健康得分低8.407个单位；难以集中精力于正在做的事情的青少年比可以集中精力于正在做的事情的青少年的心理健康得分低2.020个单位；因没有足够的时间进行清洗和做清洁而感到沮丧的青少年比没有这一消极情绪的青少年的心理健康得分低5.078个单位；面对全球疫情和国内疫情现实所采取措施的数量越多，青少年的心理健康得分越低，采取措施的数量每增加一个单位，心理健康得分相应降低2.442个单位；对未来所持的态度越积极，青少年的心理健康状况越良好，积极程度每增加一个单位，心理健康得分相应增加2.421个单位（见表36）。

结果显示，新冠肺炎疫情通过影响青少年的内在情绪感受、外在行为表现、采取的措施和对未来的态度来影响其心理健康状况。对新冠肺炎疫情的存在感知越强烈、行为反应越反常、采取的措施越严苛、对未来的态度越消极的青少年，心理健康状况越差。这表明个体在突发事件刺激下易产生抑郁、恐惧、焦虑等负面情绪，从而导致生理、心理异常，进而影响行为反应，尤其是青少年群体尚处在心智由不成熟向成熟过渡转换的时期，判断力还不够，内心的感受非常容易受到各种信息的影响，越在危机的情况下，越容易选择性地接受这种危机的负面信息从而步入心理状况不稳定的怪圈。

表 36　新冠肺炎疫情对青少年心理健康的影响

自变量	回归系数	标准误	t 值	P 值	95% CI
新冠感受					
是否梦到新冠病毒传播	-4.962	0.919	-5.40	<0.001	-6.762 ~ -3.162
是否对新冠病毒流行感到紧张或恐惧	-8.407	1.138	-7.39	<0.001	-10.637 ~ -6.177
是否尽量避免对新冠病毒大流行的想法	3.297	0.678	4.87	<0.001	1.969 ~ 4.625
是否难以集中精力于正在做的事情	-2.020	0.718	-2.81	0.005	-3.428 ~ -0.612
新冠行为					
是否倾向于每天花很多时间思考疫情感染问题并进行反复洗手、洗澡或打扫卫生等清洁行为	7.552	0.706	10.70	<0.001	6.168 ~ 8.936
疫情发生后是否考虑过自杀问题	-27.513	1.546	-17.80	<0.001	-30.543 ~ -24.483
如果没有足够的时间进行清洗和做清洁，是否会感到沮丧	-5.078	0.804	-6.31	<0.001	-6.654 ~ -3.501
日常学习、生活是否受到疫情的干扰	1.844	0.674	2.73	0.006	0.522 ~ 3.165
新冠措施					
面对全球疫情和国内疫情现实所采取措施	-2.442	0.221	-11.07	<0.001	-2.875 ~ -2.01
未来					
对未来所持的态度	2.421	0.221	10.97	<0.001	1.988 ~ 2.853
常数项	228.256	0.935	244.24	<0.001	226.424 ~ 230.088
因变量均值	221.747		因变量标准差	52.297	
R^2	0.472		样本数	21270	
F 检验	1902.903		Prob > F	0.000	
AIC	215113.865		BIC	215201.480	

五 讨论和分析

我国青少年心理健康问题值得关注。一方面，青少年心理健康的情绪问题逐渐增多，如抑郁、焦虑、郁闷、痛苦等比例较高；另一方面，青少年心理健康的躯体特征表现得更加显著，比如情绪低落、容易发脾气、感觉紧张、难以入睡等。

对此，本研究考察了家庭支持、同伴支持和危险行为这三种因素对青少年心理健康的影响，并运用 OLS 线性回归的方法检验其因果效应。结果表明，家庭支持和同伴支持对青少年心理健康具有显著的正向影响，而饮酒、校园欺负、网络欺负、家庭欺负等危险行为对青少年心理健康具有显著的负面影响。

从社会支持网络的视角出发，家庭和同伴是青少年主要的社会支持网络体系。青少年通过接触父母、亲戚、同学、同伴维持社会身份，并获得物质资源、情绪支持与社会接触。良好的社会支持网络对青少年的身心健康具有巨大的支持功能和保护作用。因此，良好的家庭关系、和睦的家庭氛围、互帮互助的同辈群体是促进青少年身心健康发展的关键。通过这些社会联系和社会支持获得的情绪支持和物质保障，能够有效地减轻青少年面对学业压力或突发生活事件时的心理应激反应，缓解其紧张的情绪，从而提高其社会适应能力。而饮酒、家庭欺负、校园欺负、网络欺负等危险行为，不仅是青少年产生心理障碍的导火索，而且是青少年心理健康出现问题的表现及症状。因此，我们在强调社会支持网络的支持功能和保护作用的同时，需要关注社会网络体系中存在的许多健康风险因素，以便于采取更精准的预防与干预措施。

从抗逆力理论的视角出发，当外在压力或危机袭来时，家庭支持和同伴支持作为得力的、不可或缺的保护性因素，一方面，可以增强青少年的自我平衡能力，保证其在压力和逆境面前实现积极的、平衡的心理重构；另一方面，这些保护性因素可刺激抗逆力的启动，使青少年及时做出应对压力的自我调整，进而获得良性发展。当上述保护性因素作用不利，没有使青少年抵御和应对压力与逆境时，青少年则极有可能发生酗酒、犯罪等危险行为。作为青少年茁壮成长的保护伞，我们要做的便是在青少年抗逆力即将瓦解或已经瓦解时，帮助其进行功能性重构，从而战胜逆境、健康成长。对此，本文针对影响青少年心理健康的因素提出以下参考性对策与建议。

第一，构建和谐的家庭关系，转变教育方式和教育观念。和谐的家庭关系是青少年身心健康的重中之重，父母相爱是营造和谐家庭关系的首要和前提因素，也是送给孩子的最珍贵的礼物。父母的示范作用通过日常生活塑造孩子的世界观、人生观和价值观，深刻地影响孩子的身心健康。尤其在青少年时期，父母应该为孩子营造一个充满温馨和关爱的成长环境，有意识地主动构建和谐的亲子关系，建立良好的沟通渠道，增加对孩子的关注与重视，让孩子在充满爱的家庭中健康快乐地成长。遇到棘手的问题时，应通过科学、合理、温和的教养方式解决突发状况，用劝说代替打骂，通过主动改变对孩子进行正向的引导。此外，父母还需转变家庭教育观念，不能一味地施加学习压力和生活压力，不应该只关注孩子的考试成绩，而应该重点关心孩子在学习过程中遇到的困难，包括学习困难和心理问题，如此才能引导孩子健康地成长，从而在学习上取得进步。

第二，建立良好的同伴关系。在青少年时期，同学、朋友的影响力较大，有时甚至会超过父母和老师的影响，因此可以通过合理的方式，如家校联动等，对青少年的人际交往能力、社会辨识能力进行指导和培训，帮助其建立良好的同伴关系，培养其团队精神和集体责任感，从而达到“近朱者赤”的理想效果。此外，家庭要对青少年采取适当的监管，了解孩子放学后和休息日的同伴交往情况，使其远离伤害，不良的同伴关系是催生青少年危险行为的重要影响因素，如物质滥用（吸烟、饮酒）、不安全行为、网络成瘾、校园欺负等。

第三，政府—学校—家庭多部门联动，积极发挥各部门的优势功能，预防和减少危险行为的发生。首先，政府和学校应该重视健康教育课程在引导青少年形成良好生活习惯中的作用，做好中小学和大学健康教育课程的规划，增设丰富多样的课程内容和活动，树立科学的健康观念，引导学生养成健康的生活方式，积极参加体育锻炼，保持膳食均衡、睡眠充足和情绪稳定。同时教会学生掌握生活常识和技能，提高对危险行为的识别能力和水平，增强其健康生活的意识。其次，在家庭环境中家长应该以身作则引导孩子形成良好科学的作息习惯和生活习惯，安排合理的娱乐休闲活动，缓解青少年的心理压力，预防吸烟、饮酒等危险行为的发生。

第四，净化网络环境，实行青少年网络和成年人网络区分管理。青少年的认知、情感、道德、心理尚处于发展阶段，对经验事实和是非对错缺乏基本的辨别能力，面对网络上铺天盖地的负面信息和不良信息时，其思维模式和行为模式极易受到影响，为此各种产业化、市场化的网络媒介应联合青少年模式、亲子平台等保护措施，从源头上营造适合青少年健康发展的网络环境，将公共服务和社会责任置于商业盈利目的之前。具体而言，可通过限制青少年上网的时段、时长、功能和浏览内容等方式对未成年人的网络行为进行规范。2021 年 8 月底，国家新闻出版署要求网络游戏企业仅可在周五、周六、周日和法定节假日每日 20 时至 21 时向未成年人提供 1 小时服务。在此本文提出，应做好网络身份实名制工作，考虑将网络游戏企业要求延伸至全网新媒体平台，积极做好青少年防沉迷网络综合管理和科普宣传教育工作，担当起青少年“把关人”的角色。

青少年正处于生理心理发育、学习压力陡增、价值观形成以及人生理想确定的重要时期，他们的思想观念、认知能力和行为方式极易受到同伴、家庭、学校、社会和虚拟网络等外界环境的影响。青少年是实现第一个百年奋斗目标的经历者、见证者，更是实现第二个百年奋斗目标，建设社会主义现代化强国的生力军、主力军，培养身心健康的青少年是新时代背景下全社会的共同目标。因此，使青少年身心健康成长是我们义不容辞的责任，更是打造“健康中国”与“幸福中国”的基石。

R.7

青少年幸福感的影响因素分析*

周华珍　王佳琦　薛　聪**

摘　要　幸福感是反映青少年心理健康的重要指标，对于促进青少年的发展具有积极意义。本文从压力应对理论视角出发，聚焦各种因素对青少年心理健康及幸福感的影响，研究能够提升青少年幸福感的因素，分析青少年应对疫情突发、日常生活压力的措施，增强青少年压力应对能力和心理韧性，为青少年发展研究提供参考。研究发现青少年心理健康、生活满意度、慢性疾病、孤独感这四大类影响因素与青少年幸福感紧密相关，对青少年幸福感具有显著影响，其中心理健康和生活满意度为显著的正向影响，慢性疾病和孤独感为显著的负向影响。对此，从家庭、学校、社会、青少年自身幸福感和压力调节的角度为提升青少年幸福感提供了建议和对策。

关键词　青少年　幸福感　心理健康　生活满意度　慢性疾病　孤独感

一　研究概述

2020年以来，新冠肺炎疫情在世界范围内的流行，对公众的生活造成

---

*　本文系国家社会科学基金项目“在健康社会决定因素框架下构建我国儿童健康行为测量指标体系”（项目编号：18BSH073）阶段性成果。

**　周华珍，中国社会科学院大学马克思主义学院副教授、博士后、访问学者，硕士研究生导师，中国社会科学院大学思想政治教育高等研究院大学生心理与健康发展研究中心主任，中国社会科学院大学价值观与健康教育研究中心主任，主要研究方向为青少年健康行为、心理健康与幸福感、健康干预；王佳琦，中国社会科学院大学硕士研究生，主要研究方向为思想政治教育、青少年幸福感；薛聪，中国社会科学院硕士研究生，主要研究方向为社会网络与社会支持。

了深刻的影响。疫情对全球公民的生命健康及全球经济、卫生健康等领域产生巨大的影响。为了阻止新冠肺炎疫情的传播，全球很多国家和地区的学校采取了居家隔离、停止线下教学实行线上教学等措施。新冠肺炎疫情对人们的心理健康造成负面影响。

青少年时期是个体神经系统发育的关键期和敏感期，是人生发展的关键阶段。面临来自自身和外部的各种压力，青少年的心理健康，关系其世界观、人生观、价值观的良好构建。但由于自身不成熟、心智不健全等特点，有些青少年开始叛逆、厌学、早恋、吸烟、喝酒、打架斗殴，近年来青少年出现抑郁、焦虑现象的比例不断加大。疫情给人们的心理和生活都带来了巨大的影响。尤其是青少年正处于对应激性事件反应比较敏感的阶段，受居家隔离、受教育方式改变、室内活动受限等影响，青少年容易出现恐慌、焦虑、抑郁等心理问题。青少年自我调节能力本身就没有成年人强，因此容易受到大环境的影响，青少年的心理状况备受关注。

青少年的健康问题是集生理健康、心理健康、社会健康于一体的。青少年是关系祖国未来和民族发展的重要群体。应该给予青少年更多的关注，及早发现其心理问题并提供及时有效的干预，从而避免出现更多、更持久的负性健康结局。

疫情发生后，青少年在学习、生活、人际交往、健康、媒体信息选择等方面都面临很多困难，青少年身心健康状态也受到了影响，心理健康状态会严重影响一个人的幸福感。提升青少年的幸福感，能使青少年在充满幸福感的环境下积极乐观地面对生活。本报告调查了全国 10 个省市青少年在疫情发生后的心理健康、情绪改变状况等，分析影响青少年幸福感和心理健康的相关因素，以及可以采取的应对方式，为促进青少年心理健康提供科学依据，以期为维护青少年的心理健康提供理论依据和建议，对于心理健康、教育学等领域都具有较高的指导意义。

二　研究方法及测量指标

（一）自报健康状况

设置了“请问在最近 6 个月，你大部分时间的感觉如何？请你仔细审题，并在下面头痛等各种不同症状的对应栏分别选择你真实的感觉。选项有：（1）头痛；（2）胃痛；（3）背部疼痛；（4）情绪低落；（5）容易发脾气；（6）感觉紧张；（7）难以入睡；（8）头晕眼花”，了解青少年的健康状况。

设置了“请问你认为你的健康状况属于？非常健康、比较健康、健康、不健康”，询问青少年主观感知的健康状况。还设置了“你是否曾因长期的疾病、残疾或就医而服药？选项有‘是’和‘否’”和“你是否因为为患有长期的疾病、残疾或就医而影响出勤或参加学校活动？选项有‘是’和‘否’”，了解青少年的健康状况以及其对生活学习的影响。

（二）生活满意度

生活满意度通过主观指标和幸福感、自信心、热爱生活等积极情绪综合测量得出。设置了“请你根据目前自己的实际感受，选择以下选项：（1）我的身体很好；（2）我的情绪和状态都很好；（3）我感到高兴；（4）我的社交关系很好；（5）我的身体不好；（6）我的情绪和状态都不好；（7）我感到不高兴；（8）我的社交关系不好”，了解青少年的情绪反应状况。

设置了“请问目前你处于哪种生活状况？10 是最好的生活状态，0 是最差的生活状态。从 10 至 0 表示你生活状态的下滑，请你根据自己的感觉，在最能描述你感觉的数字上划‘√’”，观测青少年的生活满意度。

设置了“请问你对自己目前的状态感觉如何？选项有：（1）总的来说，我对自己目前状态感觉很满意；（2）我感觉我有像大多数其他人一样成功地做事；（3）我对自己目前状态感觉一般；（4）我对自己目前状态感觉不满意；（5）我对自己目前状态感觉非常不满意”，了解青少年是否对现在的生活状态满意。

（三）心理健康躯体特征

心理健康躯体特征通过健康抱怨的形式进行指标测量结果的呈现。

设置了“请问在最近 6 个月，你大部分时间的感觉如何？请你仔细审题，并在下面头痛等各种不同症状的对应栏分别选择你真实的感觉。选项有：（1）头痛；（2）胃痛；（3）背部疼痛；（4）情绪低落；（5）容易发脾气；（6）感觉紧张；（7）难以入睡；（8）头晕眼花”，了解青少年的心理健康躯体特征。

（四）慢性疾病测量指标

设置了“请问你是否曾被医生诊断出来有长期的疾病、残疾或就医（如糖尿病、关节炎、过敏或脑瘫）?”，了解青少年慢性病的患病情况。

设置了“请问你是否曾因长期的疾病、残疾或就医而服药?”，了解青少年慢性病的服药情况。

设置了“请问你是否因为患有长期的疾病、残疾或就医而影响出勤或参加学校活动?”，了解慢性疾病对青少年生活学习的影响情况。

（五）孤独感

设置了“请问你，当你感觉孤独时有什么样的状态？选项有：（1）没有人可以谈论困扰我的事情；（2）我感到孤独；（3）我觉得我没有与谁交谈和分享我的想法”，了解青少年自我感知到的孤独感状况。

（六）幸福感

青少年的主观幸福感受到许多方面的影响，Diener 认为主观幸福感主要受到生活满意度和情绪体验的影响①；Bradshaw 等人使用摘自联合国儿童基金会对于主观幸福感测量的指标，指标包含生活满意度、人际关系、情绪报告和主观健康。② 本文的研究对象是青少年，因此对于青少年主观幸福感的测量综合了以上两种测量体系。本文主观幸福感测量的量表依据实际调查状况，结合以往主观幸福感测量的相关理论模型，采用积极/消极情绪量表（The Positive and Negative Affect Scale，PANAS）③、生活满意度量表（The Satisfaction with Life Scale，SWLS）④、人际关系情况量表、主观健康量

① E. Diener，“Subjective Wellbeing：Three Decades of Progress，” *Psychological Bulletin* 125（1999）：276－301.

② J. Bradshaw，“Comparisons of Child Poverty and Deprivation Internationally，” in Bradshaw ed.，*The Well-being of Children in the UK*（London，Save the Children Fund，2002），pp. 17－26.

③ D. Westen，“The Scientific Legacy of Sigmund Freud a Psycho Dynamically in Formed Psychological Science，” *Psychology Bulltin* 124（1998）：333－371.

④ E. Diener et al.，“The Satisfaction with Life Scale，” *Journal of Personality Assessment* 49（1985）：71－75.

表中的具体问题对青少年的主观幸福感水平进行测量。本文中幸福感的测量采用综合指标计算法，对积极情绪和生活满意度进行正向赋分，对消极情绪重新编码进行反向赋分，由生活满意度、积极情绪、消极情绪、人际关系、主观健康 5 个变量的得分进行变量加总，得到主观幸福感（SWB）的综合变量。积极/消极情绪量表由积极情绪（如“有兴趣的”）和消极情绪（如“苦恼的”）两个分量表组成；生活满意度量表包含 2 个条目；人际关系量表包含 3 个条目；主观健康分为主观健康评价和健康抱怨两项共 3 个条目。通过累加法，对生活满意度、积极情绪、消极情绪、人际关系和主观健康五个维度所覆盖的众多指标正向再编码后进行累加，形成心理健康的综合指数，最终获得一个连续变量。该变量的数值越大，代表幸福感越强。青少年主观幸福感综合测量指标编码如表 1 所示。

表 1　青少年主观幸福感综合测量指标编码

维度	变量	变量说明
生活满意度	生活状况打分	1 = 生活满意度低；2 = 生活满意度一般；3 = 生活满意度高
	状态总评	1 = 我对自己目前状态感觉非常不满意；2 = 我对自己目前状态感觉不满意；3 = 我对自己目前状态感觉一般；4 = 我感觉我有像大多数其他人一样成功地做事；5 = 总的来说，我对自己目前状态感觉很满意
积极情绪	我觉得我所做的一切都是成就	1 = 很少或没有（少于 1 天）；2 = 有几次（1 ~ 2 天）；3 = 偶尔有或适度的次数（3 ~ 4 天）；4 = 所有的时间（5 ~ 7 天）
	我对未来充满希望	
	我感到开心	
	积极行为感受	1 = 一点都不重要；2 = 一般；3 = 重要；4 = 比较重要；5 = 非常重要
	幸福感	1 = 从未有过；2 = 有时会有；3 = 少于一半时间；4 = 多于一半时间；5 = 大部分时间；6 = 所有时间
	情感行为认知	1 = 是的，我存在很严重的问题；2 = 是的，我存在一些问题；3 = 是的，我认为有点问题；4 = 不，没有问题
	情感行为认知程度	1 = 我感觉有很多问题；2 = 我感觉有一些问题；3 = 我感觉有点问题；4 = 我没有任何问题

续表

维度	变量	变量说明
积极情绪	自我能力评价	1 = 非常不赞同；2 = 不赞同；3 = 赞同；4 = 非常赞同
	自信心评价	1 = 非常不赞同；2 = 不赞同；3 = 既不赞同也不反对；4 = 赞同；5 = 比较赞同；6 = 非常赞同
消极情绪	我被之前未曾烦扰我的事情所烦扰	1 = 所有的时间（5 ~ 7 天）；2 = 偶尔有或适度的次数（3 ~ 4 天）；3 = 有几次（1 ~ 2 天）；4 = 很少或没有（少于 1 天）
	我很难对我所做的事情集中注意力	
	我感到沮丧	
	我感到恐惧	
	我会失眠	
	我感到孤独	
	我不能开始着手做事情	
	孤独感程度	1 = 我觉得我没有与谁交谈和分享我的想法；2 = 我感到孤独；3 = 没有人可以谈论困扰我的事情
人际关系	朋友（同伴）关系	1 = 非常不赞同；2 = 比较不赞同；3 = 既不赞同也不反对；4 = 赞同；5 = 比较赞同；6 = 非常赞同
	团体行为感受	1 = 根本不符合；2 = 不符合；3 = 不好评价；4 = 符合；5 = 比较符合；6 = 非常符合
	家人关系	1 = 非常不亲近；2 = 不亲近；3 = 一般；4 = 比较亲近；5 = 非常亲近
主观健康	整体健康状况自评	1 = 我感觉不健康；2 = 我感觉健康；3 = 我感觉比较健康；4 = 我感觉非常健康
	实际感受	0 = 否；1 = 是
	身体健康状况	1 = 几乎每天；2 = 每周一次以上；3 = 每周一次；4 = 每月一次；5 = 几乎没有

三　研究对象及样本描述性统计结果

（一）调查方式

为保证调查内容的全面及将问卷题目数量控制在适宜范围内，此次调查问卷分为 A 卷和 B 卷，调查时每个年级抽取的两个班级一个做 A 卷，另一个做 B 卷。因本次调查处在疫情防控常态化期间，为减少人员聚集，降低新冠肺炎疫情的传播风险，同时节约人力物力，故采用线上网络调查方式进行，由学生通过登录相应网址或扫描二维码进行问卷填写。

（二）资料统计分析

问卷数据用 SPSS 软件进行数据分析并进行初步的变量赋值。为保证数据的客观性与准确性，排除随意填写以及数据缺失的无效问卷。主要采用 Stata17. 0 和 SPSS23. 0 进行描述性分析、相关分析和回归分析，构成比用百分数表示。

（三）样本基本情况

此报告仅以北京、重庆、贵州、辽宁、江西、云南、浙江、湖北、山东和广东 10 个省市的中小学生和大学生作为研究样本，总样本数为 41679 人。其中，男性共 20645 人，占比 49. 53%，女性共 21034 人，占比 50. 47%，性别比较为均衡；在年级构成中，小学生共 5007 人，占比 12. 01%，初中生共 5284 人，占比 12. 68%，高中生共 18111 人，占比 43. 45%，大学生共 13277 人，占比 31. 86%；在户籍类别中，拥有城市户籍的青少年共 16241 人，占比 38. 97%，拥有非城市户籍的青少年共 25438，占比 61. 03%；留守儿童（仅包括中小学生）共 3153 人，占总样本的 7. 56%；流动儿童（仅包括中小学生）共 3867，占总样本的 9. 28%（见表 2）。

表 2　样本人口学特征分布情况

单位：人，%

变量		人数	占比	累计占比
性别	男	20645	49. 53	49. 53
	女	21034	50. 47	100. 00
年级	小学五年级	4753	11. 40	11. 40
	小学六年级	254	0. 61	12. 01
	初一	142	0. 34	12. 35

续表

变量		人数	占比	累计占比
年级	初二	5142	12.34	24.69
	高一	9720	23.32	48.01
	高二	8391	20.13	68.14
	大一	4276	10.26	78.40
	大二	4533	10.88	89.28
	大三	4468	10.72	100.00
户籍	城市户籍	16241	38.97	38.97
	非城市户籍	25438	61.03	100.00
是否留守儿童（仅中小学生）	是	3153	7.56	7.56
	否	25248	60.58	68.14
是否流动儿童（仅中小学生）	是	3867	9.28	9.28
	否	24534	58.86	68.14

四　研究结果分析

（一）青少年心理健康与幸福感

根据对青少年幸福感的分析发现，75.1%的青少年觉得开心并且精神状态良好，73.0%的青少年觉得平静、放松，72.6%的青少年觉得活跃、充满精力，67.1%的青少年早上醒来后感觉清醒、精力充沛，69.1%的青少年日常生活中充满了感兴趣的东西，比例均超过2/3（见表3）。表明大部分青少年生活快乐、充满阳光，生活幸福感很强。

根据青少年心理健康测量结果与青少年自我感知的幸福感测量结果，对两项数据进行相关性分析。根据相关性分析结果，发现二者之间相关性显著，即青少年心理健康与青少年的幸福感之间存在显著的相关关系。由此可以看出青少年心理健康状况对青少年幸福感具有明显的影响作用（见表4）。

表3　青少年幸福感整体情况

单位：人，%

		人数	占比
幸福感	我觉得开心并且精神状态良好	14785	75.1
	我觉得平静、放松	14396	73.0
	我觉得活跃、充满精力	14298	72.6
	我早上醒来后感觉清醒、精力充沛	13217	67.1
	日常生活中充满了我感兴趣的东西	13618	69.1

表4　青少年心理健康与幸福感的相关性分析

		整体健康状况自评	两周感受［兴趣（初中以上学生回答）］
整体健康状况自评	皮尔逊相关性	1	0.172 **
	个案数	21270	21270
两周感受［兴趣（初中以上学生回答）］	皮尔逊相关性	0.172 **	1
	个案数	21270	21270

注：** 在0.01级别（双尾）相关性显著。

（二）青少年生活满意度与幸福感

根据青少年生活满意度测量结果与青少年自我感知的幸福感测量结果，对两项数据进行相关性分析。根据相关性分析结果，发现二者之间相关性显著，即青少年生活满意度与幸福感之间存在显著的相关关系。由此可以看出青少年生活满意度对青少年幸福感具有明显的影响作用，生活满意度高的青少年幸福感也较强（见表5）。

表5　青少年生活满意度与幸福感的相关性分析

		两周感受［兴趣（初中以上学生回答）］	生活状况打分
两周感受［兴趣（初中以上学生回答）］	皮尔逊相关性	1	0.169 **
	个案数	21270	21270

续表

		两周感受［兴趣（初中以上学生回答）］	生活状况打分
生活状况打分	皮尔逊相关性	0.169**	1
	个案数	21270	21270

注：** 在 0.01 级别（双尾）相关性显著。

（三）青少年慢性疾病与幸福感

根据青少年慢性疾病状况测量结果与青少年自我感知的幸福感测量结果，对两项数据进行相关性分析。根据相关性分析结果，发现二者之间相关性显著，即青少年慢性疾病状况与幸福感之间存在显著的相关关系。由此可以看出青少年慢性疾病状况对于幸福感具有明显的影响作用，患有慢性疾病的青少年幸福感受到很大的影响，疾病状况对幸福感产生负面影响（见表6）。

表6　青少年慢性疾病与幸福感的相关性分析

		两周感受［兴趣（初中以上学生回答）］	长期疾病－诊断初中以上学生回答
两周感受［兴趣（初中以上学生回答）］	皮尔逊相关性	1	－0.185**
	个案数	21270	21270
长期疾病－诊断初中以上学生回答	皮尔逊相关性	－0.185**	1
	个案数	21270	21270

注：** 在 0.01 级别（双尾）相关性显著。

（四）青少年孤独感与幸福感

对青少年孤独问题进行分析发现，38.8%的青少年认为没有人可以谈论困扰自己的事情，32.1%的青少年感到孤独，29.0%的青少年觉得没有与谁交谈和分享的想法。表明青少年普遍存在孤独、缺乏陪伴的问题，他们希望拥有可以互相分享的朋友。

对初中以上的学生感到郁闷、沮丧问题进行分析发现，15.8%的学生感到被事情所烦扰，22.1%的学生很难集中注意力，16.4%的学生感到沮丧，

13.8%的学生感到恐惧，17.7%的学生会失眠，14.1%的学生不能着手做眼前的事情。疫情发生后，青少年存在沮丧、恐惧和焦虑的问题，疫情改变了正常的生活、学习节奏，让初中以上的学生面临更大的压力。

对初中以上的学生在情感、注意力、行为方面是否存在问题进行分析发现，有27.0%的学生认为有点问题，还有8.7%的学生认为存在一些问题，1.7%的学生认为存在很严重的问题（见表7）。

表7　青少年孤独、郁闷、沮丧、情绪问题

单位：人，%

		人数	占比
是否与周围的人倾诉	没有人可以谈论困扰我的事情	8612	38.8
	我感到孤独	7126	32.1
	我觉得我没有与谁交谈和分享我的想法	6432	29.0
感到郁闷、沮丧（初中以上）	我被事情所烦扰	2168	15.8
	我很难集中注意力	3031	22.1
	我感到沮丧	2248	16.4
	我感到恐惧	1883	13.8
	我会失眠	2426	17.7
	我不能着手做眼前的事情	1930	14.1
情感、注意力、行为方面是否存在问题（初中以上）	不，没有问题	10703	62.6
	是的，我认为有点问题	4612	27.0
	是的，我存在一些问题	1481	8.7
	是的，我存在很严重的问题	298	1.7
是否因情感、注意力、行为方面的问题感到郁闷、痛苦（初中以上）	我没有任何问题	11758	68.8
	我感觉有点问题	3943	23.1
	我感觉有一些问题	1029	6.0
	我感觉有很多问题	364	2.1

根据青少年幸福感测量结果与青少年孤独感测量结果，对两项数据进行相关性分析。根据相关性分析结果，发现二者之间相关性显著，且呈现负相关关系。孤独感较强的青少年幸福感较弱（见表8）。

表 8　青少年孤独感与幸福感的相关性分析

		孤独感	两周感受［兴趣（初中以上学生回答）］
孤独感	皮尔逊相关性	1	-0.051**
	个案数	21270	21270
两周感受［兴趣（初中以上学生回答）］	皮尔逊相关性	-0.051**	1
	个案数	21270	21270

注：** 在 0.01 级别（双尾）相关性显著。

（五）青少年社会支持与幸福感

1. 家庭支持

根据亲子之间的关系得出家庭支持状况，大部分青少年与父母（家人）关系较好，80%以上的青少年与父母（家人）关系亲近，15%左右的青少年与父母（家人）关系一般，仅有约2%的青少年与父母（家人）关系不亲近（见表9）。

表 9　家庭支持情况

单位：人，%

B 卷数据		人数	占比
与父母关系	非常亲近	11021	49.7
	比较亲近	7632	34.4
	一般	3069	13.8
	不亲近	313	1.4
	非常不亲近	135	0.6
A 卷数据		人数	占比
与家人关系	較低	443	2.1
	中等	3780	17.7
	较高	17077	80.2

2. 同辈支持

根据与朋友的关系得出同辈支持状况，大部分青少年同辈支持状况较好，有79.4%的学生与朋友关系较好，20.6%的学生与朋友关系较差（见表10）。

表10　与朋友关系（B卷数据）

单位：人，%

		人数	百分数
与朋友关系	较差	4560	20.6
	较好	17610	79.4

同辈支持状况较好的青少年与同辈支持状况较差的青少年相比，在体会到归属感、幸福感的频次及程度上存在差异，状况较好者优于状况较差者（见表11）。

表11　同辈支持状况与幸福感相关性分析

	同辈支持状况	幸福感
同辈支持状况	1	
幸福感	0.329***	1

注：*** 在0.001级别（双尾）相关性显著。

对同辈支持状况与总体健康情况、心理健康、幸福感进行交叉分析，经数据转换分析得到，总体健康状况、心理健康及幸福感均与同辈支持状况呈正相关。青少年同辈支持程度越高，越有利于健康，生活幸福感越强（见表12）。

表12　同辈支持状况与总体健康状况、心理健康、幸福感相关性

	相关性	*P*
总体健康状况	0.224	<0.001
心理健康	0.089	<0.001
幸福感	0.329	<0.001

（六）新冠肺炎疫情对青少年幸福感的影响

新冠肺炎疫情在世界范围内的流行，对公众的生活造成了深刻的影响。除了流行病本身作为典型的突发公共卫生事件，给人们带来恐惧、焦虑等急性应激反应之外，为了应对新冠肺炎疫情所采取的一系列防疫政策和措施，如社交隔离等，改变了公众的心理社会环境，容易诱发心理问题。

青少年时期是个体神经系统发育的关键期和敏感期，多种精神疾病的发生发展与青少年时期的成长经历密切相关。因此，应给予青少年更多的关注，及早发现青少年的心理问题并提供及时有效的干预，从而避免出现更多、更持久的负性健康结局。本文综合研究了新冠肺炎疫情对青少年幸福感的可能影响，以及可以采取的应对方式，并讨论如何促进心理复原，希望对维护青少年的心理健康提供理论依据和建议。

1. 相关问题选取及依据

（1）问题选取

①自变量

问题一：“请问最近是否出现过以下症状？结合你的真实感受，从下列选项中选出答案，可以多选。”

问题二：“请问新冠肺炎疫情发生，你是否出现过以下现象？请你结合实际情况选择相应的选项，可以多选。”

②因变量

问题：“请选择以下五条陈述哪一个与你近两周的感觉最接近。请注意得分更高代表更幸福，请根据你的实际感受，选择相应的选项。”

2. 结果分析

本文以新冠肺炎疫情发生后青少年的心态、行为和面对新冠肺炎疫情时的举措为自变量，以青少年幸福感为因变量，利用 SPSS26.0 分析软件，对变量进行交叉分析和回归分析，具体分析结果如下。

从表 13 中可以看出，有 3343 名学生大部分时间精神状态良好，并且当别人感情受伤时会觉得难过。这证明这部分人有较强的共情能力，能够较好地体会他人感受并且能在一定程度上保持良好的精神状态。

表 13　两周感受［精神状态良好（初中以上学生回答）］与新冠心态［当别人感情受伤时我会觉得难过（初中以上学生回答）］交叉分析

单位：人

		新冠心态［当别人感情受伤时我会觉得难过（初中以上学生回答）］							总计
		根本不符合我	不太符合我	不好评价	符合我	比较符合我	非常符合我	无效数据	
两周感受［精神状态良好（初中以上学生回答）］	从未有过	446	69	135	87	45	103	0	885
	有时会有	348	404	802	593	226	101	0	2474
	少于一半时间	140	172	455	414	145	72	0	1398
	多于一半时间	236	336	943	1050	352	124	0	3041
	大部分时间	537	696	1790	1906	1174	353	0	6456
	所有时间	792	320	797	846	695	1165	0	4615
	无效数据	0	0	0	0	0	0	2401	2401
总计		2499	1997	4922	4896	2637	1918	2401	21270

从表 14 中可以看出，有 5011 名学生大部分时间精神状态良好，并且会尝试去理解别人所经历的事情。这证明这部分人愿意去理解别人的经历，能够较好地体会他人感受并且能在一定程度上保持良好的精神状态。

表 14　两周感受［精神状态良好（初中以上学生回答）］与新冠心态［我会尝试去理解别人所经历的事情（初中以上学生回答）］交叉分析

单位：人

		新冠心态［我会尝试去理解别人所经历的事情（初中以上学生回答）］							总计
		根本不符合我	不太符合我	不好评价	符合我	比较符合我	非常符合我	无效数据	
两周感受［精神状态良好（初中以上学生回答）］	从未有过	405	59	127	116	65	113	0	885
	有时会有	236	216	624	906	309	183	0	2474
	少于一半时间	71	67	329	568	236	127	0	1398
	多于一半时间	112	133	623	1463	517	193	0	3041
	大部分时间	239	241	965	2675	1722	614	0	6456
	所有时间	466	139	464	1143	879	1524	0	4615
	无效数据	0	0	0	0	0	0	2401	2401
总计		1529	855	3132	6871	3728	2754	2401	21270

从表 15 中可以看出，有 5163 名学生大部分时间精神状态良好，并且会尝试去理解别人是如何感受和思考问题的。这证明这部分人能够较好地体会他人感受并且能在一定程度上保持良好的精神状态。

表 15 两周感受［精神状态良好（初中以上学生回答）］与新冠心态［我会尝试去理解别人是如何感受和思考问题的（初中以上学生回答）］交叉分析

单位：人

		新冠心态［我会尝试去理解别人是如何感受和思考问题的（初中以上学生回答）］							总计
		根本不符合我	不太符合我	不好评价	符合我	比较符合我	非常符合我	无效数据	
两周感受［精神状态良好（初中以上学生回答）］	从未有过	409	57	130	107	65	117	0	885
	有时会有	231	200	646	882	314	201	0	2474
	少于一半时间	72	61	341	554	222	148	0	1398
	多于一半时间	106	106	607	1441	547	234	0	3041
	大部分时间	223	179	891	2582	1850	731	0	6456
	所有时间	438	115	414	1110	883	1655	0	4615
	无效数据	0	0	0	0	0	0	2401	2401
总计		1479	718	3029	6676	3881	3086	2401	21270

从表 16 中可以看出，有 3110 名学生大部分时间处于平静放松的状态，并且当别人感情受伤时会觉得难过。这证明这部分人能够较好地体会他人感受并且能在一定程度上保持平静放松的状态。

表 16 两周感受［平静放松（初中以上学生回答）与新冠心态［当别人感情受伤时我会觉得难过（初中以上学生回答）］交叉分析

单位：人

		新冠心态［当别人感情受伤时我会觉得难过（初中以上学生回答）］							总计
		根本不符合我	不太符合我	不好评价	符合我	比较符合我	非常符合我	无效数据	
两周感受［平静放松（初中以上学生回答）］	从未有过	437	63	146	94	42	104	0	886
	有时会有	365	409	760	596	229	106	0	2465

续表

		新冠心态［当别人感情受伤时我会觉得难过（初中以上学生回答）］							总计
		根本不符合我	不太符合我	不好评价	符合我	比较符合我	非常符合我	无效数据	
两周感受［平静放松（初中以上学生回答）］	少于一半时间	150	209	564	553	189	107	0	1772
	多于一半时间	285	397	1077	1150	446	137	0	3492
	大部分时间	500	627	1615	1725	1072	313	0	5852
	所有时间	762	292	760	778	659	1151	0	4402
	无效数据	0	0	0	0	0	0	2401	2401
总计		2499	1997	4922	4896	2637	1918	2401	21270

从表 17 中可以看出，有 4535 名学生大部分时间处于平静放松的状态，并且会尝试去理解别人所经历的事情。这证明这部分人愿意理解他人感受并且能在一定程度上保持平静放松的状态。

表 17　两周感受［平静放松（初中以上学生回答）］与新冠心态［我会尝试去理解别人所经历的事情（初中以上学生回答）］交叉分析

单位：人

		新冠心态［我会尝试去理解别人所经历的事情（初中以上学生回答）］							总计
		根本不符合我	不太符合我	不好评价	符合我	比较符合我	非常符合我	无效数据	
两周感受［平静放松（初中以上学生回答）］	从未有过	393	62	140	115	58	118	0	886
	有时会有	239	212	613	896	326	179	0	2465
	少于一半时间	66	92	387	741	317	169	0	1772
	多于一半时间	147	143	674	1620	646	262	0	3492
	大部分时间	225	213	879	2455	1546	534	0	5852
	所有时间	459	133	439	1044	835	1492	0	4402
	无效数据	0	0	0	0	0	0	2401	2401
总计		1529	855	3132	6871	3728	2754	2401	21270

从表 18 中可以看出，有 4676 名学生大部分时间处于平静放松的状态，并且会尝试去理解别人是如何感受和思考问题的。这证明这部分人愿意去

理解别人思考问题的方式，具有换位思考的能力并且能在一定程度上保持平静放松的状态。

表 18　两周感受［平静放松（初中以上学生回答）］与新冠心态［我会尝试去理解别人是如何感受和思考问题（初中以上学生回答）］交叉分析

单位：人

		新冠心态［我会尝试去理解别人是如何感受和思考问题的（初中以上学生回答）］							总计
		根本不符合我	不太符合我	不好评价	符合我	比较符合我	非常符合我	无效数据	
两周感受［平静放松（初中以上学生回答）］	从未有过	399	56	143	112	52	124	0	886
	有时会有	237	204	627	869	324	204	0	2465
	少于一半时间	70	66	400	726	328	182	0	1772
	多于一半时间	133	117	654	1577	695	316	0	3492
	大部分时间	209	166	801	2387	1660	629	0	5852
	所有时间	431	109	404	1005	822	1631	0	4402
	无效数据	0	0	0	0	0	0	2401	2401
总计		1479	718	3029	6676	3881	3086	2401	21270

从表 19 中可以看出，有 3081 名学生大部分时间充满精力，并且当别人感情受伤时会觉得难过，能够很好地共情他人。

表 19　两周感受［充满精力（初中以上学生回答）］与新冠心态［当别人感情受伤时我会觉得难过（初中以上学生回答）］交叉分析

单位：人

		新冠心态［当别人感情受伤时我会觉得难过（初中以上学生回答）］							总计
		根本不符合我	不太符合我	不好评价	符合我	比较符合我	非常符合我	无效数据	
两周感受［充满精力（初中以上学生回答）］	从未有过	451	76	145	96	41	100	0	909
	有时会有	346	394	764	580	219	112	0	2415
	少于一半时间	153	226	635	587	215	82	0	1898
	多于一半时间	270	371	1050	1127	411	131	0	3360
	大部分时间	510	625	1558	1695	1074	312	0	5774

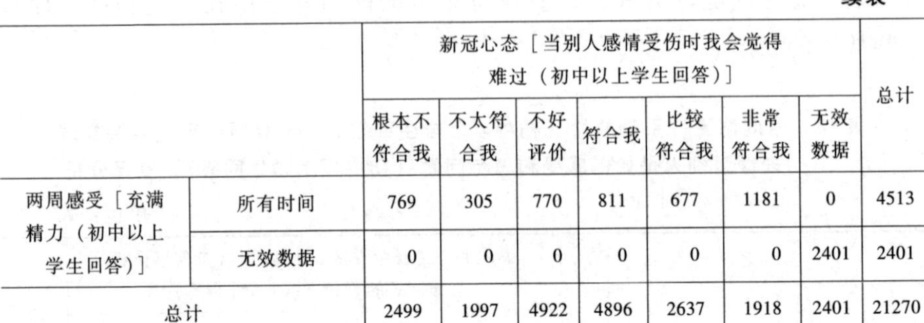

续表

		新冠心态［当别人感情受伤时我会觉得难过（初中以上学生回答）］							总计
		根本不符合我	不太符合我	不好评价	符合我	比较符合我	非常符合我	无效数据	
两周感受［充满精力（初中以上学生回答）］	所有时间	769	305	770	811	677	1181	0	4513
	无效数据	0	0	0	0	0	0	2401	2401
总计		2499	1997	4922	4896	2637	1918	2401	21270

从表 20 中可以看出，有 4443 名学生大部分时间充满精力，并且会尝试去理解别人所经历的事情。这证明这部分人愿意去理解别人的经历，具有换位思考的能力。

表 20　两周感受［充满精力（初中以上学生回答）］与 新冠心态［我会尝试去理解别人所经历的事情（初中以上学生回答）］交叉分析

单位：人

		新冠心态［我会尝试去理解别人所经历的事情（初中以上学生回答）］							总计
		根本不符合我	不太符合我	不好评价	符合我	比较符合我	非常符合我	无效数据	
两周感受［充满精力（初中以上学生回答）］	从未有过	399	62	135	125	66	122	0	909
	有时会有	243	207	608	872	307	178	0	2415
	少于一半时间	65	91	435	803	331	173	0	1898
	多于一半时间	131	136	639	1577	657	220	0	3360
	大部分时间	233	219	879	2404	1518	521	0	5774
	所有时间	458	140	436	1090	849	1540	0	4513
	无效数据	0	0	0	0	0	0	2401	2401
总计		1529	855	3132	6871	3728	2754	2401	21270

从表 21 中可以看出，有 4592 名学生大部分时间充满精力，并且会尝试去理解别人是如何感受和思考问题的。

表 21 两周感受［充满精力（初中以上学生回答）］与 新冠心态［我会尝试去理解别人是如何感受和思考问题的（初中以上学生回答）］交叉分析

单位：人

		新冠心态［我会尝试去理解别人是如何感受和思考问题的（初中以上学生回答）］							总计
		根本不符合我	不太符合我	不好评价	符合我	比较符合我	非常符合我	无效数据	
两周感受［充满精力（初中以上学生回答）］	从未有过	402	63	141	118	63	122	0	909
	有时会有	238	197	629	835	315	201	0	2415
	少于一半时间	68	77	439	793	335	186	0	1898
	多于一半时间	127	110	616	1537	688	282	0	3360
	大部分时间	215	160	807	2339	1636	617	0	5774
	所有时间	429	111	397	1054	844	1678	0	4513
	无效数据	0	0	0	0	0	0	2401	2401
总计		1479	718	3029	6676	3881	3086	2401	21270

从表 22 中可以看出，有 2725 名学生大部分时间处于清醒状态，并且当他人感情受伤时候会觉得难过。

表 22 两周感受［清醒（初中以上学生回答）］与 新冠心态［当别人感情受伤时我会觉得难过（初中以上学生回答）］交叉分析

单位：人

		新冠心态［当别人感情受伤时我会觉得难过（初中以上学生回答）］							总计
		根本不符合我	不太符合我	不好评价	符合我	比较符合我	非常符合我	无效数据	
两周感受［清醒（初中以上学生回答）］	从未有过	498	111	235	184	83	139	0	1250
	有时会有	368	445	826	659	285	111	0	2694
	少于一半时间	184	273	784	710	252	107	0	2310
	多于一半时间	244	349	990	1057	408	126	0	3174
	大部分时间	461	536	1364	1499	958	268	0	5086
	所有时间	744	283	723	787	651	1167	0	4355
	无效数据	0	0	0	0	0	0	2401	2401
总计		2499	1997	4922	4896	2637	1918	2401	21270

从表 23 中可以看出，有 3907 名学生大部分时间处于清醒状态，并且会尝试去理解别人所经历的事情。

表 23　两周感受［清醒（初中以上学生回答）］与 新冠心态［我会尝试去理解别人所经历的事情（初中以上学生回答）］交叉分析

单位：人

		新冠心态［我会尝试去理解别人所经历的事情（初中以上学生回答）］							总计
		根本不符合我	不太符合我	不好评价	符合我	比较符合我	非常符合我	无效数据	
两周感受［清醒（初中以上学生回答）］	从未有过	421	81	196	243	132	177	0	1250
	有时会有	240	207	648	1001	394	204	0	2694
	少于一半时间	79	110	504	972	453	192	0	2310
	多于一半时间	130	138	602	1482	587	235	0	3174
	大部分时间	212	201	766	2126	1330	451	0	5086
	所有时间	447	118	416	1047	832	1495	0	4355
	无效数据	0	0	0	0	0	0	2401	2401
总计		1529	855	3132	6871	3728	2754	2401	21270

从表 24 中可以看出，有 4028 名学生大部分时间处于清醒状态，并且会尝试去理解别人是如何感受和思考问题的。

表 24　两周感受［清醒（初中以上学生回答）］与 新冠心态［我会尝试去理解别人是如何感受和思考问题的（初中以上学生回答）］交叉分析

单位：人

		新冠心态［我会尝试去理解别人是如何感受和思考问题的（初中以上学生回答）］							总计
		根本不符合我	不太符合我	不好评价	符合我	比较符合我	非常符合我	无效数据	
两周感受［清醒（初中以上学生回答）］	从未有过	425	78	212	221	129	185	0	1250
	有时会有	233	193	667	965	407	229	0	2694
	少于一半时间	73	81	500	989	451	216	0	2310
	多于一半时间	123	107	588	1411	656	289	0	3174

续表

		新冠心态［我会尝试去理解别人是如何感受和思考问题的（初中以上学生回答）］							总计
		根本不符合我	不太符合我	不好评价	符合我	比较符合我	非常符合我	无效数据	
两周感受［清醒（初中以上学生回答）］	大部分时间	202	156	700	2081	1406	541	0	5086
	所有时间	423	103	362	1009	832	1626	0	4355
	无效数据	0	0	0	0	0	0	2401	2401
总计		1479	718	3029	6676	3881	3086	2401	21270

从表25中可以看出，有2770名学生大部分时间对周围的事物充满兴趣，并且当别人感情受伤时会觉得难过，能够共情他人。

表25　两周感受［兴趣（初中以上学生回答）］与新冠心态［当别人感情受伤时我会觉得难过（初中以上学生回答）］交叉分析

单位：人

		新冠心态［当别人感情受伤时我会觉得难过（初中以上学生回答）］							总计
		根本不符合我	不太符合我	不好评价	符合我	比较符合我	非常符合我	无效数据	
两周感受［兴趣（初中以上学生回答）］	从未有过	470	82	177	110	51	101	0	991
	有时会有	382	444	905	673	256	122	0	2782
	少于一半时间	183	282	705	615	236	83	0	2104
	多于一半时间	252	368	1004	1136	432	132	0	3324
	大部分时间	443	521	1364	1506	974	290	0	5098
	所有时间	769	300	767	856	688	1190	0	4570
	无效数据	0	0	0	0	0	0	2401	2401
总计		2499	1997	4922	4896	2637	1918	2401	21270

从表26中可以看出，有3943名学生大部分时间对周围的事物充满兴趣，并且会尝试去理解别人所经历的事情。

表 26 两周感受［兴趣（初中以上学生回答）］与 新冠心态［我会尝试去理解别人所经历的事情（初中以上学生回答）］交叉分析

单位：人

		新冠心态［我会尝试去理解别人所经历的事情（初中以上学生回答）］							总计
		根本不符合我	不太符合我	不好评价	符合我	比较符合我	非常符合我	无效数据	
两周感受［兴趣（初中以上学生回答）］	从未有过	411	69	152	157	78	124	0	991
	有时会有	241	215	701	1020	407	198	0	2782
	少于一半时间	85	118	458	935	352	156	0	2104
	多于一半时间	119	135	643	1574	618	235	0	3324
	大部分时间	208	191	756	2083	1377	483	0	5098
	所有时间	465	127	422	1102	896	1558	0	4570
	无效数据	0	0	0	0	0	0	2401	2401
总计		1529	855	3132	6871	3728	2754	2401	21270

从表 27 中可以看出，有 4077 名学生大部分时间对周围的事物充满兴趣，并且会尝试去理解别人是如何感受和思考问题的。

表 27 两周感受［兴趣（初中以上学生回答）］与 新冠心态［我会尝试去理解别人是如何感受和思考问题的（初中以上学生回答）］交叉分析

单位：人

		新冠心态［我会尝试去理解别人是如何感受和思考问题的（初中以上学生回答）］							总计
		根本不符合我	不太符合我	不好评价	符合我	比较符合我	非常符合我	无效数据	
两周感受［兴趣（初中以上学生回答）］	从未有过	413	65	159	157	71	126	0	991
	有时会有	237	212	706	1006	398	223	0	2782
	少于一半时间	86	92	468	880	401	177	0	2104
	多于一半时间	116	101	625	1542	654	286	0	3324
	大部分时间	193	141	687	2030	1472	575	0	5098
	所有时间	434	107	384	1061	885	1699	0	4570
	无效数据	0	0	0	0	0	0	2401	2401
总计		1479	718	3029	6676	3881	3086	2401	21270

根据表28，在给定显著性水平 $\alpha=0.05$ 的情况下，当 $|t|$ 的统计值超过2时，我们可以认为相应解释变量的影响是显著的，如果 $|t|$ 的统计值远大于2，则影响更加显著。从表28中可以看出，新冠感受中“我梦到新型冠状病毒传播”这一选项对青少年幸福感这一变量的影响最为显著；“我尽量避免对冠状病毒大流行的想法”这一感受对青少年幸福感的影响较为显著。新冠行为中，“我倾向于每天花很多时间思考疫情感染问题并反复洗手、洗澡等或打扫卫生等清洁工作”这一选项对青少年幸福感的影响最为显著。“如果我有关于新冠感染的想法，但没有足够的时间进行清洗和做清洁，我会感到难过”这一选项对幸福感这一因变量的影响最不显著，$|t|=1.607$。

表28 幸福感与疫情相关变量回归分析

模型	未标准化系数		标准化系数	t	显著性
	B	标准错误	Beta		
新冠感受（1. 我梦到新型冠状病毒传播）	441.428	37.494	0.091	11.773	0.000
新冠感受（2. 听到或想到冠状病毒流行后，我会感到出汗、呼吸困难、结冰或发抖）	112.559	46.572	0.018	2.417	0.016
新冠感受（3. 我尽量避免对冠状病毒大流行的想法）	148.842	27.765	0.047	5.361	0.000
新冠感受（4. 我集中精力于正在做的事情时遇到了问题）	-76.309	29.450	-0.023	-2.591	0.010
新冠行为（1. 我倾向于每天花很多时间思考疫情感染问题并反复洗手、洗澡等或打扫卫生等清洁工作）	129.953	28.885	0.040	4.499	0.000
新冠行为（2. 新冠疫情期间我考虑过自杀问题）	-142.623	63.257	-0.016	-2.255	0.024
新冠行为（3. 如果我有关于新冠感染的想法，但没有足够的时间进行清洗和做清洁，我会感到难过）	-52.975	32.972	-0.012	-1.607	0.108
新冠行为（4. 我的日常学习、生活受到新冠疫情的干扰）	-123.524	27.630	-0.039	-4.471	0.000

五 研究结论

新冠肺炎疫情的突发性、传染性对社会各群体文化、生活、教育、心理健康等方面产生了较大的影响。疫情发生后，生活学习习惯的改变、长期居家无法外出、疫情造成的社会舆论等问题均对青少年心理造成了很大的影响。当青少年群体面对同一刺激时，受环境、家庭、文化教育等诸多因素的影响，会形成个体认知评价和判断的差异性，导致不同青少年对刺激事件产生的反应也不同，进而影响青少年的心理健康和青少年的幸福感。

本文在上文探索了家庭支持、同伴支持和危险行为这三种机制对青少年心理健康影响的基础上，考察了青少年心理健康、生活满意度、慢性疾病、孤独感这四大类与青少年幸福感紧密相关的因素对青少年幸福感的影响，并运用相关性分析和线性回归的方法检验其因果效应。结果表明，青少年心理健康、生活满意度、慢性疾病、孤独感对青少年幸福感具有显著的影响，其中心理健康和生活满意度为显著的正向影响，慢性疾病和孤独感对青少年幸福感具有显著的负向影响。

青少年幸福感是青少年个体依据自定的标准对其生活质量所做的总体评价，是反映青少年个体生活质量的重要心理学指标。在当今紧张多变的社会背景下加强相对应的研究，了解青少年幸福感和心理健康状况及其与应对方式的关系，一方面可以丰富深化幸福感的研究，另一方面有助于改善和提高青少年的生活质量，指导青少年有效地应对各种社会心理应激，对增强幸福感体验、进行心理干预具有重要的现实意义。在青少年时期，良好的家庭关系、和睦的家庭氛围、互帮互助的同辈群体是促进青少年身心健康发展的关键。通过这些社会联系和社会支持获得的情绪支持和物质保障，能够有效地减轻青少年面对学业压力或突发生活事件时的心理应激反应，缓解其紧张的情绪，从而提高社会适应能力。

R.8 情感互动仪式链理论视域下家庭因素对青少年危险行为的影响机制研究

周华珍　张树辉　王　英*

摘　要　本研究运用柯林斯的互动仪式链理论和情感社会学理论，旨在从家庭情感能量传递的角度探析疫情防控期间家庭内部成员的情感互动及情感能量作用机制在预防和减少青少年危险行为中的重要性。通过随机抽样法发放自行设计的《中国青少年健康行为网络调查问卷》，收集青少年健康危险行为相关数据并进行分析。调查结果显示，与新冠肺炎疫情之前相比，疫情防控期间青少年吸烟行为减少，家庭关系呈现出越来越好的状况。研究发现，青少年家庭的会话互动与家庭关系具有较强的相关性；会话互动、家庭关系与青少年疫情防控的自我效能感具有较明显的相关性；会话互动与青少年危险行为没有明显的相关性，家庭关系与青少年危险行为则有一定相关性。

关键词　互动仪式链　家庭因素　青少年危险行为　情感能量

---

* 周华珍，中国社会科学院大学马克思主义学院副教授、博士后、访问学者，硕士研究生导师，中国社会科学院大学思想政治教育高等研究院大学生心理与健康发展研究中心主任，中国社会科学院大学价值观与健康教育研究中心主任，主要研究方向为青少年健康行为、心理健康与幸福感、健康干预；张树辉，中国社会科学院大学副校长，教育部高校思想政治工作创新发展中心副主任，北京市高等学校新闻与文化传播研究会理事长，主要研究方向为高校党建、理论宣传、思想政治教育、校园文化以及新闻传播；王英，中国社会科学院大学马克思主义学院科研秘书，主要研究方向为青少年社会工作。

2020 年，新冠肺炎疫情发生并逐渐蔓延，引发了公众恐慌、焦虑、抑郁等心理危机，对于未经世事的青少年而言更是一场巨大的挑战。突如其来的疫情使青少年的学习和生活发生了巨大变化，学校开课不开学、小区封锁……社会上各种负面信息扑面而来。青少年由于社会阅历少、应对能力弱、心理承受能力差，更容易受到社会情绪的感染，感到心理不适，产生不良情绪，继而可能会引发或者增加吸烟、饮酒、吸毒等危险行为。稳定而强大的社会支持是青少年获得情感支撑、物质援助和实现社会化的重要保障。家庭作为青少年成长的首要场所，对于青少年应对疫情危机发挥着重要的作用，家庭成员之间的情感传递，有助于青少年形成抗逆力，防止与减少青少年健康危险行为的发生。

本研究基于新冠肺炎疫情的背景面向全国开展大型青少年健康危险行为的调查，分析疫情防控期间青少年的家庭关系与青少年的危险行为之间的关系，并尝试借鉴互动仪式链的思路，分析家庭形成的情感能量对于预防和减少疫情防控期间青少年危险行为的作用机制，情感互动仪式链着眼于日常生活的互动仪式，注重仪式过程中通过情感能量的传递，使参加者产生共情。

一　调查、统计与方法

（一）调查方法

本文主要讨论了三种危险行为，分别是疫情以来青少年吸烟、饮酒、吸毒。测量题目为："请问你最近一个月多少天吸过烟（香烟、电子烟、水烟）、饮过酒甚至喝醉、吸过毒?"答案设置为："从不 =1；1 ~2 天 =2；3 ~5 天 =3；6 ~9 天 =4；10 ~19 天 =5；20 ~29 天 =6；30 天及以上 =7。"

（二）统计分析

问卷收回后，进行数据清理，采用 SPSS 16.0 软件对数据进行了分析，统计分析方法如表 1 所示。

表 1　会话互动变量情况

观测变量	简称	变量编码
我们家的重要事情需要大家在一起讨论	讨论氛围	非常赞同 =1；赞同 =2；不好评价 =3；不赞同 =4；非常不赞同 =5
当我讲话时，家人会倾听我说话的内容	积极倾听	
当我和家人彼此不理解时，我们会问对方为什么不能相互理解	相互理解	
有误解时，我们会一直讨论，直到彼此之间的误解消除	消除误解	
关于新冠肺炎疫情和舆情，请问你与家人多久交流与分享一次	疫情讨论频率	每天 =1；一周 5 次 =2；一周 3 ~4 次 =3；一周 1 ~2 次 =4；一个月 1 ~2 次 =5；几乎不交流、分享 =6

自我效能感是指个体对自己是否有能力完成某一行为所进行的推测与判断。本文主要指的是疫情防控期间，青少年对是否有信心、有能力、有内在动力保护自己以及家人的自我推测和判断，自我效能感变量情况如表 2 所示。

表 2　自我效能感变量情况

观测变量	简称	变量编码
我可以保护自己	保护自己	是 =1；否 =2
我可以保护家人	保护家人	是 =1；否 =2

（三）统计方法

1. 会话互动

本文按照高质量的会话互动的构成要素，将其分解为积极倾听、相互理解、消除误解、讨论氛围，以及疫情讨论频率。前四个指标来自 HBSC 的研究成果，最后一个指标来自柯林斯互动仪式链的启发。

2. 家庭关系

家庭关系由家庭关系得分、家庭氛围满意度以及疫情防控期间家庭关系的变化组成，处理方法如下。

家庭关系得分的测量题目如下：“总体上来说，你觉得你与你家人关系如何？从10至0表示你与家人关系的减弱，10代表关系非常好，0代表非常差。请你根据自己的感觉，在从0至10的数字上拉滑。”处理方法是将所得分数进行分段处理，使变量变成定距变量。

家庭氛围满意度的测量题目如下：“总体上来说，你对你的家庭氛围满意度如何？从10至0表示家庭氛围满意度的降低，10代表家庭氛围非常好，0代表非常差。请你根据自己的感觉，在从0至10的数字上拉滑。”处理方法同上。

对于疫情防控期间家庭关系的变化，测量题目为：“疫情防控期间，请问你与父母的关系与往常相比如何？”答案设置为：“比以前好很多=1；比以前好一些=2；差不多=3；跟以前一样=4；比以前差一些=5；比以前差较多=6；比以前差非常多=7。”

二　结果

（一）与新冠肺炎疫情之前相比，青少年的吸烟行为的变化

在回答此题的人中，不变（或从未吸烟）的青少年占70.2%，疫情得到控制后，3.0%的青少年开始停止吸烟和减少吸烟，也有1.1%的青少年开始吸烟以及增加了吸烟。总体来看，疫情并没有让更多的青少年实施吸烟行为，相反，却让部分青少年减少了吸烟行为（见表3）。

表3　新冠肺炎疫情得到控制后调查对象吸烟行为的变化

单位：人，%

吸烟行为	人数	占比	有效占比	累计占比
跳答	5228	25.7	25.7	25.7
不变（或从未吸烟）	14311	70.2	70.2	95.9
我开始停止吸烟	285	1.4	1.4	97.3
我开始吸烟	111	0.5	0.5	97.8
我开始减少吸烟	327	1.6	1.6	99.4
我增加了吸烟	119	0.6	0.6	100.0
总计	20381	100.0	100.0	

（二）与新冠肺炎疫情之前相比，青少年家庭关系的变化

调查数据显示，比以前好很多、比以前好一些、差不多这三种关系青少年反馈率达到70.1%，家庭关系跟以前一样的占到25.3%，比以前差一些、比以前差较多、比以前差非常多这三种关系青少年反馈率仅仅达到4.7%，占比非常少（见表4）。

表4　疫情防控期间与父母的关系情况

单位：人，%

关系	人数	占比	有效占比	累计占比
比以前好很多	4264	20.9	20.9	20.9
比以前好一些	3283	16.1	16.1	37.0
差不多	6741	33.1	33.1	70.1
跟以前一样	5147	25.3	25.3	95.4
比以前差一些	616	3.0	3.0	98.4
比以前差较多	197	1.0	1.0	99.4
比以前差非常多	133	0.7	0.7	100.0
总计	20381	100.0	100.0	

（三）情感互动仪式链视角下的青少年吸烟现象

为了对互动仪式链的运行机制进行模拟和验证，本研究使用AMOS7.0建立结构方程模型。变量因此分为观测变量（调查问题）和潜变量两大类。建立观测变量与潜变量之间的关系可以理解为抽象概念的操作化过程。

研究结果显示，卡方值为1850，自由度为38。由于卡方值容易受到样本量影响，鉴于本研究的样本量较大（$N = 20381$），故采用NNFI（也称为TLI，界值为0.90）、CFI（界值为0.90）和RMSEA（界值为0.08）作为模型拟合优度的指标。[①] 结果显示模型整体拟合良好，NNFI = 0.984，CFI =

① 范叶超、洪大用：《差别暴露、差别职业和差别体验——中国城乡居民环境关心差异的实证分析》，《社会》2015年第3期。

0.984，RMSEA＝0.047。

各观测变量在其相应潜变量上的因子负荷见表5。

表5　各观测变量在其相应潜变量上的因子负荷

潜变量	观测变量	标准化回归系数
会话互动	消除误解	0.751
	相互理解	0.857
	积极倾听	0.843
	讨论氛围	0.750
自我效能感	保护自己	0.850
	保护家人	1.064
家庭关系	家庭关系得分	0.802
	家庭氛围满意度	0.842
危险行为	吸毒	0.802
	吸烟	0.721
	饮酒	0.831

从标准化路径系数来看，会话互动对于青少年自我效能感的影响为0.53，会话互动能增加个体的能量，即柯林斯所讲的“一种采取行动时自信、兴高采烈、满腔热忱与主动进取的感觉”。[①] 会话互动对于家庭关系的影响为0.33，说明会话互动增强了群体的团结，强化了成员的身份感。会话互动对于危险行为的影响并不显著，表明单纯地进行言语的互动对于青少年的危险行为不会产生影响。家庭关系对于危险行为的影响为0.09，可以通过增加青少年情感能量、对外强化家庭关系、增加家庭支持来防止危险行为的产生。良好的会话互动，能促进正向积极的家庭关系产生，减少青少年饮酒、吸烟等危险行为的发生。此外，积极的会话互动，能从内在影响青少年的情感能量，使其具有保护家人及自己的效能感、责任感以及安全感，也能相应地减少青少年危险行为的发生。柯林斯认为，互动仪式可以增强道德感，尊重群体符号，维护群体符号的正义感，防止违背者的侵害，以及产生由违背群体团结及其符号标志所带来的道德罪恶或不得体的感觉。危险行为在家庭中一般属于禁止的

① 〔美〕兰德尔·柯林斯：《互动仪式链》，林聚任、王鹏、宋丽君译，商务印书馆，2012。

行为，在互动仪式下，违背家庭的规则会让青少年产生道德罪恶从而自觉抑制健康危险行为。

通过决定系数 R^2 可以了解该模型对于各因变量变异的解释能力。会话互动、家庭关系、自我效能感、危险行为的决定系数 R^2 分别为 0.000、0.275、0.044、0.011，会话互动可以解释家庭关系 27.5% 的变异，会话互动、家庭关系可以解释自我效能感 4.4% 的变异，会话互动、家庭关系和自我效能感能解释危险行为 1.1% 的变异。

综合整个模型，会话互动质量高，可以优化家庭关系、提高自我效能感，进而降低危险行为的发生率。虽然该模型的相关度测量有很多需要完善和改进的地方，但还是在一定程度上证明了家庭的会话互动对情感能量的传递作用。

三　讨论

（一）家庭情感互动仪式链的条件

柯林斯认为，互动仪式有四种主要的起始条件：两个或两个以上的人聚集在同一场所，并有意无意地通过身体在场产生相互影响；对局外人划定了界限，参与者对于谁能参与其中有着明确的认知；将其注意力集中在共同的对象上，并通过相互传达该焦点，而彼此知道了关注的焦点；分享共同的情绪或情感体验。① 第三种和第四种是互动仪式的关键。

第一，对于群体聚集而言，本研究中家庭成员大多共享居住和生活场所，拥有婚姻关系或血缘关系。数据显示，有 92.3% 的青少年和父母住在一起。因此，不管家庭成员之间是否主动分享彼此的行为与情感、有意识地关注对方，都会因为家庭场所内的共同场域而产生影响。加上疫情防控期间，学校停课，小区封闭，青少年在家中上网课，家庭成员外出减少，在此特殊时期，青少年家庭成员不得不封闭在家中，这会增加共同的际遇。

① 庆雪萌：《仪式传播视角下独生子女家庭压力的缓释与因应研究》，硕士学位论文，华中科技大学，2019。

第二，正常运作的家庭都存在弹性的边界。家庭边界的作用在于保护家庭系统的完整性不受侵害，约束家庭成员的行为并控制着信息的进出。[①] 数据显示，93.3%的家长会明确禁止青少年吸烟，约束孩子的危险行为。疫情防控期间，家庭成员封闭在家中，成为一个个独立的细胞，更是从物理和心理空间上，形成一个明确的家庭边界。

第三，家庭中共同焦点的形成需要事件或情境对人们注意力的刺激，也需要家庭成员之间焦点的传达。注意的后期选择理论认为，所有输入的信息在进入过滤装置之前，都已经进行过充分的分析。疫情绷紧了全国人民的神经，在家庭成员之间更是避不开的焦点，家庭成员围绕疫情话题，进行沟通和交流，构成了互动仪式传播的重要起始条件。

第四，家庭成员只有通过言语和非言语沟通向其他家庭成员敞开心扉，情绪或情感体验才能分享和传递。疫情关系到每个家庭成员的安危，给家庭带来巨大的压力，在这种压力之下，之前互相封闭、彼此忽视、存在沟通障碍的家庭成员可能会以此为契机，进行通畅的情感表达。

（二）家庭情感互动仪式链的过程

该过程是在群体聚集和排斥局外人的基础之上，通过相互关注焦点和共享的情感状态之间有节奏连带的反馈带来集体兴奋，整个过程可以概括为三步。

第一步，共同在场，捕捉情绪。在家庭中，仪式的形成同样在于共同焦点和共享情感状态下有节奏连带的反馈和强化。面对疫情这一焦点问题，家庭成员会产生不同的情绪。处在不同情感状态下的家庭成员，通过共同身体在场的影响，能够感受到其他人的关注焦点和情感状态。

第二步，反馈情绪，互相强化。随着疫情态势的严峻，家庭成员能够更强烈地感受到彼此的情感和情绪——焦虑、担心、害怕、感动等。共享情感得到强化，主导家庭成员的意识与行动，导致有节奏连带的反馈得以出现，这种反馈表现为可以被直观察觉到的生理反馈和行动反馈。

---

① 庆雪萌：《仪式传播视角下独生子女家庭压力的缓释与因应研究》，硕士学位论文，华中科技大学，2019。

第三步，集体兴奋，形成仪式。生理反馈（如流汗、呼吸加速等）和行动反馈（如哭泣、谈话、争吵等）形成仪式。即这些反馈经过反复强化，使家庭成员对共同焦点的关注和共享的情感得以强化，最终达到集体兴奋，形成了一种高涨而且持续的情感。例如，听到抗击疫情期间的感人故事，家人们一开始会心有感触，互相分享，然后在情绪氛围的感染下可能会流下眼泪，甚至有的会受到感染而为疫区捐献物资——这就是有节奏连带的生理反馈带来的集体兴奋。

柯林斯认为，生活中的种种互动仪式之所以产生、持续或者消亡，或者说人们参与某些互动仪式而放弃其他仪式，是由一种类似于市场的机制决定的。[①] 人们在互动仪式面前会做出理性选择，将各种能带来情感能量的主体以及情境进行比较，选择那些能带来高情感能量的互动。从这个角度来解释，青少年在家庭中获得的情感能量越多，也就减少了物质依赖带来的能量，从而减少吸烟、饮酒、吸毒行为。其他学者的研究也证明了和父母关系好、学习成绩好的青少年更不容易产生饮酒的行为。[②]

柯林斯将以上过程比喻为"情感的变压器"，家庭仪式传播的结果是将短期的情感能量转化为长期的情感能量。本研究中，家庭仪式传播中高情感能量的获得一方面指家庭成员形成家庭凝聚力；另一方面指个体得到了充分的情感力量，获得了自信、向上的精神感受。

（三）结论

本文以柯林斯互动仪式链为指导，探索疫情防控期间家庭关系与青少年危险行为之间关系变化的内在作用机制。

1. 青少年家庭的会话互动与青少年的家庭关系具有较强的相关性

疫情造成的特殊时期，增加了家庭成员空间上的在场性，而疫情问题形成的焦点话题，一定程度上促进家庭成员之间的关心、关注，进一步推动家庭关系的改善。疫情压力状态下共同的关注焦点和想要缓解压力的共

---

① 庆雪萌：《仪式传播视角下独生子女家庭压力的缓释与因应研究》，硕士学位论文，华中科技大学，2019。

② 唐慧：《青少年健康危险行为及其影响因素的研究》，硕士学位论文，皖南医学院，2014。

享情感状态是起始要素。当社会上关于疫情的各种消息扑面而来时，家庭成员通过分享信息，强烈地体验到一种共享的情感，这种共享情感主导他们的意识，进而促进生理反馈和行动反馈，使家庭成员之间共同的焦点关注和情感不断强化，最后，短暂的情感状态上升为持续的情感状态，达到集体兴奋。这启发家长应该在日常吃饭、旅游、运动、看电视等众多互动中重视与青少年的会话互动，通过高质量的、无偏见的交谈，优化家庭成员之间的关系。

2. 青少年家庭的会话互动以及家庭关系与青少年疫情防控的自我效能感具有较明显的相关性

家庭会话互动，一方面，通过讨论疫情状况，可以消解青少年内心的焦虑和不安；另一方面，家庭成员通过分享疫情防控知识，可以提升青少年疫情防控的信心，从而提高抗逆力，增加自我效能感。柯林斯认为，情感能量是一个连续统，连续统的高端代表着自信和热情，中端代表着平常的心态，低端代表着消沉和较弱的自我效能感。[①] 家庭成员从情感能量连续统的低端迈向连续统的中高端，即从低端的消极、缺乏主动性与自我效能感，转向中端，直至转向自信、热情、较强自我效能感的情绪状态。高情感能量的外在表现是家庭凝聚力提高、家庭关系更加和睦，能够给青少年提供更多的支持。高情感能量的内在表现是青少年自我效能感、自信、自尊的增加，能够应对生活中的种种困难，避免和减少危险行为的发生。这启发家长在和青少年互动中，要增加面对面的平等交谈、了解彼此的需要和困惑并分享内心的情感。

3. 会话互动与青少年危险行为没有明显的相关性，家庭关系与青少年危险行为有一定相关性

青少年正处于身心快速变化的时期，单纯的劝诫、说教对于其减少危险行为的作用不明显，甚至会适得其反。但是，通过营造良好的家庭氛围，对内提高青少年的自我保护以及保护家人的效能感，对外形成良好的家庭人际关系，反而会减少青少年危险行为。柯林斯认为，互动仪式可以带来家庭内部的群体团结、家庭关系的改善、家庭符号的生产，以及道德标准

---

① 庆雪萌：《仪式传播视角下独生子女家庭压力的缓释与因应研究》，硕士学位论文，华中科技大学，2019。

的建立等结果，但仪式解压效果的最终达成，关键在于情感能量的增加，即仪式本身不是导致青少年危险行为减少的原因，通过互动仪式在家庭场域中形成情感能量才是青少年减少危险行为的内在动因。这就启发家长在面对青少年危险行为时，不应采用简单说教的方式，而应在尊重的基础上和青少年进行讨论、分析，在家庭中营造一种情感流动的能量场。通过这种能量的传递，让青少年培养自我效能感去解决个体的危险行为问题。

本研究尝试通过互动仪式链视角讨论疫情防控期间青少年危险行为减少的原因，但是可用于分析的变量有限，想研究的潜变量缺乏有效支撑，尚待对资料做进一步的挖掘。

参考文献

朱雯、张涛、龚清海：《我国青少年健康危险行为研究现状》，《中国预防医学杂志》2016 年第 7 期。

朱文芬等：《遗传与环境因素对青少年危险行为影响的双生子研究》，《中国学校卫生》2015 年第 7 期。

周焕宁等：《广州市越秀区青少年健康危险行为及其影响因素分析》，《河南预防医学杂志》2017 年第 11 期。

马惠霞、张建新、郭念锋：《青少年危险行为研究进展》，《中国临床心理学杂志》2004 年第 1 期。

张福兰等：《武陵山区土家族与苗族青少年健康危险行为影响因素分析》，《中国学校卫生》2015 年第 3 期。

刘衔华等：《留守儿童健康危险行为的易感性及其与家庭环境的关系》，《中国儿童保健杂志》2014 年第 6 期。

A. Springer et al. , "Supportive Social Relationships and Adolescent Health Risk Behavior among Secondary School Students in El Salvador," *Social Science & Medicine* 2005, 62 (7) .

R.9 抗逆力理论视角下青少年成瘾性行为的影响因素研究*

周华珍　吕书红　耿浩东**

摘　要　本研究对国内的在校大、中、小学生的成瘾性行为进行调查，并探讨其影响因素。本研究基于网络调查问卷数据，以21300名国内在校大、中、小学生为调查对象，分析不同性别、年级等青少年的成瘾性行为现状，并采用非条件Logistic回归分析方法研究家庭因素和个人因素对青少年各维度成瘾性行为的影响。结果显示，在人口统计因素层面，男生的吸烟、饮酒、吸毒、赌博、网瘾行为发生率分别为11.7%、23.7%、3.2%、12.7%、34.5%，女生的吸烟、饮酒、吸毒、赌博、网瘾行为发生率分别为3.1%、12.4%、1.2%、6.2%、32.2%，男生的各项成瘾性行为发生率均高于女生，青少年的成瘾性行为大体上随着年级的升高而逐渐严重。在家庭影响因素层面，家庭结构、家庭富裕程度、家庭的情感支持等对青少年的成瘾性行为产生了显著影响。在个人影响因素层面，体育锻炼是吸烟、吸毒行为的影响因素，疫情防控期间是否可以保护自己是吸烟、饮酒、吸

---

* 本文系国家社会科学基金项目“在健康社会决定因素框架下构建我国儿童健康行为测量指标体系”（项目编号：18BSH073）阶段性成果。

** 周华珍，中国社会科学院大学马克思主义学院副教授、博士后、访问学者，硕士研究生导师，中国社会科学院大学思想政治教育高等研究院大学生心理与健康发展研究中心主任，中国社会科学院大学价值观与健康教育研究中心主任，主要研究方向为青少年健康行为、心理健康与幸福感、健康干预；吕书红，中国健康教育中心研究员，主要研究方向为健康教育与健康促进；耿浩东，中国传媒大学研究助理，主要研究方向为青少年健康行为。

毒行为的影响因素，疫情防控期间是否可以保护家人是赌博行为的影响因素。本研究认为，青少年的成瘾性行为存在性别和年级的差异，家庭因素和个人因素均对青少年的成瘾性行为产生了重要影响。

关键词　成瘾性行为　抗逆力　青少年　家庭因素　个人因素

根据国家统计局2019年度人口抽样调查数据推算，我国青少年人口数量约为1.48亿人，约占全国总人口的10.5%，青少年是一个不可忽视的重要群体，目前青少年自身的健康问题更是社会关注的焦点。青少年很多问题与其自身的不良行为有关，成瘾性行为是其中的重要部分。青少年成瘾性行为具有个体和群体聚集性的特点，容易受到周围环境的影响，在当下的社会环境中，了解青少年成瘾性行为的状况以及影响因素，对于防治此类成瘾性行为，确保青少年自身的健康成长具有十分重要的意义。鉴于此，课题组于2020年9～11月开展了在校大、中、小学生健康行为调查工作，旨在了解青少年健康行为现状，并为政府制定相应的干预政策和措施提供科学依据。

本文拟从抗逆力理论的视角出发进行研究，抗逆力的本质是个体在逆境中克服困难、展示积极适应结果的能力。[①] 抗逆力理论的核心要素包括暴露的困境汇总、抵消困境影响的资源或者优势的出现、展示积极适应结果。[②] 抗逆力理论的出现将研究从“问题视角”转向“优势视角”。在抗逆力理论中，保护因素和风险因素是关键词，风险因素是可能带来负面影响的因素，而保护因素则是能够有效减少来自风险因素危害的因素。保护因素来源包括个人层面、家庭层面以及外部支持层面。青少年的成瘾性行为目前是社会的热点，对于青少年自身的健康构成了潜在的威胁，而自身拥有较多社会支持和社会资源的青少年拥有更强的抗逆力，能够有效防止危险行为的发生。因此，本文主要研究个人因素和家庭因素对于青少年成瘾性行为的影响。

---

① 刘玉兰：《西方抗逆力理论：转型、演进、争辩和发展》，《国外社会科学》2011年第6期。

② 刘玉兰、彭华民：《儿童抗逆力：一项关于流动儿童社会工作实务的探讨》，《华东理工大学学报》（社会科学版）2012年第3期。

一　调查、判定与统计

（一）调查方法

采用自行设计的《中国青少年健康行为网络调查问卷》，该调查问卷根据2017/2018年国际标准HBSC调查问卷修改而成。调查内容包括一般情况（性别、年级、户籍、是否留守儿童、是否流动儿童、是否和亲生父母居住、家庭富裕程度）、吸烟行为、饮酒行为、赌博行为等。在参与调查学校的相关人员协助下，学生被安排在机房内填答网络问卷。问卷总体的克隆巴赫Alpha系数为0.721，KMO系数为0.765，说明该问卷具有良好的信效度。

（二）判定标准

吸烟行为：有过吸烟的行为经历。饮酒行为：有过饮酒的行为经历。吸毒行为：有过吸毒的行为经历。赌博行为：有过赌博的行为经历。网瘾行为：平均每周网络使用时间超过28小时。

（三）统计分析

采用SPSS 25.0软件对收集数据进行统计学分析，其中成瘾性行为发生率等计数资料以发生率（%）表示，运用χ2检验进行成瘾性行为影响因素的单因素分析。运用非条件Logistic回归分析方法进行成瘾性行为影响因素的多因素分析，以 $P<0.05$ 为差异有统计学意义。

二　结果

（一）一般情况

共有21300名大、中、小学生被纳入研究范围，其中男生和女生各占50.0%，小学生占12.5%，初、高中生占54.3%，大学生占33.3%。其他人口学特征详见表1。

表1 调查对象一般情况

调查内容	人数	调查内容	人数
性别		是否留守儿童	
男	10656（50.0）*	是	1557（11.0）
女	10644（50.0）	否	12657（89.0）
年级		是否流动儿童	
小学五年级	2546（12.0）	是	2008（14.1）
小学六年级	99（0.5）	否	12206（85.9）
初一	78（0.4）	是否和亲生父母居住	
初二	2605（12.2）	是	19478（91.4）
高一	4737（22.2）	否	1822（8.6）
高二	4150（19.5）	家庭富裕程度	
大一	2335（11.0）	较低	14991（70.4）
大二	2321（10.9）	中等	5973（28.0）
大三	2429（11.4）	较高	336（1.6）
户籍			
城市户籍	8451（39.7）		
非城市户籍	12849（60.3）		

注：* 这种情况括号外数据代表人数，单位为人，括号内数据代表占比，单位为%，余同。此外，排除无效问卷后，每个问题的有效样本量不一致，本文各表的总计和占比根据实际有效样本量计算。

（二）调查对象成瘾性行为持有情况

在校大、中、小学生吸烟行为发生率为7.4%，饮酒行为发生率为18.0%，吸毒行为发生率为2.2%，赌博行为发生率为9.5%，网瘾行为发生率为33.4%。吸烟行为在性别、年级、户籍、是否留守儿童、是否和亲生父母居住以及家庭富裕程度方面的青少年差异有统计学意义（均为 $P<0.05$）；饮酒行为在性别、年级、户籍、是否留守儿童、是否和亲生父母居住方面的青少年差异有统计学意义（均为 $P<0.05$）；吸毒行为在性别、年级、是否留守儿童、是否流动儿童、是否和亲生父母居住、家庭富裕程度方面的青少年差异有统计学意义（均为 $P<0.05$）；赌博行为在性别、年级、户籍、是否留守儿童、是否流动儿童、是否和亲生父母居住、家庭富裕程度方面的青少年

差异有统计学意义（均为 $P<0.05$）；网瘾行为在性别、年级、户籍、是否留守儿童、是否流动儿童、是否和亲生父母居住方面的青少年差异有统计学意义（均为 $P<0.05$）（见表2）。

表 2　不同特征在校大、中、小学生成瘾性行为发生率情况

不同特征	吸烟	饮酒	吸毒	赌博	网瘾
性别					
男	1243（11.7）	2522（23.7）	344（3.2）	1355（12.7）	3679（34.5）
女	334（3.1）	1322（12.4）	130（1.2）	665（6.2）	3430（32.2）
χ^2	564.746	455.455	98.569	259.529	12.673
P	<0.05	<0.05	<0.05	<0.05	<0.05
年级					
小学五年级	54（2.1）	100（3.9）	35（1.4）	90（3.5）	300（11.8）
小学六年级	8（8.1）	12（12.1）	7（7.1）	11（11.1）	27（27.3）
初一	3（3.8）	10（12.8）	3（3.8）	8（10.3）	17（21.8）
初二	60（2.3）	155（6.0）	30（1.2）	130（5.0）	557（21.4）
高一	332（7.0）	616（13.0）	97（2.0）	363（7.7）	1507（31.8）
高二	354（8.5）	650（15.7）	86（2.1）	369（8.9）	1393（33.6）
大一	204（8.7）	734（31.4）	40（1.7）	308（13.2）	1001（42.9）
大二	247（10.6）	756（32.6）	83（3.6）	348（15.0）	1111（47.9）
大三	315（13.0）	811（33.4）	93（3.8）	393（16.2）	1196（49.2）
χ^2	364.020	1702.694	86.005	432.894	1302.691
P	<0.05	<0.05	<0.05	<0.05	<0.05
户籍					
城市户籍	517（6.1）	1414（16.7）	181（2.1）	721（8.5）	2549（30.2）
非城市户籍	1060（8.2）	2430（18.9）	293（2.3）	1299（10.1）	4560（35.5）
χ^2	33.802	16.385	0.450	14.792	65.059
P	<0.05	<0.05	>0.05	<0.05	<0.05
是否留守儿童					
是	142（9.1）	218（14.0）	70（4.5）	148（9.5）	467（30.0）
否	669（5.3）	1325（10.5）	188（1.5）	823（6.5）	3334（26.3）
χ^2	37.890	17.881	70.506	19.646	9.441
P	<0.05	<0.05	<0.05	<0.05	<0.05

续表

不同特征	吸烟	饮酒	吸毒	赌博	网瘾
是否流动儿童					
是	124（6.2）	232（11.6）	63（3.1）	171（8.5）	476（23.7）
否	687（5.6）	1311（10.7）	195（1.6）	800（6.6）	3325（27.2）
χ^2	0.959	1.178	22.943	10.427	11.002
P	>0.05	>0.05	<0.05	<0.05	<0.05
是否和亲生父母居住					
是	1381（7.1）	3428（17.6）	420（2.2）	1793（9.2）	6394（32.8）
否	196（10.8）	416（22.8）	54（3.0）	227（12.5）	715（39.2）
χ^2	32.687	30.846	4.993	20.546	30.843
P	<0.05	<0.05	<0.05	<0.05	<0.05
家庭富裕程度					
较低	1078（7.2）	2666（17.8）	277（1.8）	1374（9.2）	5040（33.6）
中等	442（7.4）	1106（18.5）	163（2.7）	585（9.8）	1953（32.7）
较高	57（17.0）	72（21.4）	34（10.1）	61（18.2）	116（34.5）
χ^2	45.788	4.190	113.006	31.868	1.839
P	<0.05	>0.05	<0.05	<0.05	>0.05

（三）调查对象成瘾性行为影响因素的非条件 Logistic 回归分析

以在校青少年是否发生 5 项成瘾性行为为因变量，以单因素分析中有统计学意义的变量为自变量进行多因素非条件 Logistic 回归分析，各变量赋值见表 3。如表 4 所示，性别、户籍、是否留守儿童、家庭富裕程度、情感支持、体育锻炼、疫情防控期间是否可以保护自己是吸烟行为的影响因素；性别、家庭富裕程度、情感支持、疫情防控期间是否可以保护自己是饮酒行为的影响因素；性别、是否留守儿童、是否流动儿童、是否和亲生父母居住、家庭富裕程度、情感支持、体育锻炼、疫情防控期间是否可以保护自己是吸毒行为的影响因素；性别、家庭富裕程度、情感支持、疫情防控期间是否可以保护家人是赌博行为的影响因素；性别、户籍、是否流动儿童、是否和亲生父母居住、家庭富裕程度、情感支持是网瘾行为的影响因素。

表 3　变量赋值

变量	赋值
是否有吸烟行为	否 =0，是 =1
是否有饮酒行为	否 =0，是 =1
是否有吸毒行为	否 =0，是 =1
是否有赌博行为	否 =0，是 =1
是否有网瘾行为	否 =0，是 =1
年级	小学 =1，初高中 =2，大学 =3
户籍	非城市户籍 =1，城市户籍 =2
是否留守儿童	否 =0，是 =1
是否流动儿童	否 =0，是 =1
是否和亲生父母居住	否 =0，是 =1
家庭富裕程度	较低富裕程度 =1，中等富裕程度 =2，较高富裕程度 =3
情感支持	五级量表打分
体育锻炼	两周内的运动天数
疫情防控期间是否可以保护自己	否 =0，是 =1
疫情防控期间是否可以保护家人	否 =0，是 =1

表 4　调查对象成瘾性行为影响因素的非条件 Logistic 回归分析结果

因素	组别	S. E.	Wald χ^2	B	*P*	OR 值	95% CI
吸烟行为							
性别	男	0. 111	138. 664	1. 311	0. 000	3. 709	2. 982 ~4. 614
户籍	城市	0. 103	6. 826	－0. 269	0. 009	0. 764	0. 624 ~0. 935
是否留守儿童	是	0. 154	4. 574	0. 330	0. 032	1. 391	1. 028 ~1. 883
家庭富裕程度	较低	0. 234	32. 536	－1. 337	0. 000	0. 263	0. 166 ~0. 416
家庭富裕程度	中等	0. 240	19. 888	－1. 068	0. 000	0. 344	0. 215 ~0. 550
情感支持		0. 004	61. 126	－0. 032	0. 000	0. 969	0. 961 ~0. 977
体育锻炼		0. 008	12. 341	－0. 029	0. 000	0. 971	0. 955 ~0. 987
疫情防控期间是否可以保护自己	是	0. 176	17. 295	－0. 730	0. 000	0. 482	0. 342 ~0. 680
饮酒行为							
性别	男	0. 076	141. 603	0. 902	0. 000	2. 465	2. 125 ~2. 860

续表

因素	组别	S. E.	Wald χ^2	B	P	OR 值	95% CI
家庭富裕程度	较低	0.214	11.342	-0.721	0.001	0.486	0.320 ~ 0.740
情感支持		0.003	85.853	-0.028	0.000	0.972	0.966 ~ 0.978
疫情防控期间是否可以保护自己	是	0.148	4.894	-0.326	0.027	0.722	0.540 ~ 1.294
吸毒行为							
性别	男	0.193	25.021	0.964	0.000	2.623	1.798 ~ 3.828
是否留守儿童	是	0.230	22.406	1.088	0.000	2.968	1.892 ~ 4.657
是否流动儿童	是	0.212	4.636	0.457	0.031	1.580	1.042 ~ 2.395
是否和亲生父母居住	是	0.353	4.123	0.717	0.042	2.048	1.025 ~ 4.091
家庭富裕程度	较低	0.305	57.446	-2.309	0.000	0.099	0.055 ~ 0.181
家庭富裕程度	中等	0.303	23.772	-1.480	0.000	0.228	0.126 ~ 0.413
情感支持		0.007	11.809	-0.025	0.001	0.975	0.961 ~ 0.989
体育锻炼		0.015	7.568	-0.042	0.006	0.959	0.930 ~ 0.988
疫情防控期间是否可以保护自己	是	0.288	17.426	-1.204	0.000	0.300	0.171 ~ 0.528
赌博行为							
性别	男	0.098	85.488	0.907	0.000	2.476	2.043 ~ 3.001
家庭富裕程度	较低	0.221	33.248	-1.272	0.000	0.280	0.182 ~ 0.432
家庭富裕程度	中等	0.225	21.932	-1.055	0.000	0.348	0.224 ~ 0.542
情感支持		0.004	56.187	-0.029	0.000	0.972	0.965 ~ 0.979
疫情防控期间是否可以保护家人	是	0.120	5.730	-0.287	0.017	0.751	0.594 ~ 0.949
网瘾行为							
性别	男	0.051	40.441	0.321	0.000	1.379	1.249 ~ 1.523
户籍	城市	0.053	18.793	-0.232	0.000	0.793	0.714 ~ 0.881
是否流动儿童	是	0.076	6.644	-0.197	0.010	0.821	0.707 ~ 0.954
是否和亲生父母居住	是	0.105	6.616	-0.270	0.010	0.763	0.621 ~ 0.938
家庭富裕程度	较低	0.177	4.070	-0.358	0.044	0.699	0.494 ~ 0.990
情感支持		0.002	24.150	-0.011	0.000	0.989	0.985 ~ 0.994

三 讨论

成瘾性行为分为物质性成瘾性行为和精神性成瘾性行为，其中物质性成瘾性行为包括吸烟、饮酒、吸毒等行为，精神性成瘾性行为包括赌博、网瘾等行为。[①] 目前国际上对于成瘾性行为的研究已经从个体因素转向社会因素，早在2005年世界卫生组织就成立了“健康的社会决定因素委员会”并确定了“健康的社会决定因素”的概念，所谓社会因素是指由社会地位和拥有的资源所决定的生活和工作环境，以及对健康产生影响的因素。[②] 本次研究是我国继2005年、2008年、2013年开展全国规模的青少年健康危险行为调查后的又一次全面监测，旨在了解青少年成瘾性行为现状以及社会影响因素。研究发现目前青少年吸烟、饮酒、吸毒、赌博、网瘾行为的发生率分别为7.4%、18.0%、2.2%、9.5%、33.4%。

本研究运用非条件Logistic回归分析方法研究各维度成瘾性行为的影响因素。在人口统计因素层面，男生的成瘾性行为发生率均高于女生，这与男生认为吸烟、饮酒等行为较“酷”有关。[③] 成瘾性行为的发生率大体上随着年级的升高而升高，一方面与青少年自身的社会化相关，青少年逐渐形成了独立的意识，在行为和意识上具有较强的自主性；另一方面也与青少年群体内部的相互模仿有一定关系。在家庭影响因素层面，家庭结构对青少年的成瘾性行为产生了显著影响，现有文献表明，家庭结构和父母的支持、控制对于青少年依赖性物质的使用有一定影响。[④] 总的来看，家庭结构越完整的青少年，其成瘾性行为的发生率越低，这与青少年受到的来自家庭的关怀更多有关，青少年受到来自家庭的关怀与支持越多，其发生成瘾

① 季成叶：《青少年健康危险行为》，《中国学校卫生》2007年第4期。

② 张树辉、周华珍、耿浩东：《健康的社会决定因素对青少年成瘾行为的影响》，《中国青年社会科学》2018年第5期。

③ ［美］亚历克斯·梯尔：《越轨社会学》，王海霞等译，中国人民大学出版社，2011，第185页。

④ 周华珍：《“健康问题的社会决定因素”对儿童烟草使用的影响》，《青年发展论坛》2017年第4期。

性行为的可能性相对就越小，这与已有研究的结果相一致。[①] 家庭富裕程度较高的青少年成瘾性行为发生率相对较高，家庭经济条件越好的青少年，其接触成瘾性物质源也就更为便利。此外，家庭的情感支持也是所有维度成瘾性行为的影响因素，亲子之间的有效沟通和有效互动，对于排解青少年自身的烦恼和问题有着重要的作用，问题能够及时得到排解的青少年在更低概率上会诉诸吸烟、饮酒等成瘾性行为进行发泄。同时在现实世界得不到足够情感支持的青少年也往往会诉诸网络这个虚拟环境，从中获得支持和认同。在个人影响因素层面，青少年自身的体育锻炼情况是吸烟、吸毒行为的影响因素，既有研究表明，体育锻炼可以有效预防成瘾性行为的发生。[②] 疫情防控期间是否可以保护自己是吸烟、饮酒、吸毒行为的影响因素，疫情防控期间是否可以保护家人是赌博行为的影响因素。疫情防控期间拥有保护自己以及家人的意识，表明青少年能够有效地抵挡由疫情带来的潜在危害，在疫情防控期间拥有较强的自我效能感，现有文献表明自我效能感对于成瘾性行为具有显著影响。[③]

综上所述，青少年的成瘾性行为存在性别和年级的差异，男生的成瘾性行为发生率高于女生，成瘾性行为的发生率大体上随着年级的升高而升高。家庭因素和个人因素均对成瘾性行为产生了显著影响。有效预防青少年的成瘾性行为，保证青少年自身的健康成长，不仅需要国家层面强化顶层设计、完善相应的法律法规建设，更需要构建学校和家庭层面的有效预防体系。在学校层面，加强学校健康教育，完善专业师资建设，对于出现成瘾性行为的学生要及时发现并予以干预。在家庭层面，家庭的情感支持对于青少年自身预防成瘾性行为具有重要影响，亲子之间需要建立有效的沟通模式，营造良好的关系，同时家长应积极参与学校组织的教育活动，形成学校、家长、学生三方之间的有效互动。

---

① 葛高琪、高玉霞：《社会支持与家庭关怀度对河南省某县初中生健康危险行为的影响》，《实用预防医学》2020 年第 1 期。

② 刘映海、石岩：《网络成瘾青少年体育干预个案研究》，《体育与科学》2014 年第 3 期。

③ 李越超等：《大学生网络成瘾、自我效能感与孤独感之间的关系》，《中国健康心理学杂志》2018 年第 7 期。

Ⅳ 案例报告

Cases

R.10 北京市青少年健康行为研究报告*

郭 欣 罗慧娟 高若伊**

摘 要 青少年是祖国的未来，发挥学校、家庭的正向引导功能，是提高青少年幸福感和促进心理健康的“两大抓手”。本研究采用中国社会科学院大学研发的《中国青少年健康行为网络调查问卷》，在北京市范围随机抽取了大学、高中、初中和小学共2246人参加本次调查。结果显示，促进青少年健康的相关行为方面，43.0%的学生每天都吃早餐，饮食习惯较好；67.5%的学生能够较好地入睡，睡眠良好；体育锻炼时间与学生年级呈负相关，56.4%的学生为了促进健康而参加体能活动。物质性成瘾、精神性成

* 本文系国家社会科学基金项目“在健康社会决定因素框架下构建我国儿童健康行为测量指标体系”（项目编号：18BSH073）阶段性成果。文中出现的上周、过去12个月等均以问卷调查日期为节点。

** 郭欣，北京市疾病预防控制中心学校卫生所所长、主任医师，主要研究方向为学生常见疾病预防控制；罗慧娟，北京市疾病预防控制中心学校卫生所硕士研究生，主要研究方向为学生常见疾病和健康影响因素的监测与干预；高若伊，北京市疾病预防控制中心学校卫生所硕士研究生，主要研究方向为学生常见疾病和健康影响因素的监测与干预。

瘾、伤害行为等危害青少年健康的行为较少。心理健康与福祉方面，不同性别和年级的学生健康自评较为满意，生活满意度较高，健康抱怨较少，男生和女生经常进行健康抱怨的比例分别为12.5%和11.8%。最终得出结论，北京市青少年心理健康行为总体良好，但仍有改进的空间，学校需要重视青少年心理健康状况并采取相应措施。

关键词 青少年 促进健康行为 危害健康行为 心理健康 幸福感

一 研究背景

习近平总书记在全国卫生与健康大会上曾强调，要重视少年儿童健康，全面加强幼儿园、中小学的卫生与健康工作。青少年是祖国的未来，是未来建设城市和祖国的关键群体，他们的健康状况直接影响着国民健康水平。儿童青少年时期是人类继婴幼儿时期过后又一个发展的关键时期，对其一生的健康至关重要，青少年的行为、健康习惯对成人的健康行为起决定性作用。随着社会经济发展水平提高、人民生活改善，青少年逐渐形成了良好的生活方式，提升了其健康与福祉水平。青少年健康危险行为不仅会对其个人健康造成危害，也会危及他人的健康和社会的安定。本研究运用中国社会科学院大学研发的《中国青少年健康行为网络调查问卷》在北京市收集的青少年健康数据，阐述了促进青少年健康的相关行为与危害青少年健康的相关行为，分析了青少年的心理健康与幸福感，分析了人口学特征、家庭环境对青少年健康的影响，并有针对性地提出了政策建议。

二 研究对象和研究内容

（一）研究对象

根据中国社会科学院大学制定的《中国青少年健康行为网络调查问卷》的抽样方法，抽取了北京市大学、高中、初中和小学生参加本次调查。中小学生对应的年级为：小学五年级、小学六年级、初一、初二、高一和高二。大学生包含大学一至三年级学生。纳入标准：学籍在册。排除标准：休学及调查期间不在校且连续性请假超过 2 周的学生。

详细情况见总报告研究方法，在此不再赘述。

（二）研究内容

本研究采用中国社会科学院大学研发的《中国青少年健康行为网络调查问卷》。本研究报告主要分析了个人基本信息：出生日期、性别、居住地、就读学校及年级等。健康相关行为包括促进青少年健康的相关行为（饮食与营养、睡眠、体育锻炼）、危害青少年健康的相关行为［如内部危害健康的相关行为，即物质性成瘾行为（吸烟、饮酒、醉酒等）、精神性成瘾行为（赌博、网络成瘾等）、生活习惯危害健康行为（运动伤害等）；外部危害健康的相关行为，即同辈欺负（校园传统欺负与网络欺负）、家长（监护人）伤害等］。

三　结果与分析

（一）调查样本

此次调查的北京市中小学生及大学生共计 2246 人，其中男生 1296 人，占 57.7%，女生 950 人，占 42.3%；小学五年级 238 人，占 10.6%，小学六年级 14 人，占 0.6%，初一 3 人，占 0.1%，初二 313 人，占 13.9%，高一 750 人，占 33.4%，高二 511 人，占 22.8%，大一 174 人，占 7.7%，大二 162 人，占 7.2%，大三 81 人，占 3.6%；城市户籍 1631 人，占 72.6%，非城市户籍 615 人，占 27.4%；留守儿童 96 人，占 4.3%，流动儿童 205 人，占 9.1%（见表 1）。

表 1　北京市青少年基本人口学特征

单位：人，%

变量	分类	人数	占比
性别	男	1296	57.7
	女	950	42.3

续表

变量	分类	人数	占比
年级	小学五年级	238	10.6
	小学六年级	14	0.6
	初一	3	0.1
	初二	313	13.9
	高一	750	33.4
	高二	511	22.8
	大一	174	7.7
	大二	162	7.2
	大三	81	3.6
户籍	城市户籍	1631	72.6
	非城市户籍	615	27.4
留守儿童	是	96	4.3
	否	1733	77.2
流动儿童	是	205	9.1
	否	1624	72.3
合计		2246	100.0

（二）家庭富裕程度

家庭富裕程度的测量有客观指标和主观指标，其中，客观指标通过调查青少年对家中汽车、浴室、计算机、电视机、钟点工的数量，以及一年内国内外旅游次数、是否拥有独立卧室等问题的回答，计算出 FAS 分数，对其家庭富裕程度进行评分。在调查的 1080 名北京市青少年中，富裕程度较高的有 44 人，占 4.1%，富裕程度中等的有 549 人，占 50.8%，富裕程度较低的有 487 人，占 45.1%。主观指标包括调查对象对家中经济状况的主观感受和是否因为没有足够的食物而导致学习时或睡觉前挨饿的现象。只有 8.1% 的学生认为与周围其他家庭相比，自己家中经济状况比较贫困或非常贫困，有 37.4% 的学生曾经因为没有足够的食物而导致学习时或睡觉前挨饿，其中 7.0% 的学生一直都出现这种现象（见表 2）。

表 2　北京市青少年家庭富裕程度主、客观指标情况

单位：人，%

家庭富裕程度指标			人数	占比
客观指标		富裕程度较低	487	45.1
		富裕程度中等	549	50.8
		富裕程度较高	44	4.1
主观指标	是否因为没有足够的食物而导致学习时或睡觉前挨饿	一直都出现这种现象	67	7.0
		经常出现这种现象	37	3.9
		有时出现这种现象	79	8.2
		偶尔出现这种现象	176	18.3
		从来没有出现这种现象	602	62.6
	家中经济状况	非常富裕	52	4.8
		比较富裕	232	21.5
		一般	709	65.6
		比较贫困	58	5.4
		非常贫困	29	2.7

（三）父母背景

社会差异主要体现在居住环境、父母受教育程度、父母职业三个方面。在居住环境方面，96.9%的学生认为自己居住的地方一直或大多数时候是安全的，86.7%的学生认为自己居住的地方是非常或比较好的地方，只有6.9%的学生非常或比较不认同自己是所生活地区的一份子；在父母受教育程度方面，大部分学生的父母上过中学或大学及以上（见表3）；在父母职业方面，有76.7%的学生父亲有工作，职业以司机、工人、公务员为主，有65.0%的学生母亲有工作，职业以教师、会计、公务员为主。

表 3　北京市青少年父母受教育程度情况

单位：人，%

受教育程度	父亲		母亲	
	人数	占比	人数	占比
没有接受过教育	7	0.6	14	1.3

续表

受教育程度	父亲		母亲	
	人数	占比	人数	占比
上过小学，已毕业或未毕业	52	4.8	46	4.3
上过中学，已毕业或未毕业	455	42.1	458	42.4
上过大学及以上，已毕业或未毕业	456	42.2	455	42.1
不知道父母什么学历	91	8.4	92	8.5
不知道或没见过父母	19	1.8	15	1.4

（四）促进青少年健康的相关行为

1. 饮食与营养

43.0%的学生每天都吃早餐，其中44.5%的男生每天都吃早餐，41.4%的女生每天都吃早餐，男生每天都吃早餐的比例大于女生。75.2%的学生周一至周五每天都吃早餐，52.9%的学生周六至周日两天都吃早餐。73.8%的学生早餐中包含粮谷类，61.8%的学生早餐中包含奶及奶制品，44.6%的学生早餐中包含新鲜的蔬菜、水果。68.8%的青少年每天食用粮谷类，60.5%的青少年每天食用奶及奶制品，每周食用甜食5次以上者占43.9%，每周饮用含糖饮料5次以上者占38.9%。45.6%的青少年每月外出就餐或点外卖次数小于等于一次。50.9%的青少年一天吃三顿饭，但仍有17.1%的青少年一天吃1~2顿饭、31.9%的青少年一天吃饭次数超过3次。北京市青少年一周边吃饭边看电视、用计算机学习或聊天、看电视时吃零食超过3天的情况较少。

2. 睡眠

在上学期间有89.9%的小学生不超过晚上10点就睡觉，有54.3%的初中生不超过晚上10点就睡觉，有43.7%的高中生不超过晚上10点就睡觉，有84.8%的大学生在晚上10点后睡觉（见表4），各个年级睡觉时间不同考虑是存在不同课业压力的原因。综合考虑北京市青少年最近一个月的睡眠情况，67.5%的学生没有出现难以入睡的问题；68.4%的学生没有出现半夜醒来的问题。但有60.9%的大学生、42.7%的高中生、42.2%的初中生、19.5%的小学生出现过每晚平均睡眠时间不足7小时的问题。

表 4　北京市青少年上学期间睡眠时间

单位：人，%

年级	不超过晚上 9 点		晚上 9 ~ 10 点		晚上 10 ~ 11 点		晚上 11 ~ 12 点		晚上 12 点以后	
	人数	占比	人数	占比	人数	占比	人数	占比	人数	占比
小学五年级	28	24.3	76	66.1	7	6.1	4	3.5	0	0.0
小学六年级	1	25.0	2	50.0	1	25.0	0	0.0	0	0.0
初一	0	0.0	0	0.0	1	100.0	0	0.0	0	0.0
初二	11	6.8	77	47.8	59	36.6	11	6.8	3	1.9
高一	29	7.4	146	37.1	171	43.4	35	8.9	13	3.3
高二	21	7.9	93	34.8	113	42.3	20	7.5	20	7.5
大一	2	2.7	5	6.8	20	27.4	34	46.6	12	16.4
大二	2	7.1	2	7.1	6	21.4	14	50.0	4	14.3
大三	6	16.2	4	10.8	5	13.5	11	29.7	11	29.7

3. 体育锻炼

随着年级的升高，一周超一小时锻炼天数大体上呈减少趋势，小学五年级学生有 51.2% 上周超一小时锻炼天数大于等于 4 天，而大三学生仅有 13.6%（见表 5）。其中，有 45.8% 的学生认为乐趣是其参加体能活动的重要原因，有 56.4% 的学生认为促进健康是其参加体能活动的重要原因。

表 5　北京市青少年上周超一小时锻炼天数情况

单位：人，%

年级	没有过		1 天		2 天		3 天		≥4 天	
	人数	占比	人数	占比	人数	占比	人数	占比	人数	占比
小学五年级	9	7.3	17	13.8	16	13.0	18	14.6	63	51.2
小学六年级	3	30.0	0	0.0	0	0.0	2	20.0	5	50.0
初一	0	0.0	0	0.0	1	50.0	0	0.0	1	50.0
初二	9	5.9	29	19.1	23	15.1	23	15.1	68	44.7

续表

年级	没有过		1天		2天		3天		≥4天	
	人数	占比	人数	占比	人数	占比	人数	占比	人数	占比
高一	44	12.4	55	15.4	70	19.7	51	14.3	136	38.2
高二	31	12.7	36	14.8	49	20.1	36	14.8	92	37.7
大一	11	10.9	16	15.8	25	24.8	20	19.8	29	28.7
大二	17	12.7	36	26.9	34	25.4	18	13.4	29	21.6
大三	14	31.8	10	22.7	7	15.9	7	15.9	6	13.6

（五）危害青少年健康的相关行为

1. 物质性成瘾行为

过去12个月，北京市青少年饮酒比例普遍较低，其中分别有81.2%的男生和85.1%的女生未有过饮酒行为；初二学生不饮酒比例高达97.5%，小学五年级学生为97.4%（见表6）。但有部分青少年出现了饮酒较为严重的情况，为聚会助兴或推动庆祝活动是饮酒的主要原因。

表6 北京市青少年过去12个月饮酒情况

单位：人，%

年级	从不		1~2天		3~5天		6~9天		10~19天		20~29天	
	人数	占比	人数	占比	人数	占比	人数	占比	人数	占比	人数	占比
小学五年级	111	97.4	2	1.8	1	0.9	0	0.0	0	0.0	0	0.0
小学六年级	3	75.0	0	0.0	0	0.0	0	0.0	1	25.0	0	0.0
初一	1	100.0	0	0.0	0	0.0	0	0.0	0	0.0	0	0.0
初二	156	97.5	0	0.0	1	0.6	1	0.6	2	1.3	0	0.0
高一	334	86.5	26	6.7	13	3.4	4	1.0	8	2.1	1	0.3
高二	208	80.9	18	7.0	9	3.5	7	2.7	12	4.7	3	1.2
大一	43	64.2	11	16.4	7	10.4	4	6.0	1	1.5	1	1.5
大二	16	59.3	6	22.2	2	7.4	1	3.7	2	7.4	0	0.0
大三	25	73.5	5	14.7	0	0.0	3	8.8	1	2.9	0	0.0

北京市青少年吸烟者占比较低，79.5%的青少年从未吸过烟，5.3%的

青少年已经戒烟超过 6 个月，4.2% 的青少年在过去的 6 个月里已戒烟。其中 9.1% 的男生过去 1 个月吸过烟、4.7% 的女生过去 1 个月吸过烟，男生吸烟比例大于女生，且约为女生的 2 倍。吸烟者第一次吸烟年龄主要是在 14 岁或更小，10.6% 的青少年吸过电子烟，大部分人第一次吸电子烟的年龄也是在 14 岁或更小。

2. 精神性成瘾行为

北京市青少年周一至周五课余时间中，平均用在学习、上网课、做作业上的时间为 3.82 小时，用在看视频上的时间为 2.57 小时，用在玩游戏上的时间为 2.34 小时，休闲娱乐的时间超过了学习的时间。周六和周日看视频和玩游戏的平均时长更长，分别为 3.76 小时和 3.46 小时。

北京市青少年使用手机时间最长的功能情况见表 7。

表 7　北京市青少年使用手机时间最长的功能情况

单位：人，%

功能	人数	占比
打电话、发短信	555	51.4
拍照	368	34.1
手机购物	354	32.8
手机游戏	538	49.8
网页冲浪	258	23.9
看视频	657	60.8
社交软件聊天、阅读	754	69.8
其他	113	10.5

北京市有 7.5% 的青少年在过去赌博过，大部分只赌博过 1～2 次，但有 1.2% 的青少年赌博了 40 次或更多。男生有 8.9% 有过赌博行为，女生有 5.9%，男生中赌博的比例高于女生。

3. 伤害行为

在各种伤害行为中，最常发生的是被家长骂，有 50.1% 的学生被家长骂过；排在第二位的是被家长用手打，约占 29.2%；被高年级同学拦截要东西和受到性骚扰或性侵害的情况较少见，分别占 5.9% 和 5.6%（见表 8）。男生受伤的原因主要是体育锻炼或娱乐活动。

表 8 北京市青少年受伤害情况

单位：人，%

伤害行为	没有		1 次		2 次		3 次		4 次		5 次	
	人数	占比	人数	占比	人数	占比	人数	占比	人数	占比	人数	占比
被家长骂	443	49.9	128	14.4	102	11.5	68	7.7	24	2.7	122	13.8
被家长用手打	628	70.8	94	10.6	53	6.0	31	3.5	12	1.4	69	7.8
被家长用尺子、木棍等工具打	716	80.7	65	7.3	24	2.7	27	3.0	5	0.6	50	5.6
被老师体罚	733	82.6	57	6.4	20	2.3	22	2.5	8	0.9	47	5.3
被父母忽视	677	76.3	61	6.9	50	5.6	29	3.3	8	0.9	62	7.0
被高年级同学拦截要东西	835	94.1	13	1.5	11	1.2	7	0.8	3	0.3	18	2.0
被同学打骂	792	89.3	36	4.1	17	1.9	11	1.2	3	0.3	28	3.2
受到性骚扰或性侵害	837	94.4	14	1.6	6	0.7	7	0.8	3	0.3	20	2.3

被取侮辱性外号、取笑、恶意戏弄是最常见的校园欺负行为，有21.0%的青少年遭受过这种欺负。7.5%的青少年遭受过网络欺负，男生占比（9%）高于女生占比（5%）。

4. 道路安全

北京市最常见的道路危险行为为不系前排安全带，男、女生发生率分别为89.4%和93.3%，其次为不系后排安全带。

（六）心理健康与福祉

1. 健康自评

健康自评由整体健康状态自评和自评健康状态两部分组成，调查结果显示，不同性别、留守儿童、流动儿童的整体健康状态自评情况普遍较好，在整体健康状态自评的四个维度中，占比最高的都是“我感觉非常健康”。在调查的726名男生中，“我感觉非常健康”的比例高达52.4%，440名女生中为44.8%，43名留守儿童中为51.2%，101名流动儿童中为42.6%（见表9）。不同性别、年级的北京市青少年自评健康状态普遍为满意，男生自评健康状态为满意的比例高达72.3%，女生为66.1%，小学五年级自评健康状态为满意的青少年比例最大，为88.6%，其次是初二，为73.0%，其余年级也多数超过60%（见表10）。

表9　北京市青少年整体健康状态自评情况

单位：人，%

整体健康状态自评	性别		留守儿童		流动儿童	
	男	女	是	否	是	否
我感觉非常健康	382（52.4）	197（44.8）	22（51.2）	465（55.1）	43（42.6）	444（56.5）
我感觉比较健康	235（32.2）	162（36.8）	11（25.6）	258（30.6）	36（35.6）	233（29.6）
我感觉健康	67（9.2）	48（10.9）	5（11.6）	76（9.0）	10（9.9）	71（9.0）
我感觉不健康	42（5.8）	33（7.5）	5（11.6）	45（5.3）	12（11.9）	38（4.8）

注：括号外数据是指人数，括号内数据是指占比。

表10　北京市青少年自评健康状态情况

单位：人，%

变量		满意		一般		不满意	
		人数	占比	人数	占比	人数	占比
性别	男	525	72.3	149	20.5	52	7.2
	女	291	66.1	104	23.6	45	10.2
年级	小学五年级	109	88.6	13	10.6	1	0.8
	小学六年级	7	70.0	1	10.0	2	20.0
	初一	0	0.0	1	50.0	1	50.0
	初二	111	73.0	33	21.7	8	5.3
	高一	241	67.7	83	23.3	32	9.0
	高二	161	66.0	57	23.4	26	10.7
	大一	71	70.3	22	21.8	8	7.9
	大二	89	66.4	29	21.6	16	11.9
	大三	27	61.4	14	31.8	3	6.8

2. 生活满意度

不同性别、年级的北京市青少年生活满意度普遍较高，男生生活满意度为高的占比为66.4%，女生为59.5%，小学五年级生活满意度为高的比例最大，为85.4%，其次是初二，为69.1%，其余年级也多数超过50%（见表11）。

表11 北京市青少年生活满意度情况

单位：人，%

变量		低		中		高	
		人数	占比	人数	占比	人数	占比
性别	男	88	12.1	156	21.5	482	66.4
	女	55	12.5	123	28.0	262	59.5
年级	小学五年级	8	6.5	10	8.1	105	85.4
	小学六年级	3	30.0	1	10.0	6	60.0
	初一	1	50.0	0	0.0	1	50.0
	初二	16	10.5	31	20.4	105	69.1
	高一	59	16.6	85	23.9	212	59.6
	高二	37	15.2	51	20.9	156	63.9
	大一	6	5.9	48	47.5	47	46.5
	大二	9	6.7	39	29.1	86	64.2
	大三	4	9.1	14	31.8	26	59.1

3. 健康抱怨

调查通过采集青少年最近6个月包括头痛、胃痛、背部疼痛、情绪低落、容易发脾气、感觉紧张、难以入睡和头晕眼花在内的8个躯体特征发生的频率，获得健康抱怨的情况。结果显示，不同性别、年级的青少年都普遍很少进行健康抱怨，男生经常进行健康抱怨的比例仅为12.5%，女生更低，为11.8%，在不同年级中，小学五年级健康抱怨为很少的占比最高，高达87.0%，其次是大二，为76.1%，其他年级也均不低于50%（见表12）。

表12 北京市青少年健康抱怨情况

单位：人，%

变量		经常		偶尔		很少	
		人数	占比	人数	占比	人数	占比
性别	男	91	12.5	93	12.8	542	74.7
	女	52	11.8	83	18.9	305	69.3

续表

变量		经常		偶尔		很少	
		人数	占比	人数	占比	人数	占比
年级	小学五年级	9	7.3	7	5.7	107	87.0
	小学六年级	2	20.0	1	10.0	7	70.0
	初一	1	50.0	0	0.0	1	50.0
	初二	11	7.2	35	23.0	106	69.7
	高一	54	15.2	54	15.2	248	69.7
	高二	37	15.2	39	16.0	168	68.9
	大一	8	7.9	18	17.8	75	74.3
	大二	16	11.9	16	11.9	102	76.1
	大三	5	11.4	6	13.6	33	75.0

4. 新冠肺炎疫情对青少年的影响

新冠肺炎疫情对北京市青少年产生了很大影响，有 61.9% 的青少年感觉当集中精力于正在做的事情时遇到了问题，55.3% 的青少年倾向于每天思考病毒感染问题并反复洗手、洗澡或打扫卫生等，30.4% 的青少年采取了行动（做一些实事）。

四 政策和建议

（一）推广学校营养餐，加强食品安全监督管理

调查显示，每天都吃早餐的学生占比不到一半，而早餐对促进青少年生长发育发挥着重要作用，除此之外，早餐营养搭配也不容忽视，青少年早餐以粮谷类和奶及奶制品为主，新鲜蔬菜摄入较少，应加强健康教育，动员家庭为学生提供高质量早餐。各地各校应增强责任意识，保证资金投入，落实学校营养餐计划，保障计划顺利有效推进，形成合力共同完善学校营养餐计划实施机制；引入科技，加强管理，全过程监督学校营养餐质量安全，在食品采购、运输、加工等环节加强巡查，严格守好每一个关卡，避免发生由疏忽导致的食品安全问题；根据青少年成长阶段所需的营养素及能量，

科学制定营养均衡、种类丰富的食谱，落实校领导陪餐制度，组织学生有序就餐，引导青少年养成良好的饮食习惯，促进青少年健康成长。

（二）严格落实“双减”政策，建立学校睡眠监测体系

随着年级的升高，课业压力增大，北京市青少年睡眠时间远达不到国标要求的小学生每天睡眠时间 10 小时、初中生 9 小时、高中生 8 小时。为保证青少年拥有充足睡眠时间，促进青少年身心健康发展，各地各校应加强睡眠宣传教育，通过举办讲座、公众号推送、召开家长会等多种形式大力普及睡眠知识，引导家长加强对青少年睡眠的重视；严格落实“双减”政策，统筹规划学校作息时间，提升课堂教学实效，保证课堂质量，合理调整青少年作业任务量；将学生睡眠状况纳入学生体质健康监测和教育质量评价监测体系，充分利用高科技手段，科学管理，切实保障青少年拥有良好睡眠。

（三）整合体育、教育资源，推动体育课后服务

2022 年 6 月 24 日第十三届全国人大常委会第三十五次会议修订通过了《体育法》，该法明确提出“保障学生在校期间每天参加不少于一小时体育锻炼”的要求，由教育部等六部门联合开展的第八次全国学生体质与健康调研情况却显示，学生超重肥胖率上升、大学生身体素质下滑等问题仍较为显著，本次调查结果也显示，随着年级的升高，一周超一小时锻炼天数大体上呈减少趋势。相关部门应制定适合我国国情的青少年体育锻炼指南，便于精准改善青少年体育锻炼现状；各地各校应积极动员组织，实现家校联合，增强青少年进行体育锻炼的意识，形成亲子参与的良好氛围；布置体育作业，家校联合完成每日户外活动 2 小时的任务，及时开展评估，动态调整完成作业的方式；加强学校的体育工作，极力整合体育资源和教育资源，体育与教学结合，深化体育教学改革，支持学校开展高质量的体育课后服务，为青少年课余锻炼创造条件；将学生体育锻炼状况纳入学生体质健康监测和教育质量评价监测体系，并作为升学毕业的重要依据，严格执行体育课时规定，任何科目不得挤占体育课时。

（四）落实学校保护职责，保障青少年合法权益

调查结果显示，21.0%的青少年遭受过校园欺负，7.5%遭受过网络欺负。校园暴力对青少年的生理和心理都会造成不可磨灭的负面影响，也一直是学校对学生保护工作的薄弱环节，随着《未成年人学校保护规定》的实施，学校对学生保护工作的具体要求逐渐明晰，学校应全力将学生保护工作落到实处，贯彻执行学校健康促进行动，开展预防校园欺负和预防校园暴力的宣传，营造和谐的校园人际关系，加强家校沟通，建立风险防范体系，制定防治校园欺负和校园暴力的预案。开展培训，将措施落到实处，保障青少年的合法权益。

（五）重视青少年心理健康问题，关注新冠肺炎疫情对青少年的影响

有11.6%的留守儿童和11.9%的流动儿童认为自己不健康，应该重点关注留守儿童和流动儿童的身体健康和心理健康问题。新冠肺炎疫情对青少年产生了很大影响，61.9%的青少年感觉当集中精力于正在做的事情时遇到了问题，55.3%的青少年倾向于每天思考病毒感染问题并反复洗手、洗澡或打扫卫生等。首先，建议通过学校对青少年的心理问题开展团体培训干预，社会部门合作守护青少年心理健康；以提高青少年心理健康水平为目的，对青少年进行团体或个体的宣传教育；开通心理热线，允许匿名咨询，为求助的学生提供咨询服务。必要时，对全校学生进行心理健康筛查，对高危学生实施有针对性的干预疏导，对问题严重的学生给予全面支持。其次，在传递新冠肺炎疫情相关信息时，学校教职工应该注意做到真实客观，避免主观色彩和过度渲染。最后，可以帮助青少年学习并运用一些放松技巧，比如通过阅读、听音乐、冥想等减少心理应激，觉察自身情绪变化，从而及早发现问题，并通过沟通和提供支持来帮助青少年减轻压力和缓解焦虑。

鼓励学校积极开展科学研究，创新健康干预措施，努力将各项法律、法规、标准、政策落到实处。重视健康促进评价，依据评价结果动态调整干预措施，积极创造交流平台，推广科学、先进、有效的管理措施和干预

措施，不断提高教育和健康工作水平，促进学生全面发展。

参考文献

国家统计局编《中国统计年鉴2020》，中国统计出版社，2020。

韦琳：《青少年健康危险行为现状及干预研究进展》，《中国公共卫生》2011年第7期。

张玉超等：《南阳市10～24岁青少年健康危险行为现况调查分析》，《中国校医》2005年第4期。

郑宇萌等：《青少年健康危险行为特征与影响因素研究现状》，《体育科技文献通报》2022年第5期。

袁兆康、文小桐：《中国青少年健康危险行为研究设计与流行现状》，《中国学校卫生》2019年第4期。

刘佳佳等：《新冠疫情对儿童青少年心理健康的影响及应对建议》，《科技导报》2021年第18期。

"Coming of Age: Adolescent Health," WHO, 2018, http://www.who.int/health-topics/adolescents/coming-of-age-adoles cent-health.htm.

S. M. Sawyer et al., "Adolescence: A Foundation for Future Health," *Lancet* 2012, 379 (9826).

R. 11
辽宁省青少年健康相关行为现状调查报告*

孙延波　田　丹　宋玉堂　崔士民　刘志斌**

摘　要　本次调查随机抽取辽宁省丹东市和朝阳市的2346名中小学生，使用中国社会科学院大学研发的《中国青少年健康行为网络调查问卷》进行问卷调查。结果显示，辽宁地区青少年成瘾问题潜在风险较高，课余使用电子设备时间过长（平均每人看视频、玩游戏、聊天发邮件时间分别为每周6小时），自我伤害问题凸显。外部危害健康行为如来自家长（监护人）的外部伤害、同辈欺负问题不容忽视，并比较了不同同辈社会支持、家庭社会支持、原生家庭社会阶层的青少年健康风险行为，分析了影响青少年健康的社会决定因素，提出了从学校、家庭、社会三个层面共同关注青少年心理健康、成瘾性行为预防与矫正等应对措施。

关键词　青少年　健康　风险行为

---

* 本文系国家社会科学基金项目“在健康社会决定因素框架下构建我国儿童健康行为测量指标体系”（项目编号：18BSH073）阶段性成果。文中出现的过去30天等均以问卷调查日期为节点。

** 孙延波，辽宁省卫生健康服务中心副主任医师，主要研究方向为健康教育与健康促进；田丹，辽宁省卫生健康服务中心主任医师，主要研究方向为健康教育与健康促进；宋玉堂，丹东市疾病预防控制中心副主任医师，主要研究方向为健康教育与健康促进；崔士民，丹东市疾病预防控制中心主任医师，主要研究方向为健康教育与健康促进；刘志斌，朝阳市疾病预防控制中心主任医师，主要研究方向为健康教育与健康促进。

一 研究概述

虽然慢性非传染性疾病（Chronic Non-communicable Disease，NCDs）严重威胁中国成年人健康和生命，但 NCDs 的发生从儿童时期就已经开始，儿童青少年 NCDs 的患病率也明显提升，这主要与健康危险行为有着密切的关系，健康危险行为主要在青少年时期形成并保持轨迹现象。健康危险行为又称健康危害行为、问题行为、偏差行为。世界卫生组织（WHO）将其定义为吸烟、饮酒、药物使用、膳食不合理、缺乏体育锻炼及导致意外伤害的行为，这些行为直接或潜在威胁青少年现在和将来的健康。中国学者将其定义为凡对青少年健康、完好状态乃至成年期健康和生活质量造成直接或间接损害的行为，通称为青少年健康危险行为。本课题主要研究进入青春期在校中小学生的行为、习惯、态度、价值观与人的生活方式之间的关系，对青少年营养、体质健康、心理健康、与健康相关的危险行为（校园暴力/欺负、伤害、网络成瘾、学习压力、吸烟、饮酒、赌博、意念）等健康问题进行定量调查，研究危害青少年健康相关行为的特点，并比较不同社会支持程度下青少年自我健康危险行为是否有显著性差异，在此基础上提出干预措施，同时关注留守儿童、流动儿童健康问题，为政府解决青少年健康发展问题提供政策依据。

二 研究方法

（一）监测目标人群

中小学生来自小学五年级、初二、高一和高二。

（二）抽样方法

按照分层随机抽样方法进行抽样。综合考虑社会经济发展水平、地域（东、西、南、北、中）、城市类型（城、乡），课题组在全国范围内抽取十省市进行网络问卷调查。按照全人口数确定辽宁省应该完成的县（市、区）

数量为4个，采用与人口规模成比例的整群抽样方法（PPS）随机抽取辽宁省丹东市振兴区和东港市、朝阳市龙城区和朝阳县等4个县（市、区）。

本报告研究方法同全国总报告研究方法，在此不再赘述。

（三）关键变量计算

计算同辈社会支持、家庭社会支持、原生家庭社会阶层所对应变量总分，得分越高表示支持度越高，并以得分的P_{50}为分界，划分为较差/低组和较好/高组，便于组间比较。

吸烟、饮酒、醉酒、赌博、真正尝试及自我伤害等频率型指标按照变量值的大小转化为计量资料，采用相应的统计方法进行分析。

三 主要研究结果

（一）基本情况

调查人数共计2346人[①]，1209人回答A卷，1137人回答B卷。男生1164人（49.6%），女生1182人（50.4%）；小学生365人（15.6%），初中生501人（21.4%），高一年级774人（33.0%），高二年级706人（30.1%）；城市户籍986人（42.0%），非城市户籍1360人（58.0%）；留守儿童176人（7.5%），流动儿童178人（7.6%）。

（二）与自我危害健康相关的危险行为

1. 物质性成瘾行为

（1）吸烟

7.7%的青少年吸过烟，过去30天吸烟率为6.9%，过去12个月吸烟率为7.1%。4.6%的青少年先吸卷烟，2.1%的青少年先吸电子烟。3.3%的青少年吸第一支烟的年龄在14岁及以下，2.4%的青少年第一次吸电子烟的年龄在14岁及以下。关于烟瘾，87.8%的人从不吸烟，4.4%

① 参加调查2403人，有效问卷2346份，有效率97.6%。

的人以前吸但现在不吸烟。

（2）饮酒和醉酒

青少年饮酒率为12.1%，醉酒率为4.5%；过去30天饮酒率为9.3%，过去30天醉酒率为3.6%；过去12个月饮酒率为11.6%，过去12个月醉酒率为4.1%；最近3个月一天饮酒量在1杯及以上者占14.7%。第一次饮酒年龄在14岁及以下者占4.9%；第一次醉酒年龄在14岁及以下者占0.9%。青少年饮酒主要原因有为聚会助兴（22.0%）、推动庆祝活动（15.8%）、缓解情绪紧张（14.8%）等。

2. 精神性成瘾行为

（1）赌博

4.5%的青少年参与过赌博；过去12个月，3.6%的青少年参与过赌博；4.5%的青少年对赌钱感到糟糕；4.4%的青少年在赌博没有赢钱的时候告诉别人赢钱；4.1%的青少年因为赌博被批评。

（2）课余使用电子产品

周一至周五看视频时间最长为9小时，最短为1小时，平均2.7小时；周六至周日看视频时间最长为9小时，最短为1小时，平均3.5小时。周一至周五聊天发邮件时间最长为9小时，最短为1小时，平均2.6小时；周六至周日聊天发邮件时间最长为9小时，最短为1小时，平均3.3小时。周一至周五玩游戏时间最长为9小时，最短为1小时，平均2.6小时；周六至周日玩游戏时间最长为9小时，最短为1小时，平均3.5小时。青少年课余时间使用手机主要为了用社交软件聊天阅读（60.5%）、看视频（52.3%）、打电话发短信（45.4%）、玩游戏（45.2%）等。

（三）与外部危害健康相关的危险行为

1. 外部伤害原因

在过去12个月中，有48.9%的青少年受过伤，受伤的主要原因是参加体育锻炼或娱乐活动（13.3%）、骑自行车（7.7%）、散步或跑步（5.5%）等。男生外部伤害发生率高于女生，男生受伤的主要原因为打架或打斗、做有偿或无偿工作、参加体育锻炼或娱乐活动，女生受伤的主要原因为参加体育锻炼或娱乐活动、骑自行车、散步或跑步；低年级学生外部伤害发生率高于高年级学生。

2. 源自家长（监护人）伤害行为

过去的 1 个月中，分别有 48.4%、26.6%、21.5% 的青少年自报被家长骂过、打过、忽视过。女生、小学生被家长骂过的概率较高，小学生被家长打过的概率较高，男生被老师体罚过的概率较高。在过去 12 个月，8.9%、12.0% 的青少年分别受到过父母身体伤害和咒骂，不同年级学生受到伤害的概率不同。自报过去受到过父母身体伤害和咒骂的青少年分别占 22.4% 和 19.1%，男生概率高于女生。

3. 同辈欺负行为

在过去的 1 个月内，10.1% 的青少年自报遭受过被高年级同学拦截要东西或被同学打骂等欺负。男生被欺负的概率高于女生。在过去的几个月里，27.7% 的青少年受到过来自同学的欺负，依次是被取侮辱性外号（19.8%）、被故意冷落（13.5%）、被其他同学散布谣言（11.4%）、被开色情玩笑或做色情动作（9.3%）、被打/踢/推/挤来挤去/锁在室内（4.6%）、因为身体残疾被恶意起绰号或评价（2.3%）等。

4. 网络欺负行为

5.5% 的青少年参与过网络欺负，男生参与率高于女生；6.2% 的青少年被网络欺负过，男生发生率高于女生。进一步分析，2.4% 的青少年仅被网络欺负过，3.1% 仅参与过网络欺负，3.2% 既参与过网络欺负又被网络欺负过，91.4% 从未卷入网络欺负。

四　新冠肺炎疫情防控期间青少年健康相关行为

（一）新冠肺炎疫情防控期间调查对象与家人的关系

新冠肺炎疫情防控期间，74.7% 的青少年能够与家人一起做些事情，如与家人一起交流疫情和舆情信息，分享一些自己的感觉和看法等。其中，女生、非留守儿童、和亲生父母居住的青少年与家人交流或分享的比例较高。关于新冠肺炎疫情和舆情，29.2% 的青少年每天能与家人进行交流或分享，11.2% 的青少年几乎不与家人进行交流或分享，分别有 17.0%、19.1%

和12.0%的青少年与家人交流或分享的频次为每周3~4次、每周1~2次和每月1~2次。

青少年自述新冠肺炎疫情防控期间与父母的关系比以前好很多和好一些的比例为44.6%，差不多和跟以前一样的比例为51.0%，比以前差一些及差较多的比例为4.4%。男生、小学生和初中生、和亲生父母居住的青少年与父母关系改善的比例较高。

（二）新冠肺炎疫情对青少年生活和学习的影响

新冠肺炎疫情防控期间，30.7%的青少年感觉到家庭压力，62.0%的青少年担心新冠病毒传播，63.0%的青少年害怕自己被感染，76.5%的青少年害怕家人被感染，26.4%的青少年感觉周围人生活没有安全感。92.4%的青少年均不同程度地出现过上述担忧，其中4.0%的青少年同时出现上述5种担忧。性别、年级、是否留守儿童、是否流动儿童、是否和亲生父母居住等不同特征青少年差异无统计学意义。

新冠肺炎疫情防控期间对青少年学习和生活的前5种影响因素分别是学校关闭（84.2%）、不方便外出（60.6%）、娱乐场所关闭（47.5%）、餐饮门店关闭（47.0%）、书店和图书馆等场所关闭（45.7%）。

86.2%的中学生认为在新冠肺炎疫情防控期间可以自己保护自己。65.4%的中学生认为自己可以保护家人。男生认为自己可以保护家人的比例（69.0%）高于女生（61.6%），高二、高一、初二学生认为自己可以保护家人的比例分别为70.5%、59.3%、67.8%。

90.7%的中学生认为可以做很多事情来防止自己被新冠病毒感染，10.2%的中学生认为无论如何努力保护自己都有可能感染新冠病毒，4.2%的中学生认为对抗病毒是没有希望的，30.4%的中学生怕被新冠病毒感染，48.0%的中学生觉得新冠病毒非常危险，61.6%的中学生担心新冠病毒传播，女生担心新冠病毒传播的比例（65.7%）高于男生（57.5%）。

（三）新冠肺炎疫情防控期间相关感受和行为

因新冠肺炎疫情，58.9%的青少年当集中精力于正在做的事情时遇到了问题，47.5%的青少年尽量避免产生新冠病毒大流行的想法，72.2%的青少年倾向于每天思考病毒感染问题并反复洗手、洗澡或打扫卫生等。

（四）新冠肺炎疫情防控期间中学生心态、疫情应对措施及对未来的期待

46.6%的中学生在别人感情受伤时会觉得难过，67.5%的中学生会尝试去理解别人所经历的事情，67.2%的中学生会尝试去理解别人是如何感受和思考问题的。68.0%的中学生会做一些实事应对新冠肺炎疫情，53.5%的中学生关注疫情改善的积极方面的信息，46.4%的中学生通常会采取预防措施以使新冠病毒的传播率降至最低，29.1%的中学生通常将精力集中在做一些预防新冠病毒传播的事情上，12.5%的中学生通常会说现在发生的事情“不是真实的”。81.8%的中学生期待好的事情发生，64.9%的中学生对自己和家人的未来持乐观态度，52.6%的中学生倾向于看到正在发生的光明的一面，36.3%的中学生希望好的事情发生在自己和家人身上。

（五）新冠肺炎疫情防控期间中学生吸烟、饮酒等相关行为变化情况

在过去12个月有过吸烟、饮酒、醉酒史的高中生，因新冠肺炎疫情，56.2%的吸烟者改变了吸烟习惯，37.3%的饮酒者改变了饮酒习惯，47.7%的醉酒者改变了醉酒习惯。

五　对比不同社会支持程度下青少年自我健康危险行为是否有显著性差异

（一）同辈社会支持对饮酒行为的单因素分析

同辈社会支持状况不同的学生过去12个月饮酒频次不同，较差组饮酒频次高于较好组，差异有统计学意义。

（二）家庭社会支持对物质性成瘾行为、精神性成瘾行为的单因素分析

不同家庭社会支持程度的学生吸烟、饮酒的频次有显著性差异，此部分频次指标经过数据转化，进行 t 检验比较均值，家庭社会支持较差组吸烟频次为4.09次、饮酒频次为4.08次，较好组吸烟频次为3.56次、饮酒频次为3.70次，较差组高于较好组。醉酒频次两组间无统计学差异。

关于第一次吸烟、吸电子烟、饮酒、醉酒的年龄，不同家庭社会支持程度下的学生第一次吸烟、第一次吸电子烟、第一次饮酒的年龄有差异，家庭社会支持较差组第一次吸烟、第一次饮酒年龄在14岁及以下的比例高于家庭社会支持较好组，而家庭社会支持较好组第一次吸电子烟年龄在14岁及以下的比例高于家庭社会支持较差组（见表1）。

表1　家庭社会支持与第一次成瘾性行为年龄

第一次成瘾性行为年龄		家庭社会支持		χ^2	P
		较差	较好		
第一次吸烟年龄	从不	353（83.5）*	298（90.3）	8.432	0.015
	14岁及以下	15（3.5）	10（3.0）		
	14岁以上	55（13.0）	22（6.7）		
第一次吸电子烟年龄	从不	374（88.4）	303（91.8）	8.636	0.013
	14岁及以下	7（1.7）	11（3.3）		
	14岁以上	42（9.9）	16（4.8）		
第一次饮酒年龄	从不	313（74.0）	271（82.1）	8.228	0.016
	14岁及以下	27（6.4）	10（3.0）		
	14岁以上	83（19.6）	49（14.8）		
第一次醉酒年龄	从不	374（88.4）	304（92.1）	3.048	0.218
	14岁及以下	4（0.9）	3（0.9）		
	14岁以上	45（10.6）	23（7.0）		

注：*这种情况括号外数据代表人数，单位为人，括号内数据代表占比，单位为%，余同。

不同家庭社会支持程度下学生赌博频次没有显著性差异，家庭社会支持较好组学生课余使用电子设备时间少于较差组学生（见表2）。

表 2　家庭社会支持与赌博频次、课余使用电子设备时间

家庭社会支持	赌博频次				课余使用电子设备时间			
	n（人）	$\bar{\chi}$	*t*	*P*	*n*（人）	$\bar{\chi}$	*t*	*P*
较差	615	2.27	1.245	0.213	615	19.51	5.078	0.000
较好	594	2.18			594	16.71		

（三）原生家庭社会阶层对物质性成瘾行为、精神性成瘾行为的单因素分析

不同原生家庭社会阶层的学生吸烟、饮酒、醉酒的频次无显著性差异（见表3）。

表 3　原生家庭社会阶层与物质性成瘾行为

物质性成瘾行为		原生家庭社会阶层		*t*	*P*
		较低	较高		
吸烟频次	*n*（人）	633	549	1.412	0.158
	$\bar{\chi}$	3.96	3.69		
饮酒频次	*n*（人）	633	549	0.644	0.520
	$\bar{\chi}$	3.94	3.83		
醉酒频次	*n*（人）	633	549	0.129	0.898
	$\bar{\chi}$	3.34	3.32		

不同原生家庭社会阶层的学生第一次吸烟、饮酒、醉酒的年龄无显著差别（见表4）。

表 4　原生家庭社会阶层与第一次成瘾性行为年龄

第一次成瘾性行为年龄		原生家庭社会阶层		χ^2	*P*
		较低	较高		
第一次吸烟年龄	从不	389（86.3）	246（87.5）	0.672	0.715
	14岁及以下	14（3.1）	10（3.6）		
	14岁以上	48（10.6）	25（8.9）		

续表

第一次成瘾性行为年龄		原生家庭社会阶层		χ^2	P
		较低	较高		
第一次吸电子烟年龄	从不	411（91.1）	249（88.6）	4.074	0.130
	14岁及以下	6（1.3）	10（3.6）		
	14岁以上	34（7.5）	22（7.8）		
第一次饮酒年龄	从不	349（77.4）	220（78.3）	0.124	0.940
	14岁及以下	22（4.9）	14（5.0）		
	14岁以上	80（17.7）	47（16.7）		
第一次醉酒年龄	从不	403（89.4）	257（91.5）	2.721	0.257
	14岁及以下	3（0.7）	4（1.4）		
	14岁以上	45（10.0）	20（7.1）		

不同原生家庭社会阶层的学生过量喝饮料、过量饮酒不存在显著性差异（见表5）。

表5　原生家庭社会阶层与过量喝饮料及过量饮酒

原生家庭社会阶层	过量喝饮料				过量饮酒			
	n（人）	$\bar{\chi}$	t	P	n（人）	$\bar{\chi}$	t	P
较低	633	3.53	1.147	0.252	553	1.68	0.529	0.597
较高	549	3.40			434	1.63		

不同原生家庭社会阶层的学生赌博频次不同，原生家庭社会阶层较高组赌博频次高于较低组，差异有统计学意义。课余使用电子设备时间两组无统计学差异（见表6）。

表6　原生家庭社会阶层与赌博频次、课余使用电子设备时间

原生家庭社会阶层	赌博频次				课余使用电子设备时间			
	n（人）	$\bar{\chi}$	t	P	n（人）	$\bar{\chi}$	t	P
较低	633	2.11	-3.115	0.001	633	18.23	0.726	0.468
较高	549	2.35			549	17.82		

六　与外部危害健康有关的危险行为影响因素

将青少年与父母的亲子关系“非常不亲近”“不亲近”“一般”“比较亲近”“非常亲近”分别赋值1~5分。将父亲/母亲对青少年的了解“没有或没见过父亲/母亲”“什么都不知道”“知道一点”“知道很多”分别赋值0~3分，累计各条目得分，评价父母对青少年了解程度。将社交支持、团体支持相关条目累计得分，分别评价青少年社交支持、团体支持程度。

对于源自家长（监护人）伤害行为的影响因素，以与家长（监护人）伤害相关行为是否发生为因变量，以亲子关系、母亲了解、父亲了解社交支持、团体支持为自变量，进行Logistic分析，结果显示，亲子关系是所有源自家长（监护人）伤害行为的保护性因素，团体支持是被老师体罚的保护性因素（见表7）。

表7　源自家长（监护人）伤害行为的影响因素回归分析

影响因素		β	S. E.	Wald χ^2	P	OR	95% CI
父母身体伤害(一生)	亲子关系	-0.604	0.109	30.916	0.000	0.547	0.442~0.676
	母亲了解	-0.010	0.035	0.081	0.776	0.990	0.925~1.060
	父亲了解	-0.127	0.026	23.345	0.000	0.881	0.836~0.927
	社交支持	0.016	0.035	0.217	0.641	1.017	0.949~1.090
	团体支持	-0.013	0.011	1.411	0.235	0.988	0.967~1.008
	常量	2.764	0.544	25.805	0.000	15.865	
父母身体伤害(过去12个月)	亲子关系	-0.641	0.146	19.287	0.000	0.527	0.396~0.701
	母亲了解	-0.131	0.045	8.311	0.004	0.878	0.803~0.959
	父亲了解	-0.124	0.038	10.674	0.001	0.883	0.820~0.951
	社交支持	0.111	0.060	3.371	0.066	1.117	0.993~1.258
	团体支持	0.001	0.017	0.003	0.958	1.001	0.968~1.035
	常量	2.247	0.733	9.399	0.002	9.464	
父母咒骂(一生)	亲子关系	-0.768	0.114	45.290	0.000	0.464	0.371~0.580
	母亲了解	-0.003	0.037	0.006	0.937	0.997	0.927~1.072
	父亲了解	-0.119	0.027	19.059	0.000	0.888	0.841~0.936

续表

影响因素		β	S. E.	Wald χ^2	P	OR	95% CI
父母咒骂（一生）	社交支持	-0.018	0.037	0.227	0.634	0.983	0.914 ~ 1.056
	团体支持	-0.015	0.011	1.881	0.170	0.985	0.963 ~ 1.007
	常量	3.942	0.584	45.599	0.000	51.541	
父母咒骂（过去12个月）	亲子关系	-0.661	0.124	28.347	0.000	0.516	0.405 ~ 0.659
	母亲了解	-0.031	0.041	0.592	0.442	0.969	0.894 ~ 1.050
	父亲了解	-0.095	0.031	9.086	0.003	0.910	0.855 ~ 0.967
	社交支持	0.044	0.045	0.947	0.330	1.045	0.957 ~ 1.141
	团体支持	-0.011	0.013	0.713	0.398	0.989	0.963 ~ 1.015
	常量	2.232	0.617	13.063	0.000	9.316	

对于同辈欺负行为的影响因素，对与同辈欺负相关条目进行累计，评价青少年受到同辈欺负的程度，并将其作为因变量，将亲子关系、母亲了解、父亲了解、社交支持、团体支持作为自变量，经线性回归分析，亲子关系、母亲了解是同辈欺负行为的保护性因素（见表8）。

表8　同辈欺负行为的影响因素

影响因素	β	S. E.	B′	t	P
亲子关系	-0.323	0.059	-0.201	-5.509	0.000
母亲了解	-0.044	0.018	-0.088	-2.384	0.017
父亲了解	-0.019	0.014	-0.049	-1.343	0.180
社交支持	-0.015	0.017	-0.033	-0.872	0.384
团体支持	-0.004	0.005	-0.030	-0.773	0.440
常量	2.777	0.347		7.994	0.000

对于网络欺负相关行为的影响因素，将参与网络欺负或被网络欺负作为因变量，将性别、亲子关系、母亲了解和父亲了解、社交支持、团体支持作为自变量，经 Logistic 回归分析，男生是参与网络欺负的危险性因素，亲子关系是参与网络欺负和被网络欺负的保护性因素（见表9）。

表 9 网络欺负相关行为的影响因素

影响因素		β	S. E.	Wald χ^2	P	OR	95% CI
参与网络欺负	性别 女生（参考）						
	男生	0.816	0.306	7.124	0.008	2.261	1.242 ~4.117
	亲子关系	-0.372	0.162	5.266	0.022	0.689	0.501 ~0.947
	母亲了解	-0.053	0.051	1.100	0.294	0.948	0.858 ~1.048
	父亲了解	-0.035	0.045	0.605	0.437	0.966	0.885 ~1.054
	社交支持	-0.015	0.060	0.064	0.800	0.985	0.876 ~1.107
	团体支持	-0.022	0.018	1.620	0.203	0.978	0.945 ~1.012
	常量	0.183	0.699	0.068	0.794	1.201	
被网络欺负	性别 女生（参考）						
	男生	0.427	0.281	2.317	0.128	1.533	0.884 ~2.656
	亲子关系	-0.471	0.151	9.766	0.002	0.624	0.465 ~0.839
	母亲了解	-0.082	0.047	2.994	0.084	0.922	0.840 ~1.011
	父亲了解	-0.046	0.042	1.221	0.269	0.955	0.880 ~1.036
	社交支持	0.011	0.057	0.036	0.850	1.011	0.904 ~1.131
	团体支持	-0.003	0.017	0.035	0.851	0.997	0.964 ~1.030
	常量	0.564	0.657	0.735	0.391	1.757	

七 新冠肺炎疫情防控期间不同社会支持程度下青少年健康相关行为比较

以新冠肺炎疫情防控期间青少年是否与家人一起交流疫情和舆情信息、分享一些自己的感觉和看法为因变量，以性别、是否留守儿童、是否和亲生父母居住、与家人关系、对家庭氛围满意度等为自变量，进行 Logistic 分析，对变量赋值情况见表 10。

表 10 新冠肺炎疫情防控期间青少年相关行为回归分析赋值

变量	变量赋值
性别	男生 =1；女生 =2

续表

变量	变量赋值
年级	高二 =4；高一 =5；初二 =6；初一 =7；小学六年级 =8；小学五年级 =9
留守儿童	是 =1；否 =2
流动儿童	是 =1；否 =2
和亲生父母居住	是 =1；否 =2
与家人关系	0 ~ 10
对家庭氛围满意度	0 ~ 10
与父母之间的关系	非常不亲近 =1；不亲近 =2；一般 =3；比较亲近 =4；非常亲近 =5
母亲了解	没有或没见过母亲 =0；她什么都不知道 =1；她知道一点 =2；她知道很多 =3
父亲了解	没有或没见过父亲 =0；他什么都不知道 =1；他知道一点 =2；他知道很多 =3
社交支持	非常不赞同 =1；比较不赞同 =2；不赞同不反对 =3；赞同 =4；比较赞同 =5；非常赞同 =6
团体支持	根本不符合 =1；不符合 =2；不好评价 =3；符合 =4；比较符合 =5;非常符合 =6
疫情防控期间与父母关系与往常比较	差非常多 =1；差较多 =2；差一些 =3；跟以前一样 =4；差不多 =5；比以前好一些 =6；比以前好很多 =7

结果显示，性别、和亲生父母居住、与家人关系、对家庭氛围满意度是主要影响因素。以新冠肺炎疫情防控期间青少年与父母关系变化为因变量，以性别、年级、是否和亲生父母居住、与家人关系、对家庭氛围满意度为自变量，进行线性回归分析，结果显示，性别、年级、与家人关系是主要影响因素。以青少年因新冠肺炎疫情而产生相关忧虑条目累计得分为因变量，以是否流动儿童、对家庭氛围满意度、是否与家人一起交流疫情和舆情信息为自变量，进行线性回归分析，结果显示，对家庭氛围满意度、是否与家人一起交流疫情和舆情信息是主要影响因素。以因新冠肺炎疫情相关场所关闭对青少年学习和生活产生影响条目累计得分为因变量，以年级、是否与家人一起交流疫情和舆情信息为自变量，进行线性回归分析，结果显示，年级、是否与家人一起交流疫情和舆情信息是主要影响因素。

以新冠肺炎疫情防控期间能否保护自己或家人为因变量，以性别、年级、与家人关系、对家庭氛围满意度、是否与家人一起交流疫情和舆情信息为自变量，进行线性回归分析，结果显示，性别、与家人关系、对家庭氛围满意度是主要影响因素。以新冠肺炎疫情给青少年带来的负面感受为因变量，以母亲了解和社交支持为自变量，进行线性回归分析，结果显示，母亲了解和社交支持是疫情给青少年带来负面感受的主要影响因素。以新冠肺炎疫情防控期间中学生心态、疫情应对措施及对未来的期待为因变量，以母亲了解和社交支持为自变量，进行线性回归分析，结果显示，社交支持是中学生心态的主要影响因素，母亲了解是中学生疫情应对措施的主要影响因素。其中，“我的朋友关心我”“对他人负责”“我对他人重要程度”是重要的影响因素。

八　结论与对策

（一）研究结论

本研究作为国家社会科学基金项目“在健康社会决定因素框架下构建我国儿童健康行为测量指标体系”的重要组成部分，重点分析了辽宁省青少年健康相关行为存在的主要问题及流行特征，以及青少年生活环境即家庭结构、同伴关系对其健康相关行为的影响。

辽宁省青少年家庭结构整体比较完整，亲子关系比较理想，本次调查中，留守儿童占7.5%，流动儿童占7.6%，88.1%的青少年认为自己与父母非常亲近或比较亲近，这与周华珍等对辽宁省大连市和鞍山市青少年相关调查结果基本一致。[①] 辽宁省青少年同伴关系良好，同伴支持度较高，76.5%的青少年认为他的朋友是很好的朋友，75%的青少年认为朋友是关心他的。

辽宁省青少年健康危险行为发生率较低。本次调查显示，辽宁省青少

① 周华珍、王英：《健康的社会决定因素对青少年健康行为的影响——基于辽宁地区网络问卷调查数据分析》，《青年发展论坛》2018年第5期。

年吸烟、饮酒、网络沉迷和赌博等成瘾性行为发生率较低，但仍存在潜在风险，如身边亲朋吸烟、使用电子产品时间较长频率较高、对电子烟危害认识不足等，不容小觑。辽宁省青少年中网络欺负行为发生率较低，3.2%的青少年既参与过网络欺负又被网络欺负过。

新冠肺炎疫情防控期间，92.4%的青少年均不同程度地出现过感觉到家庭压力、担心新冠病毒传播、害怕自己和家人被感染、感觉周围人生活没有安全感等担忧，其中有4.0%的青少年同时出现上述担忧。

家庭结构稳定、家庭关系和同伴关系良好、家庭和同辈社会支持度高是青少年健康行为和健康结果形成的重要基础。

本次调查发现，关于同辈社会支持对青少年物质性成瘾行为、精神性成瘾行为的影响如下：关于饮酒，同辈社会支持较差组饮酒频率高于较好组；进入青春期的孩子往往与同龄人的交流更多，更倾向于与同伴分享自己的心情，并产生共鸣，所以良好的同辈沟通有助于缓解青春期孩子的紧张、焦虑，对青少年心理健康有着重要作用。

（二）干预对策

加强学校健康教育，丰富健康教育内容和形式。有效开设健康教育课是学校健康教育的基础，在现有健康教育课程教学内容基础上，应增加预防成瘾性行为相关知识的教学；通过同伴教育、健康活动等亲身体验，提高学生自我保护能力、培养学生互助意识和能力等；通过健康咨询开展有针对性的健康指导。

加强学校与学生家长之间的联系。学校与学生家长间建立直接、有效的沟通渠道，动员家长参与促进学生健康的相关活动，如通过组织家长—学校等活动，使家长了解家庭结构和亲子关系对学生健康行为和健康结果的重要影响。

动员社会力量，全社会关注学生健康。教育、体育、卫生健康、民政、工会、网信、新闻出版等部门加强合作，共同关注留守儿童和流动儿童健康问题，特别是心理健康问题，加强网络游戏管理等。

参考文献

马军：《儿童青少年主要健康问题和研究热点》，《中国学校卫生》2020 年第 9 期。

韦琳：《青少年健康危险行为现状及干预研究进展》，《中国公共卫生》2011 年第 7 期。

储丽琴等：《高职大学生应对方式与社会支持家庭环境的相关性分析》，《中国学校卫生》2013 年第 2 期。

周华珍、王英：《健康的社会决定因素对青少年健康行为的影响——基于辽宁地区网络问卷调查数据分析》，《青年发展论坛》2018 年第 5 期。

X. L. Chen，Y. F. Wang，“Tracking of Blood Pressure from Childhood to Adulthood：A Systematic Review and Meta-Regression Analysis，” *Circulation* 2008，117（25）.

R.12

江西省青少年健康相关行为研究报告*

万德芝　许乐为　王乃博　曾庆勇　李　利　吴　磊**

摘　要　本文了解江西省青少年健康危险行为现状，并归纳出其在不同群体中的动态特征及影响因素。本次调查随机抽取江西省的4053名大、中、小学生，使用中国社会科学院大学研发的《中国青少年健康行为网络调查问卷》进行问卷调查。研究结果显示，青少年吃外卖/快餐、喝饮料等不良饮食行为发生率较高；饮酒的学生人数较少，饮酒行为的整体状况较为良好；吸烟行为方面，有90.4%的青少年不吸烟；伤害行为方面，青少年所受伤害主要来自家长，校园欺负有性别差异；促进健康行为方面，饮食习惯和体育锻炼情况有待改善。最终得出研究结论，通过对青少年健康行为的单因素和双因素影响分析，提出社会和学校等层面应关注青少年健康并采取针对性措施。

关键词　青少年　健康危险行为　促进健康行为

* 本文系国家社会科学基金项目“在健康社会决定因素框架下构建我国儿童健康行为测量指标体系”（项目编号：18BSH073）阶段性成果。文中出现的过去12个月内等均以问卷调查日期为节点。

** 万德芝，江西省爱国卫生与健康宣传促进中心主任医师，主要研究方向为健康教育与健康促进；许乐为，江西省爱国卫生与健康宣传促进中心主任医师，主要研究方向为健康教育与健康促进；王乃博，博士，江西省爱国卫生与健康宣传促进中心主管医师，主要研究方向为健康教育与健康促进；曾庆勇，江西省爱国卫生与健康宣传促进中心副主任医师，主要研究方向为健康教育与健康促进；李利，南昌大学第一附属医院医师，主要研究方向为公共卫生与预防医学；吴磊，南昌大学公共卫生学院教授，主要研究方向为流行病学。

一　研究背景

世界卫生组织将“青少年”年龄范围界定为10～19岁。根据国家统计局2019年度人口抽样调查数据推算，我国青少年人口数量约为1.48亿人，约占全国总人口的10.5%，青少年是一个不可忽视的重要群体。青少年的健康问题大多与其不良行为密切相关，如吸烟、网络成瘾、校园霸凌等。《中国青少年健康相关/危险行为调查综合报告2005》表明，青少年健康危险行为具有个体和群体集聚性的特点，容易受到周围环境的影响，会伴随经济发展、生活水平提高和各种社会变革而变化。而当前快速变化的社会形势，也给青少年的健康发展带来了更多不确定因素，故需定期对青少年开展健康危险行为调查。本次研究是中国社会科学院大学价值观与健康教育研究中心继2005年、2008年、2013年开展全国规模的青少年健康危险行为调查后的又一次较为全面的监测。

二　研究目的与方法

（一）研究目的

了解江西省青少年不同群体中各类健康危险行为的流行现状，并归纳出其在不同群体中的动态特征及发展趋势，为江西省各级、各地卫生和教育部门制定青少年健康促进政策、伤害的预防政策、规划和干预措施提供科学实证。

（二）研究方法

1. 研究对象

采用与人口规模成比例的整群抽样方法（PPS）随机抽取监测区县，按照抽样方案，江西省2019年常住人口为4666.1万，随机抽取4个区县参与调查，考虑到城乡均衡性，抽取的区与县各占一半，分别为南昌市西湖区、进贤县，抚州市东乡区、黎川县。

中小学生抽样时，在抽取的4个区县内各随机抽取4所学校，分别包括小学、初中、高中、职业学校各 1 所。从每个所需年级中各随机抽取 2 个班，如果一个班学生不足 45 人，则增加一个班级的学生参与调查。

大学生抽样时，在全省范围内跨区县进行抽样，最终抽取南昌航空大学、九江职业技术学院等 7 所大学。从每所大学的大一、大二、大三年级中各随机抽取 2 个班；以 35 人为一个标准班级，不足 35 人的则增加一个班级参与调查。

2. 调查方法

采用中国社会科学院大学价值观与健康教育研究中心研制的《中国青少年健康行为网络调查问卷》进行调查，问卷内容包括一般社会人口学特征（年龄、年级、性别、户籍等）与 6 类健康危险行为。本报告只对早餐情况、喝含糖饮料、缺乏体育锻炼、饮酒、吸烟等指标进行研究。其判定标准如下：不每天吃早餐是指一周内吃过早餐的次数≤6 次；喝含糖饮料指一周内喝含糖饮料的次数≥1 次；缺乏体育锻炼是指过去 1 周内，运动时间在 60 分钟及以上的天数≤3 天；饮酒指过去 30 天内饮酒次数≥1 次；吸烟指过去 30 天内吸烟次数≥1 次。

由于疫情影响，本次研究于 2020 年 9～11 月通过网络调查方式进行，学生通过登录相应网址或扫描二维码填写问卷，调查对象均知情同意自愿参加此次调查。

关于统计分析，从答题系统后台导出数据，经初步数据清洗和逻辑纠错后导入 SPSS 软件进行变量赋值和数据分析。单因素分析采用 χ^2 检验，多因素分析采用非条件 Logistic 回归，检验水准 $\alpha = 0.05$。

关于质量控制，首先，调查开始前，由经过统一培训的专项负责人严格遵循规定的抽样方法完成逐级抽样。

其次，成立专门的领导小组，加强组织领导和协调，明确工作流程，合理安排调查工作的开展。

再次，每个班级指定 2 名经过统一培训的监督员对学生问卷填写过程进行督导，保证问卷调查质量。

最后，数据分析前再次进行逻辑纠错，排除随意填写以及重要数据缺失的无效问卷。

三　主要研究结果

（一）调查对象基本情况

1. 社会人口学分布

共回收4053份问卷。其中非城市户籍者占59.2%，男生占52.9%，留守儿童占22.9%，流动儿童占18.8%（见表1）。

表1　江西省调查对象的性别、年级等的分布

单位：人，%

变量	特征	人数	占比
性别	男	2144	52.9
	女	1909	47.1
户籍	城市户籍	1655	40.8
	非城市户籍	2398	59.2
留守儿童	是	536	22.9
	否	1801	77.1
流动儿童	是	440	18.8
	否	1897	81.2
年级	小学五年级	455	11.2
	初二	372	9.2
	高一	869	21.4
	高二	632	15.6
	大一	760	18.8
	大二	508	12.5
	大三	457	11.3
合计		4053	100.0

2. 家庭状况

30.5%的学生家里无计算机，95.8%的学生家里未雇佣过钟点工（见表2）。家庭无稳定的收入的学生占比达19.2%。有25.1%的学生因为没有足够的食物而导致学习时或睡觉前挨饿。

表 2 江西省青少年家庭经济状况

种类	无		1		2		≥3	
	人数(人)	占比(%)	人数(人)	占比(%)	人数(人)	占比(%)	人数(人)	占比(%)
计算机(台)	619	30.5	876	43.1	362	17.8	175	8.6
浴室(间)	49	2.4	1021	50.2	811	39.9	151	7.4
电视机(台)	96	4.7	1212	59.6	573	28.2	151	7.4
国内旅游(次)	1417	69.7	363	17.9	157	7.7	95	4.7
雇钟点工(次)	1946	95.8	47	2.3	19	0.9	20	1.0

70.6%的学生父亲有工作，以工人、司机、公务员等职业为主；母亲有工作者占55.6%，职业以工人、服务员、教师等为主。青少年父母的文化程度均以中学为主，占比分别为58.2%、49.1%（见图1）。

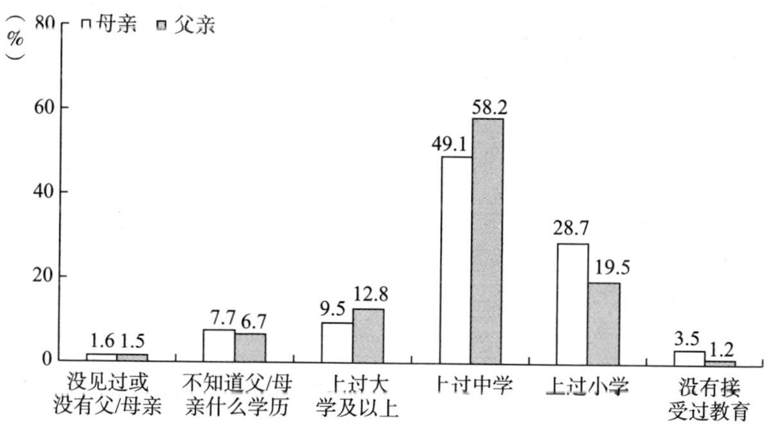

图 1 江西省青少年父/母亲受教育程度

（二）危害健康行为

1. 不良饮食习惯

从江西省青少年吃外卖/快餐情况来看，很少吃外卖/快餐及不吃外卖/快餐者占49.5%；每周吃外卖/快餐次数在2次及以上者占12.1%。总体而言，初中生、小学生吃外卖/快餐的频次相较于高中生、大学生更低（见表3）。

过去3个月内从未喝饮料者仅占13.9%，其中一天内喝饮料1杯及以上者占比达60.5%，甚至有9.2%者一天内喝饮料达5杯及以上（见表4）。

表 3 江西省青少年吃外卖/快餐情况

单位：人，%

年级	没有		很少		1 次/月		2～3 次/月		1 次/周		2～4 次/周		5～7 次/周	
	人数	占比	人数	占比	人数	占比	人数	占比	人数	占比	人数	占比	人数	占比
小学五年级	85	36.8	78	33.8	21	9.1	31	13.4	7	3.0	7	3.0	2	0.9
初二	51	26.4	83	43.0	9	4.7	29	15.0	12	6.2	6	3.1	3	1.6
高一	89	19.7	142	31.5	37	8.2	89	19.7	43	9.5	39	8.6	12	2.7
高二	47	14.8	104	32.8	27	8.5	60	18.9	29	9.1	36	11.4	14	4.4
大一	65	17.0	92	24.0	31	8.1	100	26.1	51	13.3	36	9.4	8	2.1
大二	29	11.8	51	20.8	15	6.1	53	21.6	40	16.3	43	17.6	14	5.7
大三	28	13.2	62	29.2	22	10.4	50	23.6	24	11.3	18	8.5	8	3.8

表 4 过去 3 个月内江西省青少年喝饮料的频率分布

喝饮料数量（杯/日）	人数（人）	占比（%）
从不喝	283	13.9
<1	520	25.6
1	421	20.7
2	376	18.5
3	182	9.0
4	64	3.1
≥5	186	9.2
总计	2032	100.0

2. 物质滥用

江西省青少年在饮酒方面整体情况相对较好，过去 12 个月内有大部分青少年没有过饮酒行为，较少部分青少年有过饮酒行为。其中，男生比例（32.4%）高于女生比例（14.4%），约为女生比例的 2 倍。大一、大二、大三学生饮酒比例分别为 46.9%、36.5% 和 39.0%（见表 5）。

青少年吸烟行为方面，有 90.4% 的青少年不吸烟，而 9.6% 的青少年有过吸烟行为，高中生、大学生有过吸烟行为的比例远远高于初中生、小学生。男生有过吸烟行为的比例（14.9%）高于女生比例（4.4%）；8.4% 的学生承认近期有吸烟行为，男生占 88.9%；值得关注的是，高一学生中有 41.8% 近期有吸烟行为；高中生和大学生均有相当比例的学生承认近期吸烟（见图 2）。

表 5 江西省不同年级青少年过去 12 个月内的饮酒情况比较

单位：人，%

年级	不饮酒		饮酒											
			每周 <1 次		每周 1 次		每周 2 ~ 3 次		每周 4 ~ 5 次		每天 1 次		每天多次	
	人数	占比	人数	占比	人数	占比	人数	占比	人数	占比	人数	占比	人数	占比
小学五年级	210	93.8	7	3.1	2	0.9	1	0.4	3	1.3	1	0.4	0	0.0
初二	167	88.8	16	8.5	2	1.1	2	1.1	0	0.0	0	0.0	1	0.5
高一	364	87.1	38	9.1	5	1.2	8	1.9	2	0.5	1	0.2	0	0.0
高二	247	78.4	51	16.2	7	2.2	5	1.6	3	1.0	0	0.0	2	0.6
大一	200	53.1	144	38.2	23	6.1	6	1.6	2	0.5	0	0.0	2	0.5
大二	167	63.5	82	31.2	6	2.3	5	1.9	2	0.8	1	0.4	0	0.0
大三	144	61.0	80	33.9	2	0.8	5	2.1	3	1.3	1	0.4	1	0.4

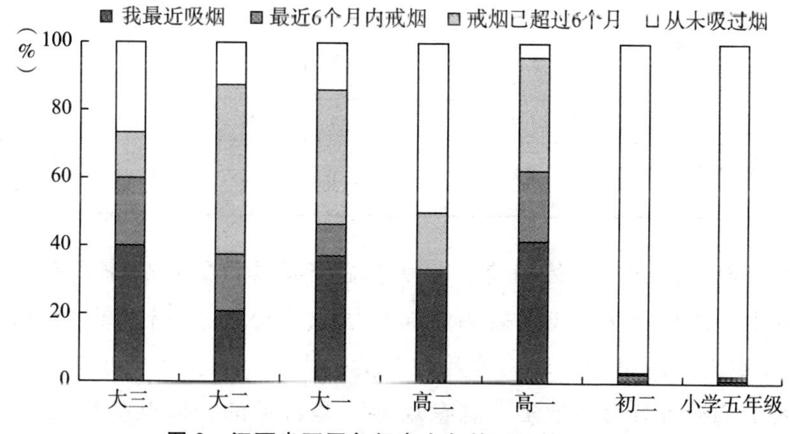

图 2 江西省不同年级青少年的吸烟情况比较

吸烟者报告第一次吸烟的年龄主要在 14 岁及以下（22.6%）。4.5% 的学生吸过电子烟，40.1% 者不清楚电子烟的危害。

6.0% 的学生在过去 12 个月中参与过赌博，留守儿童参与赌博的比例（6.0%）高于非留守儿童参与赌博的比例（4.2%）。

3. 伤害行为

从伤害行为方面来看，高中生遭受伤害行为的比例较初中生、小学生低。其中，大部分青少年所受伤害主要来自家长：被家长骂，被家长用手打，被家长用尺子、木棍等工具打。值得关注的是，被老师体罚的伤害情况在各年级均较普遍，小学五年级、初二、高一、高二学生占比分别为

26.3%、29.8%、20.3%和19.7%，其中初二年级最高（见表6）。男生受严重伤害的主要原因是参加体育锻炼或娱乐活动。

表6　江西省不同年级青少年的受伤害情况比较

单位：人，%

受伤害情况	小学五年级		初二		高一		高二	
	人数	占比	人数	占比	人数	占比	人数	占比
被家长骂	131	58.5	118	62.8	229	54.8	169	53.7
被家长用手打	78	34.8	62	33.0	91	21.8	54	17.1
被家长用尺子、木棍等工具打	51	22.8	27	14.4	50	12.0	41	13.0
被老师体罚	59	26.3	56	29.8	85	20.3	62	19.7
被父母忽视	36	16.1	52	27.7	121	29.0	92	29.2
被高年级同学拦截要东西	13	5.8	7	3.7	25	6.0	11	6.0
被同学打骂	30	13.4	27	14.4	38	9.1	28	8.9
受到性骚扰或性侵害	10	4.5	4	2.1	25	6.0	9	2.9

校园欺负方面，总体而言，6种常见校园欺负的报告率存在性别差异。其中，“因为身体残疾被恶意起绰号或评价”“被打/踢/推/挤来挤去/锁在室内”的报告率较其他几种欺负行为低，且女生低于男生。但学生“被取侮辱性外号、取笑、恶意戏弄”是常见的校园欺负行为，男/女生分别占23.4%和21.0%（见图3）。有5.3%的学生遭受过网络欺负，表现为男生比例（6.5%）高于女生比例（3.8%）。

4. 交通安全

从交通危险行为方面来看，最常见的交通危险行为是闯红灯，男/女生报告率分别为55.0%和49.4%。其次为不走人行横道和不戴头盔（见图4）。

5. 不良心理状态

整体而言，江西省青少年自报健康状况相对较好，有96.5%的青少年认为自己身体较为健康，仅3.5%的青少年认为其不健康。自评不健康者主要表现为女生比例（4.1%）高于男生比例（3.0%）；留守儿童自评不健康的比例（4.8% VS 3.0%）及流动儿童自评不健康的比例（3.8% VS 3.3%）相对较

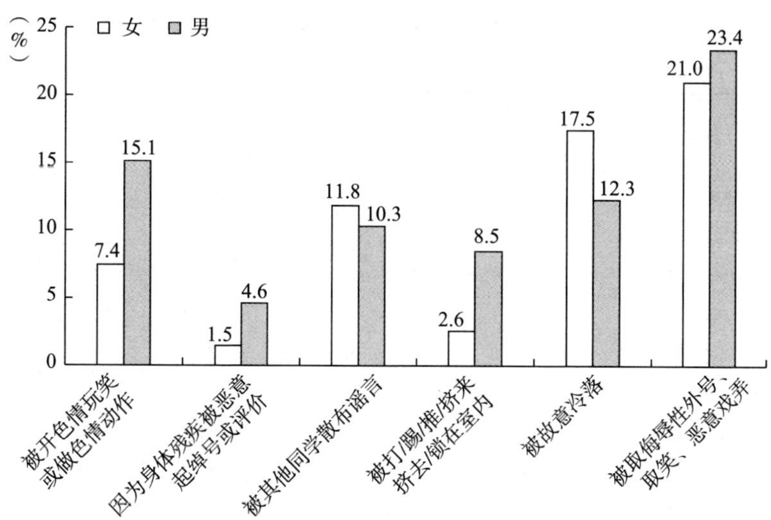

图3 江西省男/女生在6种常见校园欺负中的报告率比较

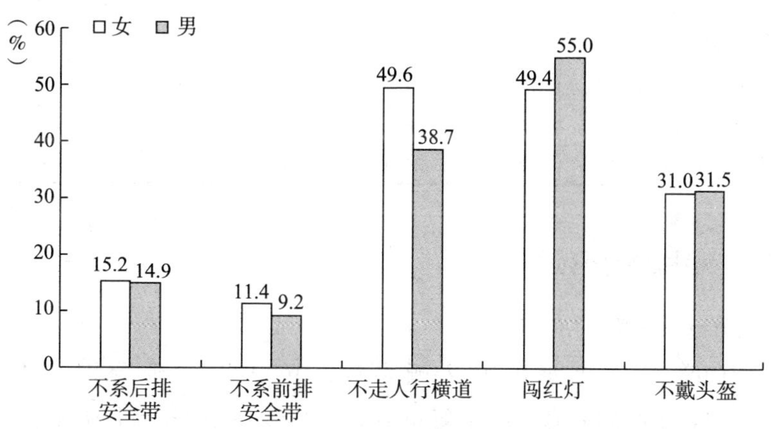

图4 江西省男/女生在交通危险行为上的报告率比较

高。健康满意度方面，63.8%的青少年对自己的健康较为满意，6.1%的青少年对自己的健康不满意，其中对自己的健康不满意者表现为女性比例（6.8%）高于男性比例（5.6%），留守儿童（6.7% VS 5.3%）及流动儿童（7.5% VS 5.3%）自评健康不满意的比例略高。67.1%的青少年未感到孤独，而32.9%的青少年认为自己孤独；孤独感主要表现为女生比例（36.3%）、留守儿童比例（37.0%）、流动儿童比例（37.1%）更高（见表7）。

表 7　江西省调查对象的整体健康状况、健康满意度和孤独感自评

单位：%

分类	性别		留守儿童		流动儿童	
	男	女	是	否	是	否
整体健康状况自评						
非常健康	51.8	36.6	53.7	53.6	46.9	55.2
比较健康	34.0	43.2	27.8	33.8	37.1	31.3
健康	11.2	16.1	13.7	9.6	12.2	10.2
不健康	3.0	4.1	4.8	3.0	3.8	3.3
健康满意度自评						
很满意	56.0	50.2	58.5	61.0	53.5	62.0
满意	12.4	7.9	5.9	11.0	8.9	10.0
一般	26.0	35.1	28.9	22.6	30.0	22.7
不满意	3.4	5.8	4.1	3.5	6.6	3.0
非常不满意	2.2	1.0	2.6	1.8	0.9	2.3
孤独感自评						
无人可谈论困扰事情	42.7	34.3	36.3	43.3	34.7	43.2
我感到孤独	30.1	36.3	37.0	26.2	37.1	26.8
没有与人交谈的想法	27.2	29.4	26.7	30.5	28.2	29.9

（三）促进健康行为

1. 良好饮食习惯

有 50.9% 的学生每周吃 7 顿早餐，其中男/女生分别占 55.9%、45.6%。随着年级的升高，吃早餐频率下降。48.6% 的学生每天不止一次食用谷物，一周食用新鲜水果 2~4 次者仅占 32.5%，每天食用奶及奶制品的学生比例仅为 34.0%，每周食用甜食 5 次及以上者占 27.8%（见表 8）。

表 8　江西省青少年每周吃的食物种类情况

单位：人，%

食物种类	少于 1 次		1 次		2~4 次		5~6 次		每天 1 次		每天不止 1 次	
	人数	占比	人数	占比	人数	占比	人数	占比	人数	占比	人数	占比
谷物	71	3.9	81	4.5	322	17.9	166	9.2	285	15.8	876	48.6
新鲜水果	186	10.3	217	12.0	585	32.5	260	14.4	232	12.9	321	17.8

续表

食物种类	少于1次		1次		2~4次		5~6次		每天1次		每天不止1次	
	人数	占比	人数	占比	人数	占比	人数	占比	人数	占比	人数	占比
肉类	75	4.2	122	6.8	516	28.7	302	16.8	328	18.2	458	25.4
坚果种子类	690	38.3	363	20.2	383	21.3	122	6.8	97	5.4	146	8.1
奶及奶制品	228	12.7	183	10.2	514	28.5	264	14.7	303	16.8	309	17.2
甜食	355	19.7	340	18.9	605	33.6	195	10.8	136	7.6	170	9.4

2. 睡眠习惯

82.3%的小学生睡觉时间在21：30以前，65.0%的高中生睡觉时间在22：30~23：30，50.0%的大学生睡觉时间在23：00~23：30。仅0.9%的小学生睡眠时间在10小时及以上，9.0%的初中生睡眠时间在9小时及以上，高一、高二分别有9.1%、12.6%的学生每日睡眠不足6小时（见表9）。

表9 江西省不同年级青少年每日睡眠时间分布

单位：人，%

年级	每日平均睡眠时间											
	<6小时		6小时及以上		7小时及以上		8小时及以上		9小时及以上		10小时及以上	
	人数	占比	人数	占比	人数	占比	人数	占比	人数	占比	人数	占比
小学五年级	0	0.0	1	0.4	24	10.4	136	58.9	68	29.4	2	0.9
初二	4	2.1	8	4.3	58	30.9	101	53.7	17	9.0	0	0.0
高一	41	9.1	134	29.7	160	35.5	101	22.4	15	3.3	0	0.0
高二	40	12.6	118	37.2	108	34.1	47	14.8	4	1.3	0	0.0
大一	31	8.1	144	37.6	153	39.9	47	12.3	8	2.1	0	0.0
大二	16	6.5	53	21.6	126	51.4	46	18.8	4	1.6	0	0.0
大三	12	5.5	50	23.0	116	53.5	35	16.1	2	0.9	2	0.9
合计	144	7.1	508	25.0	745	36.7	513	25.2	118	5.8	4	0.2

3. 体育与休闲活动

上周训练超过1小时的天数达到5天及以上者仅占19.9%（见表10）。学生学习、上网课、做作业的时间主要为3小时（19.5%），39.1%的学生在周一至周五的玩游戏时长为1小时。66.2%的学生使用手机主要为了社交（微信、QQ、微博）聊天、阅读等。

表 10　江西省青少年体育锻炼情况

单位：人，%

体育锻炼情况	没有过		1 天		2 天		3 天		4 天		≥5 天	
	人数	占比	人数	占比	人数	占比	人数	占比	人数	占比	人数	占比
这周训练超过 1 小时	633	31.2	445	21.9	307	15.1	272	13.4	117	5.8	258	12.7
上周训练超过 1 小时	1021	21.9	957	20.5	723	15.5	689	14.8	342	7.3	928	19.9
上个月运动以至于气喘吁吁或出汗	874	21.6	723	17.8	687	17.0	593	14.6	330	8.1	846	20.9

（四）新冠肺炎疫情相关情况

认为可以在新冠肺炎疫情防控期间保护家人、自己的学生比例分别为55.6%、82.3%。认为可以通过预防措施来防止新冠病毒感染的学生有88.7%。此外，39.7%担心病毒传播；6.7%听到或想到新冠病毒流行，会感到出汗、呼吸困难或发抖；53.7%学习生活受到了新冠肺炎疫情的影响。

（五）青少年健康危险行为的单因素分析

对不同性别、年级的学生健康危险行为进行 χ^2 检验，结果提示饮酒、吸烟、缺乏体育锻炼、缺乏体力活动以男性居多，睡眠时间 <8 小时以女性为主。健康危险行为在不同年级之间的差异均有统计学意义（$P<0.05$）（见表 11）。

表 11　江西省不同性别、年级青少年的健康危险行为比较

特征	人数	自伤行为	负面情绪	自杀意念	吸烟	饮酒	不吃早餐	缺乏体力活动	缺乏体育锻炼	沉迷手机	睡眠时间 <8 小时
性别											
男（人）	1037	38	117	90	95	263	32	769	829	165	468
女（人）	995	44	104	87	23	109	25	663	721	154	535
χ^2		2.513	0.374	1.267	43.553	70.471	0.612	13.811	15.701	0.072	15.160

续表

特征	人数	自伤行为	负面情绪	自杀意念	吸烟	饮酒	不吃早餐	缺乏体力活动	缺乏体育锻炼	沉迷手机	睡眠时间<8小时
P值		>0.05	>0.05	>0.05	<0.001	<0.001	>0.05	<0.001	<0.001	>0.05	<0.001
年级											
小学（人）	231	9	30	27	2	8	211	54	55	179	3
初中（人）	188	13	26	26	4	7	164	41	35	170	28
高中（人）	768	40	91	84	42	74	627	269	204	653	479
大学（人）	845	20	74	40	70	175	553	236	188	711	493
χ^2		14.717	10.220	35.054	25.195	86.873	100.541	22.551	33.005	10.564	382.369
P值		<0.001	<0.05	<0.001	<0.001	<0.001	<0.001	<0.001	<0.001	<0.05	<0.001

饮酒、缺乏体力活动、缺乏体育锻炼、睡眠问题等在不同家庭环境之间表现不同，其中家庭不富裕的青少年更少出现不规律吃早餐、缺乏体力活动的情况和睡眠不足的问题。

（六）青少年健康危险行为的多因素分析

1. 物质性成瘾行为的影响因素分析

以性别、年级、户籍、家庭富裕程度（FAS评分）等作为自变量，以是否吸烟、饮酒等作为因变量，构建中小学生物质性成瘾行为Logistic回归模型。结果提示吸烟的危险因素有男性、非城市户籍、高年级和父亲受教育程度低；饮酒的危险因素有男性、高年级（见表12）。大学生物质性成瘾行为的回归模型提示，男性和家庭中等富裕程度是吸烟的危险因素；男性和家庭中等富裕程度是饮酒的危险因素（见表13）。

2. 自我伤害行为的影响因素分析

以学生过去12个月是否尝试过自伤（0＝无，1＝有）作为因变量，以年级、户籍以及是否受到身体欺负等作为自变量，对江西省青少年自我伤害行为构建Logistic回归模型，模型结果如表14所示。

表 12　江西省中小学生物质性成瘾行为影响因素分析

行为	特征	变量	β	S. E.	P 值	OR	95% CI
吸烟	性别	男					
		女	-1.143	0.349	0.001	0.319	0.161 ~ 0.632
	户籍	城市户籍					
		非城市户籍	3.290	1.297	0.011	26.831	2.113 ~ 340.757
	年级	小学五年级			<0.001		
		初二	-0.183	0.548	0.738	0.833	0.284 ~ 2.438
		高一	1.700	0.384	<0.001	5.473	2.581 ~ 11.608
		高二	1.516	0.393	<0.001	4.553	2.109 ~ 9.833
	父亲受教育程度	未接受教育			0.008		
		小学	-1.512	0.629	0.016	0.220	0.064 ~ 0.756
		中学	-2.351	0.659	<0.001	0.095	0.026 ~ 0.347
		大学及以上	-2.659	1.072	0.013	0.070	0.009 ~ 0.573
	家庭富裕程度	较低			0.032		
		中等	0.601	0.365	0.100	1.825	0.892 ~ 3.733
		较高	2.025	0.883	0.022	7.579	1.344 ~ 42.740
		常量	0.580	2.239	0.796		

续表

行为	特征	变量	β	S. E.	P 值	OR	95% CI
饮酒	性别	男					
		女	-1.038	0.207	<0.001	0.354	0.236~0.532
	年级	小学五年级			<0.001		
		初二	-0.183	0.548	0.738	0.833	0.284~2.438
		高一	1.700	0.384	<0.001	5.473	2.581~11.608
		高二	1.516	0.393	<0.001	4.553	2.109~9.833
	父亲受教育程度	未接受教育			0.031		
		小学	-0.171	0.562	0.760	0.843	0.280~2.534
		中学	-0.849	0.570	0.136	0.428	0.140~1.306
		大学及以上	-1.113	0.714	0.119	0.329	0.081~1.333
		常量	-0.142	1.489	0.924		
吸毒	父亲受教育程度	未接受教育			0.007		
		小学	-1.059	0.971	0.275	0.347	0.052~2.324
		中学	-3.300	1.136	0.004	0.037	0.004~0.342
		大学及以上	-3.346	1.573	0.033	0.035	0.002~0.769
	家庭富裕程度	较低			0.004		
		中等	1.400	0.558	0.012	4.056	1.358~12.119
		较高	2.984	1.071	0.005	19.766	2.421~161.366
		常量	-6.458	3.075	0.036		

表 13　江西省大学生物质性成瘾行为影响因素分析

行为	特征	变量	β	S. E.	P 值	OR	95% CI
吸烟	性别	男					
		女	-1. 991	0. 368	<0. 001	0. 137	0. 066 ~0. 281
	年级	大一			0. 197		
		大二	0. 308	0. 325	0. 343	1. 361	0. 719 ~2. 576
		大三	0. 599	0. 338	0. 076	1. 820	0. 939 ~3. 527
	家庭富裕程度	较低			0. 006		
		中等	0. 967	0. 302	0. 001	2. 629	1. 456 ~4. 748
		较高	-17. 916	28261. 192	0. 999	<0. 001	0. 000 ~0. 001
		常量	-22. 180	10881. 690	0. 998		
饮酒	性别	男					
		女	-1. 170	0. 176	<0. 001	0. 310	0. 220 ~0. 438
	家庭富裕程度	较低			0. 004		
		中等	0. 646	0. 196	0. 001	1. 907	1. 298 ~2. 802
		较高	-20. 100	28339. 411	0. 999	<0. 001	0. 000 ~0. 001
		常量	-1. 754	1. 049	0. 095		

表 14　江西省青少年自我伤害行为影响因素分析

行为	特征	变量	β	S. E.	P 值	OR	95% CI
自我伤害	户籍	城市户籍					
		非城市户籍	-0. 620	0. 186	0. 001	0. 538	0. 373 ~ 0. 775
	年级	小学五年级			<0. 001		
		初二	0. 492	0. 316	0. 120	1. 635	0. 880 ~ 3. 039
		高中	-0. 701	0. 340	0. 039	0. 496	0. 255 ~ 0. 967
		大学	-0. 851	0. 363	0. 019	0. 427	0. 210 ~ 0. 870
	身体欺负	无					
		有	1. 556	0. 314	<0. 001	4. 738	2. 560 ~ 8. 769
	同学不公正对待	受到					
		未受到	0. 884	0. 234	<0. 001	2. 421	1. 531 ~ 3. 830
	整体健康状况自评	非常健康			<0. 001		
		比较健康	0. 867	0. 225	<0. 001	2. 380	1. 530 ~ 3. 701
		健康	1. 150	0. 279	<0. 001	3. 157	1. 827 ~ 5. 455
		不健康	1. 484	0. 393	<0. 001	4. 412	2. 043 ~ 9. 529
	孤独感自评	无人可谈论困扰事情			0. 026		
		我感到孤独	0. 503	0. 231	0. 030	1. 654	1. 051 ~ 2. 603
		没有与人交谈的想法	0. 609	0. 236	0. 010	1. 839	1. 158 ~ 2. 921
		常量	-2. 286	1. 118	0. 041		

四　分析与讨论

（一）不良饮食行为

此次调查结果显示，49.5%的青少年很少吃或不吃外卖/快餐，12.1%的青少年经常吃外卖/快餐，并且初中生、小学生的不良饮食行为报告比例低于高中生、大学生。总体而言，江西省青少年自我报告不良饮食行为的比例相对较高，高于2018年在深圳市、郑州市、南昌市和贵阳市中学生中开展的学生外卖/快餐消费调查结果；9.2%的学生过量摄入饮料（≥5杯/日）。外卖/快餐及饮料在青少年中的消费率升高的可能原因如下：一是由于经济水平的提升，青少年可自由支配的金钱数额增大，使点外卖、吃快餐这一行为更易实现，这一现象在大学生中更为普遍，如本次调查对象中，大一、大二、大三学生较常吃外卖/快餐者（每周2次及以上者）占比分别为11.5%、23.3%和12.3%；二是与父母工作性质有关，不少青少年的父母为双职工，大多没有时间为学生准备午餐，学生便靠外卖/快餐解决；三是近年来快餐店不仅在数量上大幅增加，而且花样繁多，如“网红炸鸡”等，青少年出于好奇心理，也主动尝试各种外卖/快餐，同时不少商家会在外卖/快餐中免费赠饮料，则又增加了青少年的饮料摄入。

（二）物质性成瘾行为

总体而言，江西省青少年吸烟、饮酒的物质性成瘾行为报告率相对较低。其中，江西省青少年的吸烟报告率为9.6%，低于2019年福建省、北京市丰台区相关结果。江西省青少年饮酒报告率为25.8%，低于广州市、凉山州青少年的饮酒报告率。且男生的饮酒率（32.4%）、吸烟率（14.9%）均高于女生（14.4%、4.4%）。这提示了男生是物质性成瘾行为的重点干预对象。其一，男生好奇心重，容易受到同伴的引诱，更愿意尝试和体验吸烟、饮酒的滋味；其二，不少男生受到电视、电影的影响，认为这些行为比较“帅气”，可以吸引异性的注意力；其三，也可能与我国传统文化有关，社会对男生吸烟、饮酒容忍度高，从而增加了男生物质性成瘾行为发生的风险。此外高年级、父亲受教育程度较低是吸烟、饮酒的危险因素。年级越高的学生承受的来自学习、生活甚至感情的压力就越大，在某些情况下他们倾向于通过吸烟、饮酒等来缓解压力和紧张；同时相对于低年级学生，高年级学生有更充裕的金钱来购买烟酒。父亲受教育程度越低，可能越不能意识到烟酒对身体的危害，因此孩子吸烟、饮酒等危险行为的发生率更高。青少年尤其是男生，通常会将父亲作为自己的榜样，模仿父亲的行为，易受到父亲的不良行为的影响。本研究还发现非城市户籍学生吸烟行为发生率高于城市户籍，这可能是由于非城市户籍学生多为留守儿童，缺少父母的监管，所以其吸烟行为发生率较高；另一个可能原因是目前城市大多公共场所均为禁烟区域，而乡村抽烟则相对更为随意也更为常见。

（三）伤害相关行为

1. 校园欺负

校园欺负是学生最常见的校园伤害行为。本次调查结果发现江西省青少年中发生“因为身体残疾被恶意起绰号或评价”“被打/踢/推/挤来挤去/锁在室内”的报告率较其他几种欺负行为低。此外，本次研究结果显示男/女生遭受的校园欺负行为中排首位的均为“被取侮辱性外号、取笑、恶意戏弄”，占比分别为23.4%（男）和21.0%（女）；除了“被其他同学散布谣言”“被故意冷落”外，男生的其他种类的校园欺负事件报告率均高于女生，这与唐寒梅等人的研究结果大体一致。首先，男生相对于女生，喜好追打跑闹，肢体接触比较多，易冲动，自我控制能力差，更可能被卷入欺负行为中；而女生“被其他同学散布谣言”“被故意冷落”校园欺负事件报告率（11.8%、17.5%）高于男生（10.3%、12.3%）的可能原因是，青少年女生相对于男生而言，在学校中更易形成小团体，以及女生有爱聊天、八卦等特点，故女生较男生更易遭受“被其他同学散布谣言”等言语欺负以及“被故意冷落”等间接欺负。

2. 自伤

本次调查发现江西省青少年中有8.5%的学生有过自伤行为，这一结果高于陈雨媚等学者所报道的长沙某地区中学生自伤报告率为5.3%的研究结果。女生的自我伤害报告率（9.3%）高于男生（7.9%），其原因可能是女生情感较男生脆弱，遇事易偏执、严重化，且不善于合理调节自己的情绪，比男生更易采取极端的方式来调节，如自伤等。由于多数留守儿童是和年事已高、文化素质较低的祖辈共同生活，遇事无法和祖辈进行良好沟通更别提取得理解，又因常年缺乏父母的关爱，情感需要不能得到满足，故更易发生自伤行为。另外，青少年尤其是中小学生受到欺负、不公正对待时，由于心理还不够成熟、人生经历也较少等，无法及时消解自己的情绪，将痛苦严重化，甚至产生对人生失去希望的想法，做出自伤等极端行为。本次调查显示，小学生的自伤报告率明显高于高中生和大学生，且自伤报告率呈现随年级升高而下降的趋势。

五 对策与建议

（一）开展青少年健康危险行为监测，完善监测指标体系

青少年处在生理和心理快速发育的阶段，认知和行为具有多变性。生活环境尤其是家庭、学校环境对青少年的健康危险行为产生巨大的影响。定期开展全国范围内的青少年健康危险行为监测，可以全面了解各地区青少年的健康危险行为现状，动态监测其发展变化趋势，对各省份的结果进行比较，发现薄弱地区，重点关注该地区健康相关工作的开展情况，同时也有利于各省份相关工作经验的交流。

（二）推进校园营养餐计划，加大快餐监管力度

调查显示，学生尤其是大学生吃外卖/快餐现象较为普遍；而青少年学业繁重，大脑高速运转，身体营养需求较高。实施校园营养餐计划，可以为学生提供健康、科学的营养餐，提高学生饮食质量，促进其健康成长。同时，加强对学校周边快餐店的资质审查与监管，比如对原材料来源、食品加工人员的健康状况以及环境卫生的检查，保证快餐食品的安全性，减少肠道传染病的发生。

（三）强化乡村控烟干预，推进无烟环境建设

江西省乡村地区无烟环境建设基础相对薄弱，吸烟等行为现象较为常见；本次调查也发出非城市户籍学生吸烟行为发生率高于城市户籍学生的危险信号。提示要重视对乡村地区吸烟危害的宣传教育和控烟干预，同时可以在一些重要的公共场所，比如乡村学校、乡村医院以及公共交通场所等，通过罚款、批评教育等强制性措施来减少吸烟行为的发生，减少对乡村地区青少年的影响。

（四）促进学校健康教育，助力学生健康成长

本研究较为全面地分析了江西省青少年的健康危险行为现状及其可能的影响因素，为江西省制定学校健康教育策略和措施提供了针对性意见。学校应根据江西省大、中、小学生的行为特点，充分发挥学校在青少年“心理—生理—社会（包括家庭、学校和社会环境）—健康危险行为”方面的一级预防作用，学生应培养基于循证医学思维模式的健康信息选择能力，在泛滥的信息中获得真正有益健康的知识与技能，养成良好的健康行为和习惯，助力自身健康成长和终身发展。

参考文献

袁兆康、文小桐：《中国青少年健康危险行为研究设计与流行现状》，《中国学校卫生》2019 年第 4 期。

国家统计局编《中国统计年鉴 2020》，中国统计出版社，2020。

季成叶：《青少年健康危险行为》，《中国学校卫生》2007 年第 4 期。

季成叶主编《中国青少年健康相关/危险行为调查综合报告 2005》，北京大学医学出版社，2007。

R.13
浙江省青少年健康相关行为现状调查报告*

吴青青　徐水洋　吴淑贤　黄　玉　许　燕**

摘　要　本研究基于"世界卫生组织—学龄儿童健康行为"模型，从家庭、学校、同伴、社区四个维度研究青少年生活环境对浙江省青少年健康行为的影响。研究采用问卷调查的形式，在浙江省3个地市，共调查了3177名中小学和高校学生。采用t检验、方差分析、χ^2检验进行统计学检验。分析结果表明：亲子关系方面，学生普遍自感与家人相处融洽；吸烟和饮酒行为方面，大多数学生没有吸烟和饮酒习惯；伤害方面，学生伤害主要由体育锻炼或娱乐活动引起，存在同辈间欺负现象；饮食方面，大多数学生有坚持吃早餐的习惯，但健康食品摄入量有待提高。

关键词　青少年　健康相关行为　健康环境

一　研究背景

青少年健康状况是反映一个国家或地区整体健康水平的重要指标，青

* 本文系国家社会科学基金项目"在健康社会决定因素框架下构建我国儿童健康行为测量指标体系"（项目编号：18BSH073）阶段性成果。文中出现的过去12个月内等均以问卷调查日期为节点。

** 吴青青，浙江省疾病预防控制中心副主任医师，主要研究方向为健康教育与健康促进；徐水洋，浙江省疾病预防控制中心副主任医师，主要研究方向为健康教育与健康促进；吴淑贤，浙江省疾病预防控制中心医师，主要研究方向为健康教育与健康促进；黄玉，浙江省疾病预防控制中心副主任医师，主要研究方向为健康教育与健康促进；许燕，浙江省疾病预防控制中心主管医师，主要研究方向为健康教育与健康促进。

少年生存、保护和发展是当今国际社会优先考虑的问题之一。青少年时期主要是指青春期，世界卫生组织（WHO）将其定义为 10 ~ 19 岁的生命阶段。处于该时期的青少年生理、心理都发生着巨大的变化。此阶段是人一生的体格、心理、个性、智力发展的关键时期。这一时期形成的健康知识、行为和技能对一个人成年后的健康具有潜在的重要影响。

青少年的健康问题主要与不良的健康行为及生活习惯密切相关。凡是给青少年健康、完好状态乃至终生的生活质量造成直接或间接损害的行为，通称青少年健康危险行为（Health Risk Behavior，HRB）。我国学者将其分为以下几类：导致各种非故意伤害的行为；导致各种故意伤害的行为；物质性成瘾行为；精神性成瘾行为；不良饮食行为；缺乏体力活动行为。人的行为既是健康状态的反映，又对人的健康产生巨大的影响。据 WHO 专家统计，不良的生活方式和行为居全部死因的第 1 位。

世界卫生组织—学龄儿童健康行为（World Health Organization-Health Behavior of School-aged Children，WHO-HBSC）是一项调查世界范围内多个国家青少年健康的研究，始于 1982 年，目前已有包括北美、欧盟、中东、地中海等区域的 57 个国家和地区参加了 HBSC 研究，其已成功地成为采集、存储和分析青少年健康数据的枢纽。2020 年，国家社会科学基金项目“在健康社会决定因素框架下构建我国儿童健康行为测量指标体系”的重要组成部分青少年健康行为调查项目实施，旨在运用“世界卫生组织—学龄儿童健康行为”模型，从家庭、学校、同伴、社区四个维度研究青少年生活环境对青少年健康行为的影响，同时研究政策、社会经济发展水平、文化价值观念对青少年健康及健康行为的影响。

浙江省是青少年健康行为调查项目实施省份之一。浙江省历来重视青少年的健康发展，从 1998 年起，在全省范围内逐步推广健康促进学校，《健康浙江 2030 行动纲要》指出要“持续开展健康促进学校创建”。到 2020 年底，浙江省有健康促进学校 4503 个，中小学校的覆盖率超过 70%。在浙江省开展青少年健康行为调查也有助于指导各级学校开展健康促进学校建设，围绕青少年主要健康问题实施健康促进措施，有针对性地改善青少年健康相关行为，提高青少年身心健康水平，增强其幸福感。

二　调查对象和指标定义

（一）调查对象

调查对象为浙江省在校大、中、小学生。本次调查对象中小学生来自小学五年级、初二、高一和高二；大学生为 18 岁以上大学一、二、三年级学生。

研究方法同总报告，在此不再赘述。

（二）指标定义

家庭富裕程度（采用 FAS 量表）：得分在 0 ~ 7 分为富裕程度较低（FAS1）；得分在 8 ~ 14 分为富裕程度中等（FAS2）；得分在 15 ~ 21 分为富裕程度较高（FAS3）。

现在吸烟指过去 30 天内有烟草使用行为；曾经吸烟指过去曾经吸烟，但现在已戒烟。

运动足量：平均每周有 3 天运动，每天超 1 小时。

三　主要研究结果

（一）调查对象基本情况

浙江省共调查 3177 人，其中 1564 人（49.23%）完成 A 卷，1613 人（50.77%）完成 B 卷。在 3177 名调查对象中，男生 1524 人，占 48.0%，女生 1653 人，占 52.0%；小学生 407 人（12.8%）、初中生 458 人（14.4%）、高中生 1298 人（40.9%）、大学生 1014 人（31.9%）；城市户籍学生 1508 人（47.5%），非城市户籍学生 1669 人（52.5%）。在 2163 名中小学生中，有 184 名（8.5%）留守儿童，有 274 名（12.7%）流动儿童。在完成 A 卷的 1564 名学生中，FAS1 的有 776 人，占 49.6%；FAS2 的有 755 人，占 48.3%；FAS3 的有 33 人，占 2.1%（见表 1）。

表 1 被调查学生基本情况

单位：人，%

变量	人数	占比
性别		
男	1524	48.0
女	1653	52.0
年级		
小学	407	12.8
初中	458	14.4
高中	1298	40.9
大学	1014	31.9
户籍		
城市	1508	47.5
非城市	1669	52.5
是否留守儿童		
留守儿童	184	8.5
非留守儿童	1979	91.5
是否流动儿童		
流动儿童	274	12.7
非流动儿童	1889	87.3
家庭富裕程度		
FAS1	776	49.6
FAS2	755	48.3
FAS3	33	2.1

（二）家庭亲子关系

大多数学生的家庭亲子关系较好。在接受调查的 1564 名大、中、小学生中，有 94.5% 的人与亲生父母居住在一起。对上述学生分别进行家庭亲子关系深入调查，结果发现，无论是小学生还是大学生，在遇到烦心事时都更愿意与母亲进行交流；随着年龄的增长，被调查者与父母的交流大体上逐渐减少，且差异具有统计学意义。大多数学生与家人相处时感受较好，认为与家人的关系很好，对家庭氛围表示满意（见表2）。

（三）多重危险行为现状

1. 物质性成瘾行为

（1）烟草使用

一是学生吸烟现状。大多数青少年不吸烟。在接受调查的高中生和大学生中，不吸烟的比例为92.4%，没有吸烟习惯的比例为96.3%。男生现在吸烟率高于女生；高中生略高于大学生，但差异没有统计学意义；家庭富裕程度较高的学生要远高于家庭富裕程度较低和中等的学生。若学生家人允许吸烟，无论是偶尔允许还是经常允许，其吸烟率均高于不被家人允许的学生。父母、朋友、祖辈或亲戚的吸烟行为均会对学生的烟草使用行为产生影响，其中朋友的影响最大，其次是母亲。学生的户籍、是否和亲生父母居住对学生吸烟行为的影响差异没有统计学意义。

二是学生父母亲戚朋友对烟草使用的态度及烟草使用现状。大多数学生被禁止吸烟。在全部接受A卷调查的1564名学生中，95.5%的学生认为家人从来不允许自己吸烟；仅有1.0%的学生表示家人经常允许自己吸烟，主要为高中生（10/16），其次是大学生（5/16）和小学生（1/16）；仅有3.5%的学生认为自己的家人偶尔允许自己吸烟，依次是高中生（25/55）、大学生（20/55）、小学生（8/55）和初中生（2/55）。

此外，只有37.3%的父亲不吸烟，有90.9%的母亲不吸烟，有80.5%的学生最好的朋友不吸烟，52.8%的学生其祖辈或亲戚为吸烟者。有63.7%的学生表示没有朋友使用电子烟。在过去的30天内，有22.5%的学生在烟草零售点看到过烟草产品的广告或者促销（见表3）。

表 2 不同特征学生人群的亲子关系现状

项目	性别		年级				是否流动儿童		户籍	
	男	女	小学	初中	高中	大学	流动儿童	非流动儿童	城市	非城市
与父亲聊烦心事的难易程度Φ	3.0±1.0	2.8±1.0*	3.3±0.9	3.0±0.9	2.9±1.0	2.8±1.0*	3.1±1.0	3.0±1.0	3.0±1.0	2.8±0.9*
与母亲聊烦心事的难易程度Φ	3.2±0.8	3.1±0.8*	3.4±0.9	3.2±0.8	3.1±0.9	3.2±0.8*	3.2±1.0	3.2±0.9	3.2±0.8	3.1±0.8*
与继父聊烦心事的难易程度Φ	0.3±0.9	0.2±0.8	0.5±1.2	0.2±0.8	0.3±0.9	0.2±0.7*	0.3±1.1	0.3±0.9	0.3±0.9	0.2±0.8
与继母聊烦心事的难易程度Φ	0.3±1.0	0.2±0.7*	0.4±1.1	0.2±0.8	0.3±0.9	0.2±0.6*	0.3±1.0	0.3±0.9	0.3±0.9	0.2±0.8
我们家的重要事情需要大家在一起讨论※	3.2±0.9	3.1±0.9*	3.5±0.9	3.2±0.9	3.1±0.9	3.0±0.8*	3.1±1.0	3.2±0.9	3.2±0.9	3.1±0.9*
当我讲话时，家人会倾听我说话的内容※	3.1±1.0	3.1±0.8	3.3±1.1	3.1±0.9	3.0±0.9	3.1±0.8*	3.1±1.0	3.1±1.0	3.2±0.9	3.0±0.9*
当我和家人彼此不理解时，我们会问对方为什么不能相互理解※	2.9±1.1	2.7±1.0*	3.2±1.1	2.8±1.2	2.7±1.0	2.7±1.0*	2.8±1.1	2.9±1.1	2.9±1.0	2.7±1.1*
有误解时，我们会一直讨论，直到彼此之间的误解消除※	2.9±1.1	2.7±1.0*	3.3±1.0	2.8±1.2	2.7±1.0	2.6±1.1*	2.8±1.1	2.9±1.1	2.9±1.1	2.7±1.1*
家人会尽力帮助我¤	4.8±2.3	5.3±2.1*	4.5±2.6	5.2±2.2	4.9±2.2	5.5±2.1*	4.7±2.5	4.9±2.3	5.0±2.3	5.1±2.2

续表

项目	性别		年级				是否流动儿童		户籍	
	男	女	小学	初中	高中	大学	流动儿童	非流动儿童	城市	非城市
可以从家人那里得到精神和物质的帮助¤	4.7±2.3	5.2±2.0*	4.3±2.6	5.2±2.1	4.8±2.1	5.3±2.0*	4.6±2.4	4.8±2.2	4.9±2.2	5.0±2.1
我可以和家人谈论所面临的问题¤	4.5±2.3	4.9±2.0*	4.4±2.6	4.9±2.2	4.6±2.1	4.9±2.0*	4.4±2.3	4.6±2.2	4.7±2.2	4.7±2.1
我家人愿意帮助我做决定¤	4.5±2.2	4.8±2.0*	4.2±2.5	4.9±2.1	4.6±2.1	4.8±1.9*	4.3±2.3	4.6±2.1	4.6±2.2	4.6±2.0
自我感觉与家人的关系ψ	8.7±1.8	8.6±1.7	9.0±1.8	8.8±1.7	8.4±1.8	8.7±1.5*	8.6±1.9	8.6±1.8	8.7±1.7	8.6±1.7
对家庭氛围满意度ψ	8.3±2.0	8.2±2.0	8.7±2.0	8.5±1.9	8.0±2.1	8.2±1.8*	8.2±2.1	8.2±2.0	8.4±1.9	8.1±2.0*

注：*经统计学检验，$P<0.05$。其中性别、是否流动儿童、户籍等变量采用 t 检验，年级变量采用方差分析。ф5 分法，取值范围是［0，4］，得分越高，表示越容易；※5 分法，取值范围是［0，4］，得分越高，表示越赞同；¤7 分法，取值范围是［0，6］，得分越高，表示越赞同；ψ7 分法，取值范围是［0，10］，得分越高，表示越满意。

表 3 学生父母亲戚朋友对烟草使用的态度及烟草使用现状

单位：人，%

变量	人数	占比
家人对吸烟行为的允许		
从来不允许	1493	95.5
偶尔允许	55	3.5
经常允许	16	1.0
父亲吸烟频率		
每天吸烟	487	31.1
偶尔吸烟	416	26.6
从不吸烟	584	37.3
不清楚	77	4.9
母亲吸烟频率		
每天吸烟	31	2.0
偶尔吸烟	31	2.0
从不吸烟	1422	90.9
不清楚	80	5.1
最好的朋友吸烟频率		
每天吸烟	64	4.1
偶尔吸烟	97	6.2
从不吸烟	1259	80.5
不清楚	144	9.2
祖辈或亲戚吸烟频率		
每天吸烟	260	16.6
偶尔吸烟	566	36.2
从不吸烟	456	29.2
不清楚	282	18.0
你的朋友中有多少人使用电子烟		
全部或几乎全部	31	2.0
超过一半	18	1.2
一半	27	1.7
不足一半	67	4.3

续表

变量	人数	占比
很少	424	27.1
没有	997	63.7
在过去的30天内，在烟草零售点看到过烟草产品的广告或者促销		
是	352	22.5
否	398	25.4
未去过	814	52.0

（2）饮酒行为

大多数学生不饮酒。1613名学生填报了自己在过去12个月内的饮酒情况，其中73.9%的学生未发生过饮酒行为，20.1%的学生饮酒行为每周少于1次；学生的饮酒行为发生率为26.1%。有饮酒行为的学生中，发生率男生高于女生；饮酒行为发生在所有的学生阶段，但随着年龄的增长，其发生率也在升高；城乡之间差异不显著。

2. 生活习惯

（1）饮食习惯

大多数学生饮食习惯较为健康。对1564名各年级学生进行调查发现，大部分学生吃主食［谷物（米、面制品等）和薯类］，49.9%和31.4%的学生每天分别摄入新鲜蔬菜和水果（见表4）。82.7%的学生自报调查上周一至周五每天均吃早餐，休息日这一比例则下降至63.4%。96.9%的学生没有频繁吃外卖的习惯。34.1%的学生在最近3天喝过碳酸饮料，饮用量为947±590毫升；仅9.0%的学生在最近3天喝过奶茶，饮用量为953±489毫升。

表4　学生各类食物摄入情况

变量	从不	一周小于1次	每周都吃	每天都吃
谷物（米、面制品等）和薯类	22（1.4）*	34（2.2）	374（23.9）	912（58.3）
新鲜蔬菜	21（1.3）	29（1.9）	511（32.7）	781（49.9）
新鲜水果	31（2.0）	62（4.0）	758（48.5）	491（31.4）

续表

变量	从不	一周小于1次	每周都吃	每天都吃
肉类（如牛肉、猪肉等）	18（1.2）	32（2.0）	558（35.7）	734（46.9）
蛋类及其制品（如鸡蛋、鸭蛋或其他蛋类）	25（1.6）	38（2.4）	702（44.9）	577（36.9）
鱼、虾等水产品（如鲜或干鱼及贝类）	56（3.6）	163（10.4）	819（52.4）	304（19.4）
坚果种子类（如瓜子、腰果、核桃等）	98（6.3）	329（21.0）	680（43.5）	235（15.0）
奶及奶制品（鲜奶、酸奶、奶酪等）	30（1.9）	62（4.0）	637（40.7）	613（39.2）
油脂类	55（3.5）	100（6.4）	772（49.4）	415（26.5）
甜食类（如糖果、蜂蜜、蛋糕等）	50（3.2）	130（8.3）	827（52.9）	335（21.4）
调味品（如黑胡椒、酱油、辣椒酱等）	43（2.7）	97（6.2）	652（41.7）	550（35.2）
含糖饮料类（糖饮料、咖啡等）	83（5.3）	176（11.3）	774（49.5）	309（19.8）
腌菜	181（11.6）	409（26.2）	601（38.4）	151（9.7）

注：* 这种情况括号外数据代表人数，单位为人，括号内数据代表占比，单位为%，余同。

（2）睡眠和体育锻炼习惯

大多数学生睡眠时间较为充足、运动足量。上学期间，有46.8%的小学生在21点之前睡觉，这一比例随着年龄的增长而降低，98.1%的大学生都在21点之后睡觉。到了休息日，睡觉时间普遍推迟。上学期间，大多数学生在5点以后起床，各类学生间差异无统计学意义；休息日，大多数学生在7点以后起床。有12.4%的学生上周从未进行超1小时的体育锻炼，超1小时每天至少60分钟并坚持1～7天的学生比例分别为17.2%、18.3%、17.5%、7.9%、11.6%、3.4%和11.7%，即52.1%的学生运动足量。

（四）与外部危害健康相关的危险行为

在接受调查的1613名大、中、小学生中，有45.1%的学生在过去的12个月中受到了严重伤害，其中主要是因体育锻炼或娱乐活动而受到伤害，其次是在其他活动中受到伤害。学生被家长（监护人）伤害主要发生在小学阶段，随着学生年龄增长，该现象发生率大体呈下降趋势。学生报告的同辈欺负形式多样，包括被故意冷落等（见表5）。

表 5　不同年级学生外部伤害发生情况

变量	小学	初中	高中	大学	P
严重伤害发生情况					
未受伤	108（58.4）	147（59.8）	342（49.7）	289（58.5）	
骑自行车	16（8.6）	9（3.7）	21（3.1）	15（3.0）	
体育锻炼或娱乐活动	30（16.2）	47（19.1）	103（15.0）	79（16.0）	
散步或跑步	12（6.5）	18（7.3）	44（6.4）	14（2.8）	
骑摩托车/电瓶车	1（0.5）	2（0.8）	44（6.4）	23（4.7）	
打架或打斗	1（0.5）	0（0.0）	8（1.2）	2（0.4）	
做有偿或无偿工作	2（1.1）	1（0.4）	2（0.3）	14（2.8）	
其他活动	15（8.1）	22（8.9）	124（18.0）	58（11.7）	<0.05
家长（监护人）伤害行为*					
身体伤害	21（11.4）	24（9.8）	41（6.0）		<0.05
咒骂	18（9.7）	28（11.4）	54（7.8）		0.23
同辈欺负行为&					
被取侮辱性外号、取笑、恶意戏弄		38（15.4）	131（19.0）	84（17.0）	0.39
被故意冷落		21（8.5）	89（12.9）	64（13.0）	0.16
被打/踢/推/挤来挤去/锁在室内		7（2.8）	40（5.8）	17（3.4）	0.06
被其他同学散布谣言		24（9.8）	89（12.9）	44（8.9）	0.07
因为身体残疾被恶意起绰号或评价		3（1.2）	17（2.5）	11（2.2）	0.51
被开色情玩笑或做色情动作		17（6.9）	68（9.9）	51（10.3）	0.30
参与网络欺负	6（3.2）	10（4.1）	34（4.9）	32（6.5）	0.28
被网络欺负	7（3.8）	19（7.7）	33（4.8）	46（9.3）	<0.05

注：*调查对象为 18 岁以下中小学生；&调查对象为初中以上学生。

四　原因分析

理解青少年健康危险行为的发生和发展，要从生态的观点出发，评价青少年所在的家庭、学校、同伴、社区环境等的影响。现根据调查结果做如下相关分析。

父母是孩子的第一任老师，因此家庭环境对青少年的健康行为的形成具有重要的影响。家庭环境包括经济收入、父母文化程度、亲子关系等。本研究着重分析了学生的家庭基本情况和亲子关系。齐文娟等研究发现：亲子关系对过程性变量相较家庭结构变量对中学生行为影响更为明显。① 调查发现，在家庭中，母亲是学生在遇到烦心事时最为重要的交流对象，因此在今后开展学生健康危险行为干预时，可以更多地考虑如何提高母亲与孩子的交流能力，同时鼓励父亲参与并加强与孩子的交流。调查结果显示，大多数学生有较好的认同感和满意度，但随着年龄的增长却大体上逐渐变差，尤其是高中生的认同感和满意度较差。因此在今后的干预中要着重加强和改善高中生的亲子关系，尤其是非城市户籍的高中生。

五　对策与建议

（一）实施“将健康融入所有政策”，加强对青少年健康的关注

青少年的健康问题是关系到国计民生和社会稳定的大事，青少年时期形成的健康理念、行为习惯、健康基础将影响终身。《“健康中国2030”规划纲要》《健康中国行动（2019—2030年）》均对加强青少年健康提出了明确要求。浙江省根据实际，制定了《健康浙江2030行动纲要》和《浙江省人民政府关于推进健康浙江行动的实施意见》。各地、各级各类学校要认真实施“将健康融入所有政策”，以健康促进学校为重要平台和抓手，开展教育、卫生、团中央、妇联等跨部门合作，切实提高全省青少年的健康素养，促进青少年身心健康。

（二）加强学校健康教育，推进健康促进学校建设

学校是开展健康教育和健康促进的重要场所。《“健康中国2030”规划

① 齐文娟等：《中学生健康危险行为特征及其与家庭因素的关系》，《中国学校卫生》2017年第6期。

纲要》指出：要将健康教育纳入国民教育体系，把健康教育作为所有教育阶段素质教育的重要内容。学校要树立“健康第一”的理念，应健全学校健康管理服务体系，改善学校环境，建立专业的健康教育教师队伍，开设完善健康教育课程，构建相关学科教学与教育活动相结合、课堂教育与课外实践相结合、经常性宣传教育与集中式宣传教育相结合的健康教育模式，将健康教育纳入教师的职前培训和继续教育。

（三）动员全社会参与，提升居民健康素养

青少年健康危险行为的影响因素有很多，其中包括自身的因素及外在生活环境的因素。特别是学生处在家庭—学校—同伴—社区四元系统中，因此家庭和社会应当参与进来，家庭成员和社会成员应尽可能多地了解相关知识。尤其家庭是青少年成长的重要环境，不仅要重视夫妻婚姻关系、家庭经济状况对孩子的影响，还要重视亲子关系、父母管教、家庭氛围等的重要作用。父母要努力为孩子营造健康温馨的成长环境，提供更多的家庭支持，培养孩子乐观向上的生活态度，以增强抵御外界不良影响的能力。

六　本研究的局限性与不足

本调查为横断面研究，存在一定的局限性。所获的数据，特别是行为现状是通过自我报告收集的，可能存在偏倚。未来若开展针对青少年健康危险行为的连续性监测，将对青少年健康状况有很大的促进作用。

参考文献

季成叶主编《儿童少年卫生学》，人民卫生出版社，2012。

季成叶主编《中国青少年健康相关/危险行为调查综合报告2005》，北京大学医学出版社，2007。

周华珍：《家庭富裕程度对青少年健康的影响分析》，《山东青年政治学院学报》2012年第6期。

陶芳标：《青少年健康危害行为的研究》，《中国学校卫生》2007 年第 7 期。

齐文娟等：《中学生健康危险行为特征及其与家庭因素的关系》，《中国学校卫生》2017 年第 6 期。

张继伟：《论黄色文化与青少年性犯罪》，《北京人民警察学院学报》2005 年第 1 期。

C. R. Kim，C. Free，“Recent Evaluations of the Peer-led Approach in Adolescent Sexual Health Education：A Systematic Review，” *Int Fam Plan Perspect* 2008（34）.

R.14
云南省青少年健康行为调查*

邓艳红　王　明**

摘　要　为了解云南省在校大、中、小学校青少年健康行为现状和影响因素，为政府部门制定青少年健康政策、规划、干预策略提供依据，本研究采用中国社会科学院大学研发的《中国青少年健康行为网络调查问卷》，云南省范围随机抽取5所大学，4个县市随机抽取16所学校，合计3488人开展现场网络调查。研究显示，91.9%的学生和亲生父母居住。96.2%的学生自认为与家人关系很好或好；93.2%的学生对家庭氛围满意度较高或高。青少年有较好的饮食习惯，周一至周五天天吃早餐的学生占60.3%。青少年睡眠良好，91.7%的学生上学期间能在第二天7点或之前醒来。每天体育锻炼1小时的同时每周至少锻炼3天的学生比例达到39.6%。青少年危害健康行为总体向好，88.8%的学生未曾吸烟，81.4%的学生没有尝试过饮酒，87.4%的学生未赌博，48.8%的学生过去12个月没有受伤。网络欺负少见，4.8%的青少年被网络欺负过，男生多于女生。家庭社会支持状况、同辈支持状况等对青少年健康危险行为有影响。

* 本文系国家社会科学基金项目“在健康社会决定因素框架下构建我国儿童健康行为测量指标体系”（项目编号：18BSH073）阶段性成果。文中出现的过去12个月等均以问卷调查日期为节点。

** 邓艳红，云南省人口和卫生健康宣传教育中心主任技师，主要研究方向为健康教育与健康促进、大众人群健康知识普及、健康细胞建设；王明，云南省人口和卫生健康宣传教育中心主任技师，主要研究方向为健康教育与健康促进、重点人群的艾滋病教育与干预。感谢云南省罗平县、腾冲市、宁洱县、兰坪县4个县市，5所大学的调查负责人及调查员，参与调查的学校和学生以及所有为调查成功做出贡献的人。

研究认为，云南省青少年健康行为总体良好，但也有部分健康危险行为存在，需要社会、家庭、学校采取有针对性的干预策略与措施，并纳入性别、学段视角。

关键词 青少年 健康危险行为 云南省

每个人的健康和寿命60%取决于其行为和生活方式。青春期是人身体健康、心理健康和社会适应能力发展的关键时期。青少年时期是行为和生活方式形成的重要时期，青少年从小培养良好的日常健康行为，比如合理补充营养，积极锻炼，戒除不良嗜好如不吸烟、不酗酒、不滥用药物等都将有助于预防慢性非传染性疾病的发生，维护其全生命周期健康。青少年健康不仅影响当前自身健康，也会影响未来身体健康、晚年生活质量，甚至会影响下一代身心健康、家庭健康和社会健康。近年来，中国青少年健康危险行为发生率为3.7%～84.3%，并呈现上升趋势，对青少年健康产生间接或直接的危害。

课题组于2020年9～12月对云南省大、中、小学生开展青少年健康行为调查，包括健康行为（饮食、体质、睡眠）、危害健康相关行为（校园暴力/欺负、伤害、网络成瘾、吸烟、饮酒）及心理健康和幸福感等。调查有助于了解云南省青少年健康相关行为现状及存在的主要问题，从健康社会因素的角度探究问题产生的原因及影响因素。

一 研究对象与研究方法

本次研究采用分层随机抽样方法，随机选取云南省4个县市，每个县市内选取4所学校，包括小学1所、初中1所、高中1所、职业中学1所。在抽样学校所需年级里（小学五年级、初二、高一、高二）每个年级随机抽取2个班级，所抽中班级里全班学生全部参与调查。同时在全省范围内随机抽取了5所大学（包括了重点大学1所、职业学院1所、公办本科院校2所、民办本科院校1所）参加调查。全省开展调查的学校共21所。

调查问卷采用中国社会科学院大学研发的《中国青少年健康行为网络调查问卷》进行调查，调查问卷分为A、B两卷。参加本次调查的大、中、小学校学生 A 卷应答 1625 人，B 卷应答 1863 人，合计 3488 人。其中，男生 44.1%（1538/3488），女生 55.9%（1950/3488）；小学五年级学生 464 人，占 13.3%，初中生 372 人，占 10.7%，高中生 1483 人，占 42.5%，大学生 1169 人，占 33.5%；留守儿童 10.9%（252/2319）；非城市户籍学生 2684 人，占 76.9%。

云南省的调查内容、调查方法、指标描述与定义与总报告相同，故此省略不再赘述。

“你与家人关系/你对家庭氛围满意度如何?”选择答案 1～4 的，与家人关系界定为“一般”；选择 5～7 的，与家人关系界定为“较好”；回答 8～10 的界定为“好”。

家庭富裕程度：以青少年的家庭物质生活条件为基础，以问卷中是否拥有汽车、卧室、计算机等问题答案进行赋值评分，并根据合计的总分把家庭富裕程度分为较低、中等、较高三个层次。

二 结果

（一）社会支持

同辈支持好的比例为 60.9%（990/1625），其中男生为 57.8%，女生为 61.8%。家庭支持好的比例为 55.5%（902/1625），其中男生为 56.2%，女生为 54.9%。此两项指标男女生之间无显著性差异。91.9%（1493/1625）的学生和亲生父母居住。81.7%（1328/1625）的学生回答“我们家的重要事情需要大家在一起讨论”。74.2%（1205/1625）的学生回答“当我讲话时，家人会倾听我说话的内容”。67.7%（1100/1625）的学生回答“当我和家人彼此不理解时，我们会问对方为什么不能相互理解”。77.2%（1255/1625）的学生最近 3 个月与家人经常或每天在一起吃饭。77.7%（1262/1625）的学生回答“家人会尽量帮助我”，87.4%（1420/1625）的学生回答“我可以从家人那里得到精神和物质上的帮助”。总体上，96.2% 的学生自认为与家人关系很好或好；93.2% 的学生对家庭氛围满意度较高或高。

88.9%（1444/1625）的学生在家承担责任或任务，83.8% 的学生每周在家务上花至少 1 小时，还有的花 8 小时或更多。

43.8%（712/1625）的人回答“家庭收入有保障”。54.2%（880/1625）的学生回答“家里有小轿车/面包车或货车”。83.2%（1352/1625）的人回答“有自己的独立卧室”。89.6%（1456/1625）的人家里至少有一间浴室。25.2% 的人认为“与周围家庭比，自己家比较或非常贫困”。

99.7%（1620/1625）的学生认为“自己居住的地方是安全的”。87.6% 的人回答“我感觉我是我所生活地区的一份子”。9.9%（136/1377）的人认为“自己是外地人”。

调查结果显示：云南学校青少年多数与父母生活在一起，生活得到很好照顾，家长能倾听孩子的心声，帮助孩子。青少年幸福感方面，青少年对目前的生活感到满意。

（二）促进健康相关行为情况

1. 饮食与营养

对问题应答的 1625 名学生中，周一至周五天天吃早餐的学生占 60.3%（980 人），7.8%（127 人）的学生从不吃早餐。周六至周日两天都吃早餐的学生占 42.9%（697 人），从不吃早餐的学生占 32.1%（521 人）。周一至周五坚持吃早餐的学生周末也能坚持吃早餐，研究有统计学意义（$\chi^2=436.043$，$P<0.05$）。

学生一周膳食情况见表 1。

表 1 学生一周膳食情况

单位：人，%

膳食	人数/应答人数	占比
每天至少一次谷物（米、面制品等）和薯类	903/1377	65.6
每天至少一次新鲜蔬菜	827/1377	60.1
每天至少一次新鲜水果	448/1377	32.5
每天至少一次肉类（如牛肉、猪肉等）	649/1377	47.1
每天至少一次蛋类及其制品（如鸡蛋、鸭蛋或其他蛋类）	407/1377	29.6

续表

膳食	人数/应答人数	占比
每天至少一次鱼、虾等水产品（如鲜或干鱼及贝类）	153/1377	11.1
每天至少一次奶及奶制品（鲜奶、酸奶、奶酪等）	359/1377	26.1
每天至少一次油脂类	471/1377	34.2
一周内5~6次或每天至少一次甜食类（如糖果、蜂蜜、蛋糕等）	488/1377	35.4
一周内5~6次或每天至少一次含糖饮料类（糖饮料、咖啡等）	419/1377	30.4
一周内5~6次或每天至少一次腌菜	316/1377	22.9
一周至少在快餐店吃一次饭或叫一次外卖	228/1625	14.0

云南总体气候适宜，粮食、蔬菜瓜果日常供应丰富。本次接受调查的学生在每日摄入谷物（米、面制品等）和薯类、新鲜蔬菜、肉类（如牛肉、猪肉等）等饮食习惯方面做得很好。但每天摄入水果、奶及奶制品，尤其是食用鱼、虾方面还不够好。青少年存在喜欢吃甜食、喝含糖饮料、吃腌菜、经常点外卖等不好饮食习惯。

2. 睡眠

40.3%（488/1210）的学生能经常按时睡觉。上学期间45.0%的学生能在22：30前上床睡觉。到了休息日，22：30前上床睡觉人员占38.8%。91.7%（1490/1625）的学生上学期间能在第二天7点或之前醒来。

3. 体育锻炼

能够做到每天体育锻炼1小时的同时每周至少锻炼3天（即经常参加体育锻炼）的学生比例为39.6%。其中男生经常参加体育锻炼的比例为44.9%，高于女生（35.4%），初中生的经常锻炼率最高为55.1%，其次是高中生（38.8%）、小学生（37.7%），大学生最低为36.6%。

（三）自我危害健康行为

1. 成瘾性物质使用情况

青少年整体情况良好，88.8%的学生不吸烟或从未尝试过吸烟，11.2%

的学生尝试过吸烟，9.7%现在吸烟（过去30天吸烟），10.3%过去12个月吸烟；4.4%的学生使用过电子烟。男生不同情况（尝试过吸烟、过去30天吸烟、过去12个月吸烟）吸烟率均高于女生（$P<0.05$）。高中阶段学生不同情况吸烟率高于其他学段（$P<0.05$）。

81.4%的学生没有尝试过饮酒，18.6%的学生尝试过饮酒，13.4%过去30天饮酒，17.2%过去12个月饮酒。7.6%的学生曾经醉酒，4.9%的学生过去30天醉酒，7.0%的学生过去12个月醉酒；过去30天、过去12个月醉酒率男生高于女生，差异有统计学意义（$P<0.05$）。高学段学生不同情况饮酒率高于低学段学生（见表2）。青少年饮酒主要原因如下：为聚会助兴（42.7%）、推动庆祝活动（34.9%）、社交活动更有趣（28.8%）、融入喜欢的群体（25.3%）、缓解情绪紧张（25.2%）、变得兴奋（16.2%）。

表2 云南省2020年青少年吸烟和饮酒情况

吸烟和饮酒行为	总计	性别		年级			
		男	女	小学	初中	高中	大学
吸烟	1625						
尝试过吸烟	182 （11.2）	145 （20.0）	37 （4.1）	5 （2.0）	11 （6.6）	128 （17.8）	38 （7.7）
过去30天吸烟	157 （9.7）	123 （16.9）	34 （3.8）	5 （2.0）	9 （5.4）	114 （15.9）	29 （5.9）
过去12个月吸烟	168 （10.3）	130 （17.9）	38 （4.2）	6 （2.4）	11 （6.6）	120 （16.7）	31 （6.3）
饮酒	1625						
尝试过饮酒	303 （18.6）	178 （24.5）	125 （13.9）	10 （4.0）	15 （9.0）	137 （19.1）	141 （28.7）
过去30天饮酒	217 （13.4）	136 （18.7）	81 （9.0）	8 （3.2）	11 （6.6）	106 （14.7）	92 （18.7）
过去12个月饮酒	279 （17.2）	162 （22.3）	117 （13.0）	9 （3.6）	15 （9.0）	122 （17.0）	133 （27.0）
过去30天醉酒	80 （4.9）	56 （7.7）	24 （2.7）	3 （1.2）	9 （5.4）	53 （7.4）	15 （3.0）

续表

吸烟和饮酒行为	总计	性别		年级			
		男	女	小学	初中	高中	大学
过去 12 个月醉酒	113 (7.0)	78 (10.7)	35 (3.9)	3 (1.2)	8 (4.8)	70 (9.7)	32 (6.5)

注：* 这种情况括号外数据代表人数，单位为人，括号内数据代表占比，单位为%，余同。

2. 精神性成瘾

在 1625 名学生中，2.6% 的学生曾经赌博，过去 12 个月 7.6% 的学生参与赌博。4.0% 的学生周一至周五玩游戏超过 5 小时，10.8% 的学生周六至周日玩游戏超过 5 小时。

精神性成瘾行为发生率男生高于女生，高学段学生精神性成瘾行为多于低学段学生，精神性成瘾行为与父母受教育程度和家庭富裕程度无关，与家人的关系差，更容易成瘾（见表 3）。

表 3　云南省 2020 年青少年精神性成瘾行为情况

调查内容	过去 12 个月赌博	周一至周五玩游戏超过 5 小时	周六至周日玩游戏超过 5 小时
性别			
男	70 (9.6)	50 (6.9)	130 (17.9)
女	54 (6.0)	15 (1.7)	45 (5.0)
χ^2 值	7.530	28.484	69.563
P 值	0.006	<0.001	<0.001
年级			
小学	2 (0.8)	5 (2.0)	12 (4.9)
初中	8 (4.8)	3 (1.8)	10 (6.0)
高中（职业中学）	67 (9.3)	41 (5.7)	111 (15.4)
大学	47 (9.6)	16 (3.3)	42 (8.5)
χ^2 值	23.700	10.766	31.816
P 值	<0.001	0.013	<0.001
父亲受教育程度			
未受过教育	6 (8.7)	3 (4.3)	5 (7.2)

续表

调查内容	过去12个月赌博	周一至周五玩游戏超过5小时	周六至周日玩游戏超过5小时
小学	35（7.5）	18（3.8）	52（11.1）
中学	61（7.3）	27（3.2）	83（9.9）
大学	14（8.6）	11（6.7）	22（13.5）
不清楚	4（5.5）	3（4.1）	9（12.3）
χ^2值	0.897	4.612	2.986
*P*值	0.925	0.329	0.560
母亲受教育程度			
未受过教育	14（8.0）	6（3.4）	13（7.4）
小学	44（8.3）	19（3.6）	54（10.2）
中学	52（7.5）	29（4.2）	82（11.8）
大学	11（7.8）	6（4.3）	16（11.3）
不清楚	3（3.9）	4（5.3）	8（10.5）
χ^2值	1.872	0.781	3.147
*P*值	0.759	0.941	0.533
与家人的关系			
一般	7（11.3）	5（8.1）	10（16.1）
较好	27（11.1）	11（4.5）	42（17.2）
好	90（6.8）	49（3.7）	123（9.3）
χ^2值	6.482	3.111	15.259
*P*值	0.039	0.211	<0.001
家庭富裕程度			
较低	88（7.6）	39（3.4）	113（9.7）
中等	30（8.2）	23（6.3）	48（13.0）
较高	6（6.3）	3（3.2）	14（14.7）
χ^2值	0.380	6.281	4.857
*P*值	0.827	0.043	0.088

3. 严重受伤

过去12个月没有受伤的比例为48.8%（910/1863），男生为40.9%，女生为55.0%。受到严重伤害的原因男女生略有不同，男生主要是体育锻炼或娱乐活动（16.9%）、骑摩托车/电瓶车（8.1%），女生主要是体育锻炼或娱乐活动（10.9%）、散步或跑步（4.8%）、骑摩托车/电瓶车（4.1%）。

4. 家长（监护人）对学生的伤害行为

受到家长辱骂的比例男生为75.6%，女生为84.4%；被家长用手打过的比例男生为47.7%，女生为59.5%；被家长用尺子、木棍等工具打过的比例男生为42.6%，女生为54.9%。女生比例高于男生，以上差异均有统计学意义，$P<0.05$。

5. 受同学（同辈）欺负

过去1个月内，4.9%的学生在校外被高年级同学拦截要东西，男生发生率（7.4%）高于女生（2.1%），$P<0.001$。13.7%被本校或校外同学打骂过，男生发生率（18.5%）高于女生（8.3%），$P<0.001$。

6. 网络欺负行为

有3.9%的青少年参与过网络欺负，男生参与率高于女生，4.8%的青少年被网络欺负过，男生发生率高于女生，差异均有统计学意义。

（四）青少年健康危险行为影响因素分析及主要发现

以现在吸烟、现在饮酒等为切入点，分别将单因素分析有意义的变量作为自变量进行多因素Logistic回归分析（见表4）。

云南省青少年男生现在吸烟率达到了16.9%，曾经吸烟率为20.0%，虽与云南省的类似调查结果比偏低但远远超过了全国平均水平。推迟青少年不吸第一支烟的年龄到21岁，吸烟率就能控制在3%左右。青少年吸烟原因不仅是处于青春期叛逆，好奇和孤单，更多的是受同伴、家庭的影响。

男生在醉酒、精神性成瘾、同辈欺负、网络欺负方面比女生更容易遭受危害。

表 4 云南省 2020 年青少年健康危险行为的多因素 Logistic 回归分析

健康危险行为	影响因素	β	S. E.	Wald χ^2值	P 值	OR 值	95% CI
现在吸烟	小学			12. 596	0. 006		
	初中	0. 942	0. 605	2. 426	0. 119	2. 566	0. 784 ~ 8. 400
	高中	1. 434	0. 498	8. 295	0. 004	4. 197	1. 581 ~ 11. 138
	大学	0. 855	0. 526	2. 647	0. 104	2. 352	0. 839 ~ 6. 588
	性别（以男生为对照）	-0. 926	0. 233	15. 745	<0. 001	0. 396	0. 251 ~ 0. 626
	与家人的关系	-0. 352	0. 166	4. 483	0. 034	0. 703	0. 508 ~ 0. 974
	母亲吸烟频率	0. 366	0. 227	2. 597	0. 107	1. 442	0. 924 ~ 2. 252
	最好朋友吸烟频率	-1. 072	0. 125	73. 933	<0. 001	0. 342	0. 268 ~ 0. 437
	家人是否允许你吸烟	1. 465	0. 201	52. 960	<0. 001	4. 327	2. 916 ~ 6. 420
	周一至周五看视频时间	0. 861	0. 342	6. 359	0. 012	2. 366	1. 211 ~ 4. 621
	周六至周日玩游戏时间	0. 524	0. 250	4. 388	0. 036	1. 689	1. 034 ~ 2. 758
现在饮酒	小学			46. 647	<0. 001		
	初中	0. 759	0. 481	2. 497	0. 114	2. 137	0. 833 ~ 5. 480
	高中	1. 654	0. 380	18. 927	<0. 001	5. 229	2. 482 ~ 11. 018
	大学	2. 210	0. 385	32. 925	<0. 001	9. 114	4. 285 ~ 19. 388
	性别（以男生为对照）	-0. 965	0. 165	34. 333	<0. 001	0. 381	0. 276 ~ 0. 526
	家庭富裕程度	0. 387	0. 123	9. 951	<0. 001	1. 473	1. 158 ~ 1. 874
	周六至周日玩游戏时间	0. 709	0. 200	12. 514	<0. 001	2. 032	1. 372 ~ 3. 011

续表

健康危险行为	影响因素	β	S. E.	Wald χ^2值	P 值	OR 值	95% CI
周一至周五玩游戏时间≥6 小时	性别（以男生为对照）	-1.473	0.306	23.165	<0.001	0.229	0.126~0.418
	小学			9.226	0.026		
	初中	-0.088	0.742	0.014	0.905	0.916	0.214~3.917
	高中	1.170	0.484	5.828	0.016	3.221	1.246~8.324
	大学	0.863	0.526	2.693	0.101	2.370	0.846~6.645
	家庭富裕程度	0.420	0.199	4.443	0.035	1.523	1.030~2.251
周六至周日玩游戏时间≥6 小时	性别（以男生为对照）	-1.426	0.187	58.174	<0.001	0.240	0.167~0.347
	小学			26.330	<0.001		
	初中	0.247	0.448	0.305	0.581	1.280	0.532~3.081
	高中	1.381	0.321	18.552	<0.001	3.981	2.123~7.464
	大学	1.012	0.346	8.541	0.003	2.751	1.396~5.424
	与家人的关系	-0.402	0.140	8.198	0.004	0.669	0.508~0.881
	家庭富裕程度	0.440	0.134	10.776	0.001	1.553	1.194~2.020
过去 12 个月赌博	性别（以男生为对照）	-0.621	0.196	10.026	0.002	0.537	0.366~0.789
	小学			17.793	<0.001		
	初中	1.855	0.798	5.402	0.020	6.393	1.337~30.561
	高中	2.511	0.722	12.094	0.001	12.323	2.992~50.749
	大学	2.743	0.729	14.151	<0.001	15.527	3.720~64.813
	与家人的关系	-0.358	0.161	4.925	0.026	0.699	0.510~0.959

同辈群体社会支持是影响青少年健康行为的重要因素。同辈支持状况好的青少年，在吸烟、遭同辈欺负等危害健康行为方面优于状况差的青少年。

家庭社会支持状况好、家庭总体条件好（家庭富裕、父母受教育程度高、家庭收入有保障）的青少年，更具备健康生活行为，在吸烟、饮酒、精神性成瘾、遭同辈欺负、家长（监护人）伤害等方面好于支持状况差的学生。

家庭社会支持状况好的学生与家庭社会支持状况差的学生比，会较少遭遇被同学拦截、打骂、取外号、暴露隐私等同伴欺负问题。家庭社会支持状况好的学生，在受到家长打骂、父母忽视、身体伤害等方面好于家庭社会支持状况差的学生。家庭社会支持状况好的学生，赌博发生情况少。

家庭富裕的学生在饮酒、玩游戏上更普遍，这和国外的一些研究结果——低收入家庭青少年存在更多的健康危险行为不一致，需要继续深入探讨。

三　建议

一是云南整体经济落后，总体文化程度低。但云南有丰富的自然气候环境、森林生态、山地湖泊，易于农作物生长，一年四季蔬菜瓜果种类繁多，能满足顿顿蔬菜、天天水果的饮食需要，也具备天天锻炼的气候、海拔等优势条件。需要学校、家庭进一步普及优化健康饮食理念，尤其对家庭“掌勺人”强化合理膳食理念和技能，教会他们在现有家庭经济条件下，尽可能将食物多样化，保障家庭每日果蔬、奶及奶制品的提供，学会营养成分的搭配，培养一支健康的社会发展主力军。

二是青少年健康危害行为的防治需要社会、家庭、学校多方努力。防治措施要因地制宜，并纳入性别、学段视角。青少年的学习、成长主要在校园完成，本次调查发现，家庭、同辈对孩子身心健康的影响非常重要。学校要强化学校健康教育，从学生的主要健康问题出发，构建组织管理体系，从大卫生的角度制定和落实促进健康公共政策，营造健康环境，让社区家庭参与，重视师生关系的和谐，为孩子的健康提供综合的服务。

三是学校健康教育课的设置，可以以开展青少年生活技能培训为主线，注入性别视角，让孩子学会远离物质性成瘾、精神性成瘾。关注意外伤害和心理健康。目前，云南很多学校无法配置专业心理老师，当地的教育局应给学校提供一定的经费支持，让学校设置心理咨询室、心理辅导室并添置相应的咨询工具，鼓励有兴趣的老师自行考心理咨询证，利用课余时间为孩子提供心理辅导，有的学校在每个班级设置心理委员，定期把同学的心理问题反映给辅导老师，老师安排一对一辅导或集体辅导。总之，心理健康目前在云南学校受到普遍重视，但亟须配置专业的心理老师或为兼职老师提供专业的心理咨询培训。

四是社会、朋辈和家庭的支持是影响学生健康行为和心理健康的重要因素之一。需要全社会引导和帮助家长通过学习提升自身修养，尽量做到不打骂孩子，营造和谐的家庭氛围，建立与孩子良好的亲子关系。对于高阶段学生，家庭教育的参与，尤其是对父母健康意识和技能的培训具有意义。以身作则，合理膳食，保持锻炼，帮助孩子养成良好生活习惯。需要评估和了解学生与同学交往情况，采取更有效的措施减少对学生的歧视、欺负。

五是青少年健康行为教育离不开社会的支持、多部门的参与。比如，青少年的控烟工作，除了立法，在《公共场所控制吸烟条例》中增加未成年人保护权益，还需要加强无烟家庭、无烟学校的建设，营造无烟的家庭、校园氛围，卫生、教育、妇联、共青团多个组织应联合为青少年提供生活技能培训，使之学会排解压力的技能和方法，从而综合解决青少年烟草使用问题。

六是青少年的吸烟、饮酒、赌博、玩游戏等危害健康行为和学生所处的学段有关系。因此，不同学段学校的健康教育采用的策略和方法应该有所侧重。要提供适合年龄生理、心理特点的健康教育信息，提供相应的健康服务和技巧。

参考文献

胡伟、俞敏主编《健康促进学校技术指南》，浙江科学技术出版社，2015。

肖琳等：《中国三城市在校中学生吸烟现况调查》，《中华流行病学杂志》2012 年第 7 期。

马军：《儿童青少年主要健康问题和研究热点》，《中国学校卫生》2020 年第 9 期。

唐庆蓉：《青少年健康危险行为研究现况》，《海峡预防医学杂志》2013 年第 4 期。

朱雯、张涛、龚清海：《我国青少年健康危险行为研究现状》，《中国预防医学杂志》2016 年第 7 期。

黄洋等：《上海虹口区青少年健康危险行为调查分析》，《健康教育与健康促进》2009 年第 1 期。

陈巧玲等：《全国 10～15 岁儿童青少年健康危险行为情况调查》，《中国卫生统计》2016 年第 6 期。

章荣华等：《浙江省青少年健康危险行为因素分析》，《中国学校卫生》2013 年第 1 期。

李占霞、张欢：《濮阳市青少年健康素养与健康危害行为现况调查研究》，《中西医结合心血管病杂志》（电子版）2018 年第 11 期。

任艳军等：《杭州市中学生慢性病相关健康危险行为分析》，《中国学校卫生》2014 年第 8 期。

张叶香等：《常州市 2013 年青少年健康危险行为监测结果》，《中国学校卫生》2014 年第 9 期。

杨平化等：《昭通市青少年健康相关危险行为分析》，《中国学校卫生》2011 年第 1 期。

王恒昌、余龙、黄莹：《某市城区青少年健康危险行为分析》，《昆明医学院学报》2012 年第 2 期。

杨宝光、章正：《如何掐灭青少年手中的“烟头”》，《健康向导》2020 年第 4 期。

R. Pater , A. K. Yancey , W. E. Kraus, “The 2008 Physical Activity Guidelines for Americans: Implications for Clinical and Public Health Practice,” *American Journal of Chinese Medicine* 2010, 4 (3) .

M. T. Timlin , M. A. Pereira, “Breakfast Frequency and Quality in the Etiology of Adult Obesity and Chronic Diseases,” *Nutrition Reviews* 2007, 65 (6) .

S. A. Kim , K. A. Grimm , D. M. Harris , “ Fruit and Vegetable Consumption among High School Students: United States, 2010,” *Morbidity and Mortality Weekly Report* 2011, 60 (46) .

R.15
贵州省青少年健康相关行为研究报告*

王惠群　何　琳**

摘　要　本研究的目的是了解贵州省青少年健康相关行为的现状及其影响因素，为制定青少年健康相关政策提供参考。方法为分层随机整群抽样，抽取贵州省35所大、中、小学共7151人进行问卷调查，调查工具为中国社会科学院大学研发的《中国青少年健康行为网络调查问卷》。结果显示，贵州省青少年中9.77%有吸烟行为，20.73%有饮酒行为，11.70%有过量摄入饮料的行为，影响因素包括性别、年级等。贵州省青少年不良生活习惯主要表现为玩游戏时间过长及缺乏体育锻炼，其中男性玩游戏时间长于女性，女性缺乏体育锻炼的比例高于男性。贵州省青少年危害道路安全行为主要包括乘坐机动车不系安全带、骑自行车不佩戴头盔、闯红灯、随意横穿马路不走人行横道，其发生比例分别为72.16%、61.31%、21.28%、17.27%。贵州省青少年中遭受家长打骂或同辈欺负的发生率较高，其中许多中小学生被家长精神欺负，部分大学生遭受过不同来源的欺负。整体来看，贵州省青少年不良健康相关行为较为严重，其中，饮酒、缺乏体育锻炼、玩游戏时间过长、危害道路安全及被家长和同辈欺负等行为表现突出。

---

* 本文系国家社会科学基金项目“在健康社会决定因素框架下构建我国儿童健康行为测量指标体系”（项目编号：18BSH073）阶段性成果。文中出现的过去1周等均以问卷调查日期为节点。

** 王惠群，医学博士，贵州医科大学公共卫生与健康学院副教授，主要研究方向为健康教育、营养与健康；何琳，贵州省疾病预防控制中心主任医师，主要研究方向为健康教育、疾病预防控制。

关键词　青少年　健康相关行为　生活方式

一　研究背景

青少年主要指处于青春期的群体，世界卫生组织将青春期定义为10～19岁的生命阶段，这一阶段的个体具有体格发育较快、心理发育相对滞后、性发育启动等特点，是人类健康发展的关键时期。青春期常见的健康问题包括营养缺乏或失衡、缺乏体育锻炼、吸烟、酗酒、药物的滥用、校园暴力等，对青少年健康的影响将持续终生。健康相关行为可分为促进青少年健康的相关行为和危害青少年健康的相关行为两大类，其中危害青少年健康的相关行为又称为健康危险行为，是指给青少年健康、完好状态乃至终生的生活质量造成直接或间接损害的行为。世界卫生组织在日内瓦大会上提出，促进青少年健康是世界卫生组织在2018～2022年的优先事项之一。中国政府对青少年健康问题一直极为重视，2005年在卫生部疾病控制司领导下，由北京大学儿童青少年卫生研究所牵头，进行了我国第一次全国规模的城市青少年健康危险行为调查。随着时代的发展，青少年来自学校、家庭、社会等的压力越来越大，表现出了威胁身心健康的相关危险行为。道路交通伤害是我国青少年的第一位死因，吸烟、饮酒等物质性成瘾行为也表现出低龄化的趋势，而随着信息时代的到来和网络的普及与发展，青少年对打游戏、赌博等精神性活动成瘾的现象亦越来越引起人们的关注。因此，针对青少年健康相关行为的研究具有十分重要的意义，能够为有针对性地制定青少年健康危险行为干预措施提供理论依据。本研究以问卷的方式了解贵州省青少年健康相关行为的流行情况，分析影响因素，为制定青少年健康相关政策提供科学依据，指导各级学校开展健康教育工作，预防和减少青少年健康危险行为的发生，促进青少年健康发展，更好地保护青少年健康权益。

二　研究对象与方法

（一）研究对象

青少年包括中小学生和大学生，中小学生对应的年级为小学五年级、初二、高一和高二。大学生包含大学一至四年级学生。纳入标准为学籍在册。排除标准为休学及调查期间不在校且连续性请假超过2周学生。

（二）抽样方法

与总报告的抽样方法相同，在此不再赘述。

三　研究内容

本研究采用中国社会科学院大学研发的《中国青少年健康行为网络调查问卷》。本研究报告主要分析了个人基本信息——出生日期、性别、居住地、就读学校及年级等。健康相关行为包括促进青少年健康的相关行为（饮食与营养、睡眠、体育锻炼）、危害青少年健康的相关行为［如内部危害健康的相关行为，即物质性成瘾行为（吸烟、饮酒、醉酒等）、精神性成瘾行为（赌博、网络成瘾等）、生活习惯危害健康行为（运动伤害等）；外部危害健康的相关行为，即同辈欺负（校园传统欺负与网络欺负）、家长（监护人）伤害等］。

四　结果

（一）被调查学生的人口学特征

本次调查共收取7151份问卷。被调查学生年龄在11～24岁；男性3076名（43.01%），女性4075名（56.99%）；城市户籍学生2128名（29.76%），非城市户籍学生5023名（70.24%）；留守儿童659名（9.22%），非留守儿童6492名（90.78%）；流动儿童590名（8.25%），非流动儿童

6561名（91.75%）；小学生935名（13.08%），初中生972名（13.59%），高中生2625名（36.71%），大学生2619名（36.62%）（见表1）。

表1 被调查学生的人口学特征

单位：人，%

人口学特征		人数	占比	人口学特征		人数	占比
性别				留守儿童			
	男性	3076	43.01		留守儿童	659	9.22
	女性	4075	56.99		非留守儿童	6492	90.78
户籍				年级			
	城市户籍	2128	29.76		小学生	935	13.08
	非城市户籍	5023	70.24		初中生	972	13.59
流动儿童					高中生	2625	36.71
	流动儿童	590	8.25		大学生	2619	36.62
	非流动儿童	6561	91.75				

（二）青少年物质性成瘾行为

青少年物质性成瘾行为主要有吸烟、饮酒、喝过量饮料。贵州省青少年物质性成瘾行为整体状况较好，不吸烟、不饮酒青少年分别占比90.23%、79.27%，喝过量饮料占11.70%。吸烟习惯与性别、年级以及户籍有关，吸烟人群占比男性高于女性，大学生高于中学生，非城市户籍高于城市户籍，差异有统计学意义（$P<0.05$）；饮酒习惯与性别和年级有关，饮酒人群占比男性高于女性，大学生高于中学生，差异有统计学意义（$P<0.05$）；喝过量饮料与性别、年级有关，喝过量饮料人群占比男性高于女性，中学生高于大学生，差异有统计学意义（$P<0.05$）。

（三）青少年精神性成瘾行为

青少年精神性成瘾行为主要为赌博和网络成瘾。贵州省青少年精神性成瘾行为整体状况较好，未参与过赌博的青少年占比92.69%；周一至周五玩游戏的平均时间是2.29±1.70（小时），周末玩游戏的平均时间是3.32±

2.09（小时），周末玩游戏时间长于上学日。赌博习惯与性别、户籍和年级相关，赌博人群占比男性高于女性，非城市户籍高于城市户籍，大学生高于中小学生，差异有统计学意义（$P<0.05$）。

（四）青少年生活习惯危害健康行为

贵州省青少年生活习惯危害健康行为主要包括睡眠行为及体育锻炼两方面。在上学日选择23点以前睡觉的青少年占比40.18%，选择23点以后睡觉的青少年占比59.82%，选择8点以后起床的青少年占比3.57%；在休息日选择23点以后睡觉的青少年占比64.77%，选择8点以后起床的青少年占比75.88%，多数调查对象睡眠时间超过7小时。在过去1周，缺乏体育锻炼（锻炼时间≤1小时/天）的青少年占比92.46%，女性高于男性，差异有统计学意义（$P<0.05$）。

（五）青少年危害道路安全行为

在道路安全行为方面，整体来看，贵州省青少年安全意识存在问题。在此次参与调查的对象中，72.16%乘坐机动车不系安全带，其中坐前排不系安全带占24.38%，坐后排不系安全带占47.78%；61.31%骑自行车或摩托车不佩戴头盔；21.28%有闯红灯行为；17.27%随意横穿马路，不走人行横道。

（六）青少年受同辈欺负或家长打骂行为

贵州省青少年存在受同辈欺负或家长打骂等情况。4532名中小学生中，过去1个月内被家长骂，被家长用手打，被家长用尺子、木棍等工具打，被父母忽视的人数分别为1449人、708人、468人和649人。1025人身体遭到父母伤害，571人遭受父母咒骂。过去1个月内，被老师体罚的有708人，在校外被高年级同学拦截要东西的有147人，被同学打骂的有270人。在6216名中大学生中，有791名学生被同学起侮辱性外号，有603名学生被同学故意冷落，有173名学生被同学打/踢/推/挤来挤去/锁在室内，有498名学生被同学散布谣言，有105名学生因为身体残疾被恶意起绰号或评价，有426名学生被开色情玩笑或做色情动作，有233名学生被网络欺负。除了被家长骂、忽视、咒骂与性别无相关性外，其余行为均与性别相关，且男性占比高于女性，差异有统计学意义（$P<0.05$）。

五 讨论

青少年的健康问题是关系到国计民生和社会稳定的大事。贵州省青少年不良健康相关行为的发生率较高，表现为饮酒率及吸烟率较高、缺乏体育锻炼等。政府部门应建立贵州省青少年健康危险行为监测机制，根据贵州省社会经济情况、文化习俗和青少年的特点，制定有地方特色的干预措施，建立健康教育体系，切实提高贵州省青少年的健康素养，促进青少年身心健康。

青少年健康危险行为产生是多种因素共同作用的结果。家庭影响青少年健康行为的原因与教育方式的选择、金钱等物质条件的给予、家长的关心与交流以及家庭结构完整性密切相关。本研究证实家庭社会支持与青少年健康危险行为相关。提示应引导父母给予孩子更多的陪伴与照料，摒弃惩罚严厉、拒绝否认及过度保护干涉等不良的教养方式，家庭成员间应妥善处理好相互关系，为孩子营造一个良好的家庭氛围。注重提升青少年父母健康意识，家庭层面需充分了解不良饮食和吸烟、饮酒行为的危害性以及正确的应对方式，避免青少年沾染危险的健康行为，教导青少年形成良好的有益健康发展的行为习惯，为青少年建立一个良好的健康行为导向。关注子女在校的生活情况，对其投入更多的情感关怀和行为引导，并与学校保持顺畅的沟通交流，积极参与到家庭—学校合作的教育实践中，为青少年健康行为的形成提供一个良好的生活和社会环境。

处于校园的青少年，大部分时间与同学处在一起，同学、朋友是青少年性格形成和发展中的重要一环，同辈群体在社会支持系统中发挥着不可替代的作用。同伴对青少年行为的塑造有着不可低估的作用，同辈群体良好的行为能够起到带头示范作用，对不良健康行为提出批评，与同辈群体的密切交流能够使青少年形成相对正确的认知观念，使青少年心理更加健康。同辈影响抵抗力较低的个体则更容易受到同辈的影响，不易对健康危险行为做出正确的判断，从而产生更多的健康危险行为，因此要加强对同辈群体的健康教育，例如，举办各种集体活动以增加同学之间的互动。倡导和鼓励青少年树立正确的世界观、人生观和价值观，多与有相同价值观念和相同志趣的人成为朋友，与喜欢并能够倾诉的人成为朋友，充分发挥同辈教育的作用，使同辈的社会支持在青少年社会网络中作为家庭社会支持的补充。学校可以通过形式多样的实践活动进行法制教育，提高学生的法律意识，加强对法律知识的认知和理解，从源头上解决校园欺负问题。同时，学校还应该建立健全安全管理机制，加强校园安全巡逻，制定相关应对预案。

学校是青少年学生学习健康知识、培养健康行为的重要场所，但是学校教育缺乏强制力、教师教育思想不先进、健康教育及干预不足，这会导致或助长学生的不良行为。有研究表明，学校开设健康教育课对学生的健康知识知晓达标率和健康行为持有达标率具有正向促进作用，且随开课频次增加，学生健康知识知晓达标率和健康行为持有达标率均提升。学校应开设健康教育课程、开展健康主题活动等，丰富学生获取健康知识的途径，督促学生形成良好的健康行为；保障学生卫生设施的配备，加强学生健康服务，为学生健康行为形成提供必要的支持；加强对交通规则和道路安全方面的健康教育，积极为学生创造安全稳定的校园环境，减少意外伤害和校园欺负等现象的发生。

青少年的健康问题是关系到国计民生和社会稳定的大事，社会应该给予更多的关注。贵州省经济发展不平衡，青少年的健康行为和健康素质有待提升。所以，建议进一步加强经济落后地区的卫生保健系统的建设，营造青少年居住社区健康环境，宣传积极的健康行为、生活方式，通过社会和家庭两方面的引导，增强青少年的健康意识，让他们在成长中懂得自我保健，形成促进健康的行为，避免有害健康的不良行为发生。

六　研究的局限性与展望

本研究为横断面研究，存在一定的局限性，数据通过自我报告问卷收集，可能导致偏倚。未来有必要进一步完善青少年健康行为监测工作，开展纵向研究，以确定青少年健康相关行为随时间的潜在变化。

参考文献

季成叶：《青少年健康危险行为》，《中国学校卫生》2007 年第 4 期。

季成叶主编《中国青少年健康相关/危险行为调查综合报告 2005》，北京大学医学出版社，2007。

王拱彪等：《贵州少数民族地区青少年健康危险行为现状》，《中国学校卫生》2019 年第 9 期。

任衍镇等：《中山市儿童青少年心理健康状况调查及相关因素分析》，《四川精神卫生》2015 年第 5 期。

张萍等：《无锡市梁溪区中小学生健康相关行为及影响因素分析》，《中国慢性病预防与控制》2018 年第 8 期。

陈素云：《论学校、家庭、同辈群体在大学生心理健康社会支持中的互构》，《学校党建与思想教育》2014 年第 24 期。

安静等：《同伴影响、风险决策与青少年健康危害行为的相关性》，《中华预防医学杂志》2013 年第 3 期。

包翠秋、冉亚辉：《青少年学生不良行为奖励性强化的问题与应对》，《教学与管理》2015 年第 27 期。

吕书红、王夏玲、刘志业：《学校健康教育对中小学生健康相关知识和行为影响分析》，《中国健康教育》2020 年第 5 期。

汤海英等：《上海市奉贤区青少年亚健康状态和健康危险行为的相关性研究》，《健康教育与健康促进》2018 年第 3 期。

刘志业、吕书红：《5 省初中学生自报健康状况及健康相关认知行为分析》，《中国健康教育》2019 年第 5 期。

李亚杰等：《2018 年西藏山南市高年级小学生伤害相关健康危险行为调查》，《预防医学情报杂志》2020 年第 9 期。

桂祝、孙振波：《民族地区青少年体质健康影响因素分析与干预措施——以贵州省为例》，《广州体育学院学报》2018 年第 3 期。

孙钰等：《少数民族和汉族儿童健康相关行为的比较研究》，《中国全科医学》2014 年第 1 期。

"World Health Statistics Overview 2019: Monitoring Health for the SDGs, Sustainable Development Goals," WHO, 2019.

R.16
广东省中山市青少年健康行为调查研究报告*

黄思哲　张子龙　王政和　黄晓霞　王旭麟**

摘　要　本文采用中国社会科学院大学研发的《中国青少年健康行为网络调查问卷》，合计抽取5276人开展调查。结果显示，促进青少年健康的相关行为方面，饮食习惯较为健康，吃外卖、快餐的行为随着年龄的增加呈现增长趋势，睡眠质量较高，身体活动有待增加；危害青少年健康的相关行为方面，95.6%的学生从不吸烟，89.1%的学生从不饮酒，但青少年玩电子游戏时间较长，校园欺负现象较少；新冠肺炎疫情对青少年的生活产生了较大影响，但青少年对此抱有较为乐观的态度；家庭富裕程度、父母工作状况与受教育程度等都会对青少年健康产生一定的影响。最终得出结论，广东省中山市青少年健康状况总体良好，可以着重从家庭教育入手促进青少年的健康发展。

关键词　青少年　家庭　健康相关行为

---

* 本文系国家社会科学基金项目“在健康社会决定因素框架下构建我国儿童健康行为测量指标体系”（项目编号：18BSH073）阶段性成果。广东省的问卷调查，中小学在中山市进行，大学在广东省进行。文中过去30天等均以问卷调查日期为节点。

** 黄思哲，中山市中小学卫生保健所健康教育与健康促进副主任医师，主要研究方向为学校健康教育与健康促进；张子龙，博士，中山大学公共卫生学院副教授，主要研究方向为环境流行病学和儿童青少年健康；王政和，博士，南方医科大学公共卫生学院，主要研究方向为儿童青少年生长发育及其影响因素；黄晓霞，中山市中小学卫生保健所公共卫生主管医师，主要研究方向为营养与食品卫生学；王旭麟，中山市中小学卫生保健所，主要研究方向为疾病预防控制。

一　研究背景

随着社会经济和物质环境不断发展变化，青少年正面临着近视、肥胖、心理问题、慢性病低龄化等多重健康风险和疾病威胁，亟须采取必要措施加以教育干预，提升其健康水平。《健康中国行动（2019—2030年）》中的“中小学健康促进行动”提出了一系列工作措施和目标。据调查，中山市学生近视率、超重和肥胖检出率、营养不良率、恒牙龋患率、血压偏高率等有逐年升高趋势，亟待进行干预。健康行为、生活方式是个体健康的重要影响因素，而健康危险行为中不良生活方式往往被忽视，且其潜伏期长、难改变，对个体健康危害大。新冠肺炎疫情对整个社会造成了重要影响。青少年处于成长及健康行为养成的关键期，采取必要措施避免和减少他们受新冠肺炎疫情等突发事件影响，具有现实意义和长远作用。该项目的调研结果将为青少年发展相关部门制定促进青少年健康政策提供科学实证依据，有助于采取有针对性的教育干预措施，预防和减少青少年健康危险行为的发生，从而提高全市青少年身心健康水平。

二　调查对象和方法

（一）调查对象

调查对象为中山市大、中、小学生。中小学主要调查对象来自小学五年级、初二、高一和高二。大学生包括大一、大二、大三的学生。

（二）抽样方法

在中山市范围内抽取6个区/镇街进行调查。在每个区/镇街内选取4所学校，包括小学1所、初中1所、高中1所、职业学校1所，对样本学校进行抽样时，兼顾公办学校和民办学校、寄宿制学校和非寄宿制学校。另外将中山市市内5所高等院校纳入抽样学校。在抽样学校的小学五年级、初二、高一、高二，以及大一、大二、大三年级里，每个年级随机抽取2个班级，所抽中班级里的全班学生全部调查。

本次调查对象为中山市不同学段就读学生，共5276人，包括男生2887人，女生2389人；小学五年级学生545人，初二学生515人，高一学生1226人，高二学生1135人，大一学生616人，大二学生606人，大三学生633人。其中回答A卷学生有2688人，回答B卷学生有2588人。

三 研究结果

（一）促进青少年健康的相关行为

1. 饮食行为

早餐行为。78.3%的学生上学日每天吃早餐，63.9%的学生休息日每天吃早餐，小学生上学日及休息日每天吃早餐报告率最高，分别为91.3%、87.1%，大学生最低，分别为64.7%、50.1%。但每个学段都有报告不坚持每天吃早餐的行为，且随学段/年龄的增加而增加。

吃饭时看电视或视频的行为。24.2%的学生从不边吃饭边看电视或视频，小学生从不边吃饭边看电视或视频报告率最高，为47.4%，最低是大学生，为15.6%。各学段均有报告边吃饭边看电视或视频行为，且随着学段/年龄的增加而增加。

吃外卖、快餐行为。学生报告从未吃外卖、快餐的占13.4%，其中，小学生最高，为26.1%，最低是大学生，为8.4%。每周吃5~7次外卖、快餐的占4.1%，大学生报告率最高，为8.4%，初中生最低，为1.1%。吃外卖、快餐行为在各学段均有发生，总体呈现出随着学段/年龄的增加而增加的趋势。

2. 睡眠行为

每天睡觉时间。89.2%的小学生在晚上10点之前入睡，52.1%的初中生在晚上10点前入睡，26.1%的高中生在晚上10点前入睡，89.7%的大学生在晚上10点后睡觉，晚上入睡时间整体呈现随学段/年龄增加而延后的趋势。

对睡醒感觉的评价。有70.6%的学生清晨醒来之后感到精神状态比较饱满，高中生和大学生报告睡醒后总是精神饱满的比例分别是15.1%、10.2%；高中生和大学生报告从未感觉到醒后精神饱满的比例分别是10.7%、9.3%。

3. 身体活动

每天1小时体育锻炼情况。小学生有54.4%每周超过1小时的锻炼天数大于等于4天，而大三学生仅有26.5%，每周运动天数整体呈现随学段/年龄的增加而减少的趋势，小学生报告每天1小时的体育锻炼的比例最高，为29.3%，最低是大学生，为9.5%。

家务劳动情况。83.8%的学生每周家务劳动时长在3小时之内；24.7%的学生每周家务劳动时长少于1小时，其中大学生报告率最高，为29.7%，最低是小学生，为15.3%。

（二）青少年健康危险行为状况

1. 吸烟行为

吸烟情况。有95.6%的学生从不吸烟，4.4%的学生报告有吸烟行为，吸烟天数整体呈现随学段/年龄的增加而增加的趋势。1.0%的高中生、2.0%的大学生报告过去1个月每天都吸烟。

使用电子烟情况。95.6%的学生过去从不使用电子烟，4.4%的学生报告过去30天使用过电子烟。学生使用电子烟的情况各学段都有报告，整体呈现年级越高使用率越高的趋势。男生的电子烟使用率（6.9%）高于女生（1.4%）；高中二年级和大学三年级男生是使用电子烟的重点人群，报告率分别为12.3%、10.8%。

2. 饮酒行为

有89.1%的学生从不饮酒，10.9%的学生报告有饮酒行为；饮酒行为整体呈现随学段/年龄的增加而增加的趋势。1.0%的学生报告自己过去30天每天都饮酒，大学生过去30天从不饮酒的比例最低，为78.0%，最高是小学生，为97.9%。

3. 电子游戏行为

各学段学生报告休息日玩电子游戏时间均比上学日长，学生休息日玩电子游戏1小时报告率比上学日大幅降低，但超过1小时的其他时长报告率显著提升。上学日时，小学、初中和高中玩电子游戏时间为1小时报告率居高，分别是58.5%、83.1%、55.5%，而大学生玩电子游戏时间2～3小时报告率居高，为42.0%。休息日时，小学生玩电子游戏时间2～3小时报告率居高，为40.8%；中学生和大学生报告率最高的游戏时间均上升到4～5小时，报告率分别为31.4%、32.5%。与上学日比较，休息日初中生玩电子游戏时间1小时报告率下降幅度最大，超50%。

4. 校园欺负行为

各个学段学生从未遭受各类校园欺负行为的比例为78.9%～97.6%。被别人取过侮辱性外号、被故意冷落、被散布谣言是最常见的校园欺负行为。21.1%的学生报告受过至少一次语言欺负，15.1%的学生报告受过至少一次关系欺负，11.8%的学生报告受过至少一次舆论欺负。

（三）新冠肺炎疫情相关认知和态度、情绪行为状况

1. 新冠肺炎疫情相关认知和态度

89.9%的初中以上学生认为通过采取措施可以防止被感染，但29.4%的初中以上学生担心被新冠病毒感染。

2. 新冠肺炎疫情相关情绪行为

在受新冠肺炎疫情影响方面，小学男生担心疫情感染而反复清洁的报告率最高，为81.0%；初中女生因缺乏时间进行防疫清洁而感到沮丧的报告率最高，为21.2%；大学女生感觉学习、生活受干扰报告率最高，为57.5%。

（四）青少年健康危险行为的家庭因素关联分析

1. 家庭富裕程度与学生健康行为的关联

不同家庭富裕程度的学生间，其规律早餐、规律运动报告率差异具有统计学意义（$P<0.001$），且家庭富裕程度越高，规律早餐及运动的行为报告率越高；按时睡觉、每周玩游戏时间在3小时以内、无吸烟饮酒行为在不同家庭富裕程度的学生间报告率差异均具有统计学意义（$P<0.001$）；吃外卖、快餐行为在不同家庭富裕程度的学生间报告率差异具有统计学意义（$P<0.05$）（见表1）。

表 1 家庭富裕程度与学生健康行为的关联

单位：人，%

健康行为	家庭富裕程度						P
	较低		中等		较高		
	人数	占比	人数	占比	人数	占比	
规律早餐	156	39.6	353	19.0	75	17.2	<0.001
	238	60.4	1506	81.0	360	82.8	
点外卖、快餐频率	167	42.4	747	40.2	174	40.0	0.04
	152	38.6	850	45.7	202	46.4	
	75	19.0	262	14.1	59	13.6	
睡觉时间	72	18.3	516	27.8	224	51.5	<0.001
	252	64.0	1204	64.8	192	44.1	
	70	17.8	139	7.5	19	4.4	
超过 1 小时运动天数	210	53.3	859	46.2	127	29.2	<0.001
	129	32.7	713	38.4	187	43.0	
	55	14.0	287	15.4	121	27.8	
每周玩游戏时间	279	70.8	1494	80.4	361	83.0	<0.001
	115	29.2	365	19.6	74	17.0	
吸烟（30 天内）	358	90.9	1791	96.3	421	96.8	<0.001
	36	9.1	68	3.7	14	3.2	
饮酒（30 天内）	327	83.0	1670	89.8	397	91.3	<0.001
	67	17.0	189	10.2	38	8.7	

2. 父母工作状况与学生健康行为的关联

父母工作状况不同的学生间规律早餐、规律运动报告率差异具有统计学意义（$P<0.001$），且父母都无工作组的规律早餐及运动报告率最低；按时睡觉、很少吃外卖和快餐、无吸烟饮酒行为在父母工作状况不同的学生间报告率差异均具有统计学意义（$P<0.001$）；每周玩游戏时间 3 小时内在父母工作状况不同的学生间报告率差异无统计学意义（见表 2）。

表 2　父母工作状况与学生健康行为的关联

单位：人，%

健康行为		父母工作状况								P
		都无工作		一方有工作		都有工作		状态未知		
		人数	占比	人数	占比	人数	占比	人数	占比	
规律早餐	否	46	45.1	152	23.9	282	17.7	73	25.8	<0.001
	是	56	54.9	484	76.1	1314	82.3	210	74.2	
点外卖、快餐频率	很少	37	36.3	221	34.7	654	41.0	151	53.4	<0.001
	偶尔	42	41.2	299	47.0	734	46.0	99	35.0	
	经常	23	22.5	116	18.2	208	13.0	33	11.7	
睡觉时间	22 点前	30	29.4	157	24.7	506	31.7	101	35.7	<0.001
	22～24 点	59	57.8	400	62.9	991	62.1	154	54.4	
	24 点后	13	12.7	79	12.4	99	6.2	28	9.9	
超过 1 小时运动天数	0～2 天	55	53.9	309	48.6	651	40.8	144	50.9	<0.001
	3～5 天	37	36.3	237	37.3	632	39.6	97	34.3	
	6～7 天	10	9.8	90	14.2	313	19.6	42	14.8	
每周玩游戏时间	≤3 小时	80	78.4	500	78.6	1291	80.9	213	75.3	0.15
	>3 小时	22	21.6	136	21.4	305	19.1	70	24.7	
吸烟（30 天内）	否	87	85.3	608	95.6	1550	97.1	263	92.9	<0.001
	是	15	14.7	28	4.4	46	2.9	20	7.1	
饮酒（30 天内）	否	79	77.5	562	88.4	1450	90.9	248	87.6	<0.001
	是	23	22.5	74	11.6	146	9.1	35	12.4	

3. 父母受教育程度与学生健康行为的关联

父母受教育程度不同的学生间规律早餐、规律运动报告率差异具有统计学意义（$P<0.001$），父母受教育程度越低，规律早餐及运动的报告率越低；很少吃外卖和快餐、按时睡觉、每周玩游戏时间 3 小时内、无吸烟饮酒行为报告率在父母受教育程度不同的学生间差异均具有统计学意义（$P<0.05$）（见表 3、表 4）。

表 3　父亲受教育程度与学生健康行为的关联

单位：人，%

健康行为	父亲受教育程度						P
	中学		大学及以上		状态未知		
	人数	占比	人数	占比	人数	占比	
规律早餐	295	20.0	84	14.2	68	35.6	<0.001
	1180	80.0	508	85.8	123	64.4	
点外卖、快餐频率	578	39.2	235	39.7	95	49.7	0.004
	653	44.3	291	49.2	72	37.7	
	244	16.5	66	11.1	24	12.6	
睡觉时间	378	25.6	248	41.9	69	36.1	<0.001
	979	66.4	311	52.5	97	50.8	
	118	8.0	33	5.6	25	13.1	
超过 1 小时运动天数	678	46.0	207	35.0	86	45.0	<0.001
	572	38.8	233	39.4	73	38.2	
	225	15.3	152	25.7	32	16.8	
每周玩游戏时间	1150	78.0	514	86.8	146	76.4	<0.001
	325	22.0	78	13.2	45	23.6	
吸烟（30 天内）	1422	96.4	573	96.8	175	91.6	<0.001
	53	3.6	19	3.2	16	8.4	
饮酒（30 天内）	1322	89.6	542	91.6	167	87.4	0.003
	153	10.4	50	8.4	24	12.6	

表 4　母亲受教育程度与学生健康行为的关联

单位：人，%

健康行为	母亲受教育程度					P
	中学		大学及以上		状态未知	
	人数	占比	人数	占比	占比	
规律早餐	83	18.8	61	16.1	31.1	<0.001
	432	81.2	135	83.9	68.9	
点外卖、快餐频率	198	39.8	100	38.4	51.0	0.006
	251	45.8	70	48.7	35.7	
	66	14.3	26	12.8	13.3	

续表

健康行为	母亲受教育程度					P
	中学		大学及以上		状态未知	
	人数	占比	人数	占比	占比	
睡觉时间	230	26.0	82	44.7	41.8	<0.001
	257	66.2	92	49.9	46.9	
	28	7.9	22	5.4	11.2	
超过1小时运动天数	177	44.8	95	34.4	48.5	<0.001
	205	39.1	74	39.8	37.8	
	133	16.1	27	25.8	13.8	
每周玩游戏时间	439	78.5	146	85.2	74.5	0.002
	76	21.5	50	14.8	25.5	
吸烟（30天内）	501	96.5	177	97.3	90.3	<0.001
	14	3.5	19	2.7	9.7	
饮酒（30天内）	480	89.9	169	93.2	86.2	<0.001
	35	10.1	27	6.8	13.8	

注："状态未知"人数暂缺。

4. 与父母居住状况与学生健康行为的关联

不与父母一起居住的不规律早餐报告率（40.9%）明显高于与父母一起居住的（20.9%），且差异具有统计学意义（$P<0.001$）；与父母一起居住组，规律运动、很少点外卖和快餐、按时睡觉、每周玩游戏时间3小时内及不吸烟报告率均高于不与父母同住组，差异均具有统计学意义（$P<0.05$）；饮酒行为报告率在两组间差异无统计学意义（见表5）。

表5　与父母居住状况与学生健康行为的关联

单位：人，%

健康行为		是否与父母居住				P
		否		是		
		人数	占比	人数	占比	
规律早餐	否	47	40.9	537	20.9	<0.001
	是	68	59.1	2036	79.1	

续表

健康行为		是否与父母居住				P
		否		是		
		人数	占比	人数	占比	
点外卖、快餐频率	很少	41	35.7	1047	40.7	<0.001
	偶尔	41	35.7	163	45.2	
	经常	33	28.7	363	14.1	
睡觉时间	22点前	23	20.0	789	30.7	0.003
	22~24点	74	64.3	1574	61.2	
	24点后	18	15.7	210	8.2	
超过1小时运动大数	0~2天	63	54.8	1133	44.0	0.05
	3~5天	39	33.9	990	38.5	
	6~7天	13	11.3	450	17.5	
每周玩游戏时间	≤3小时	74	64.3	2060	80.1	<0.001
	>3小时	41	35.7	513	19.9	
吸烟（30天内）	否	105	91.3	2465	95.8	0.02
	是	10	8.7	108	4.2	
饮酒（30天内）	否	2296	89.2	98	85.2	0.18
	是	277	10.8	17	14.8	

5. 与家人关系状况与学生健康行为的关联

学生与父母关系较差组，其规律早餐、规律运动行为报告率低于与父母关系较好组，且差异具有统计学意义（$P<0.001$）；很少吃外卖和快餐、按时睡觉、无饮酒行为报告率在两组间差异均具有统计学意义（$P<0.05$），而每周玩游戏时间3小时内、无吸烟行为报告率在两组间差异不具有统计学意义（见表6）。

表6 与家人关系状况与学生健康行为的关联

单位：人，%

健康行为		与家人关系				P
		较差		较好		
		人数	占比	人数	占比	
规律早餐	否	175	29.7	409	19.5	

续表

健康行为		与家人关系				P
		较差		较好		
		人数	占比	人数	占比	
规律早餐	是	414	70.3	1690	80.5	<0.001
点外卖、快餐频率	很少	235	39.9	853	40.6	0.01
	偶尔	245	41.6	959	45.7	
	经常	109	18.5	287	13.7	
睡觉时间	22 点前	148	25.1	664	31.6	0.001
	22~24 点	376	63.8	1272	60.6	
	24 点后	65	11.0	163	7.8	
超过 1 小时运动天数	0~2 天	322	54.7	874	41.6	<0.001
	3~5 天	194	32.9	835	39.8	
	6~7 天	73	12.4	390	18.6	
每周玩游戏时间	≤3 小时	456	77.4	1678	79.9	0.18
	>3 小时	133	22.6	421	20.1	
吸烟（30 天内）	否	555	94.2	2015	96.0	0.06
	是	34	5.8	84	4.0	
饮酒（30 天内）	否	510	86.6	1884	89.8	0.03
	是	79	13.4	215	10.2	

6. 家庭氛围与学生健康行为的关联

家庭氛围较差组规律早餐、规律运动行为、按时睡觉报告率均低于家庭氛围较好组，差异均具有统计学意义（$P<0.001$）；每周玩游戏时间 3 小时内、无吸烟行为、无饮酒行为报告率在两组间差异均具有统计学意义（$P<0.05$），而吃外卖和快餐行为报告率在两组间差异无统计学意义（见表 7）。

表 7　家庭氛围与学生健康行为的关联

单位：人，%

健康行为		家庭氛围				P
		较差		较好		
		人数	占比	人数	占比	
规律早餐	否	249	29.2	335	18.3	

续表

健康行为		家庭氛围				P
		较差		较好		
		人数	占比	人数	占比	
规律早餐	是	605	70.8	1499	81.7	<0.001
点外卖、快餐频率	很少	332	38.9	756	41.2	0.21
	偶尔	382	44.7	822	44.8	
	经常	140	16.4	256	14.0	
睡觉时间	22点前	209	24.5	603	32.9	<0.001
	22~24点	551	64.5	1097	59.8	
	24点后	94	11.0	134	7.3	
超过1小时运动天数	0~2天	453	53.0	743	40.5	<0.001
	3~5天	298	34.9	731	39.9	
	6~7天	103	12.1	36	19.6	
每周玩游戏时间	≤3小时	656	76.8	1478	80.6	0.02
	>3小时	198	23.2	356	19.4	
吸烟（30天内）	否	804	94.1	1766	96.3	0.01
	是	50	5.9	68	3.7	
饮酒（30天内）	否	737	86.3	1657	90.3	0.002
	是	117	13.7	177	9.7	

四　分析与讨论

本研究发现，广东省中山市青少年健康行为总体情况良好。上学日的学生健康行为表现比休息日好；小学生的健康饮食、早睡、规律锻炼、参与家务劳动等健康行为表现最优；学生吸烟饮酒行为报告率普遍较低；绝大多数学生能积极面对新冠肺炎疫情对学习、生活等的影响，保持乐观勇敢心态。同时，青少年健康相关行为在不同年龄、性别、户籍、家庭背景间有差异。青少年健康相关行为与其自身身心状况相关，还与外界的物质、社会环境和支持有关，同时受家庭和家长直接影响。中山市一直高度重视青少年健康，积极推进各项青少年健康服务和保障行动，大力提升学校健康教育、家庭健康教育工作水平，促使本市广大青少年健康知识水平和技能得到很大提高。青少年较高的认知水平、健康素养、生活技能水平等是健康危险行为的保护性因素。

健康行为—社会生态学模型认为，个体健康相关行为受外界影响，除了表现为个体与环境之间的适配选择，还表现为多个因素多个行为交互影响。如果环境和政策不能使个人选择健康的行为，提供个体改变行为的动机和技巧也是没有实效的。因此，对于青少年健康相关行为的教育干预，仅仅依靠加强学校健康教育、提供个体改变行为的动机和技巧是远远不够的，最有效的行为改变方式是多层级干预，关键是要持续地从家庭等外部系统、社会资本等宏观系统入手加以调整。

本研究发现，不良饮食行为、晚睡、缺乏锻炼等健康危险行为在中山市各学段学生中均有存在，随着年龄的增长，健康危险行为逐渐增多。这与国内多地青少年健康危险行为研究结果相似。不良饮食行为、晚睡、缺乏锻炼、游戏上瘾等健康危险行为对个体身心健康都会产生危害，尤其是对于正处在生命准备阶段的青少年而言。例如，大学生中，上学日及休息日规律早餐行为报告率分别为64.7%、50.1%，从不边吃饭边看电视或视频行为报告率为15.6%，从不吃外卖、快餐报告率为8.4%，每天坚持1小时体育锻炼报告率仅为9.5%，远低于小学生和中学生，另外，大学生晚于晚上11点睡觉报告率高达60.0%，上学日及休息日玩电子游戏时间亦较长，吸烟（电子烟）饮酒行为报告率较高。大学生健康危险行为的发生及发展受多重因素影响，包括了生活费高、独生子女、就读专业、生源地、性别等自身因素，此外，还有父母心理控制、儿童期不良经历、成功动机、心理控制源等外界因素。大学生健康危险行为与注意缺陷多动障碍症状及焦虑、抑郁、人格障碍等心理状态存在交互影响。中山市学生常见病监测和干预工作针对大学生方面已有所加强，但仍需采取更科学精准的对策。有学者提出，面对大学生健康危险行为聚集，可考虑从调整睡眠质量，及早干预焦虑、抑郁入手，只有综合干预才可获得效果。基于大学生健康危险行为影响因素的多样性、多重性、交互性，对大学生进行分级分类干预并结合综合干预显得十分必要。

在2020年新冠肺炎疫情防控期间，学生的心理健康问题也需引起注意。

本研究发现，中山市学生均报告与疫情相关的焦虑、沮丧等不良情绪，且呈现出与年龄和性别相关的特点。本研究中，学生报告小学男生易出现焦虑表现，初中女生易有沮丧情绪，大学女生感觉疫情对生活干扰较多。在面对大型疫情等突发事件应急状态下，学生心理健康问题出现概率高于平时。初中以上学生表现出内隐问题如出现焦虑、沮丧情绪等，这可能与青春期较敏感、自我成熟度不高、亲子冲突、学业成绩、亲子感知差异、消极应对等有关，家庭亲密度、性别、年级等是易感因素。尤其是居家线上学习期间，视屏时间增多、户外社交活动减少、线上学习不适应等易造成学生出现情绪行为问题。因此，家庭中监护人需特别关注未成年人的心理状况，多给予正向引导，在生活、卫生防护等方面给予鼓励和支持，尤其需要维系良好的亲子关系、家庭氛围，同时也要积极向学校争取在学业方面提供帮助，尽可能减轻学生各方面的心理压力。

此外，本研究发现欺负行为在中山市各学段学生中普遍存在，该发现与多地调查显示结果一致，需要引起重视。青少年欺负行为是导致睡眠质量差、心理精神状态差等的潜在因素，对学生生命健康安全造成很大危害。青少年欺负问题多发与社会情感能力培养欠缺、父母教养方式不佳、同伴朋辈等人际环境较差有关。提高学生自我效能感及健康素养、改善班级氛围、识别求助行为等可以改善校园欺负状况。建议从初中生等易感人群入手，从家庭、学校、社会、个人四方面构建综合治理校园欺负工作体系。

家庭是影响学生健康相关行为的关键性因素，亟待加以重视。本研究发现，家庭富裕程度、父母受教育程度、父母工作状况、与父母居住状况、家庭氛围、与家人关系状况均与学生良好饮食行为、规律运动、按时睡觉、电子游戏时间控制、无吸烟饮酒行为存在显著关联。家庭通过微观系统、中观系统对个体健康行为产生影响最早，也最重要，较高的家庭富裕程度、父母受教育程度等是学生健康行为形成的社会支持因素。同时，努力培养良好的亲子关系、创造和谐融洽的家庭氛围等有利于孩子身心健康成长。因此，父母作为孩子的第一任老师，无论家庭背景如何，都需注重自身言传身教的榜样作用，自觉选择健康行为，努力教导孩子减少不健康行为。目前，进一步加强家庭健康教育已逐渐被提上政府有关部门的工作日程，该举措将是不断提高家长健康素养水平，从而更好地为青少年健康行为养成创造良好家庭环境支持的有效路径。

本研究展望和不足如下：一是需运用健康行为学等新理论对青少年健康相关行为表现做进一步追踪调查；二是对青少年健康相关行为的各方面影响因素需做进一步实证研究，尤其是健康危险行为在不同年龄、性别、户籍暴露的程度及其家庭影响因素亟待进一步研究；三是需从家庭、学校以及政府部门层面，对教育干预危害青少年健康的行为做进一步的对照研究。

参考文献

白璐、〔荷〕桑德琳、杨湃：《如何让孩子远离校园欺凌》，中国妇女出版社，2020。

黄敬亨主编《健康教育学》（第4版），复旦大学出版社，2009。

季成叶主编《现代儿童少年卫生学》（第2版），人民卫生出版社，2010。

程玉兰、田向阳主编《健康行为理论及应用》，人民卫生出版社，2020。

吕姿之主编《健康教育与健康促进》，北京医科大学、中国协和医科大学联合出版社，1998。

余小鸣主编《大学生健康教育》，高等教育出版社，2018。

尹永田、李少杰、王诗源编著《健康素养与健康行为》，山东大学出版社，2021。

阿尔孜古丽·喀喀尔等：《新冠肺炎疫情期间广东省中小学生情绪行为问题及影响因素》，《中国学校卫生》2021年第8期。

边长玲、孙喜望、王盼盼：《2019年山东省枣庄市中小学生健康危险行为调查分析》，《预防医学论坛》2022年第8期。

崔瑶：《欺凌受害类型对中学生健康危险行为的影响——基于潜在剖面分析》，硕士学位论文，沈阳师范大学，2021。

东靓等：《太原市大学生健康危险行为及其影响因素研究》，《现代预防医学》2021年第15期。

黄艳等：《重大突发公共卫生事件对中小学生的心理影响分析及情绪引导策略》，《西南大学学报》（自然科学版）2021年第12期。

贾至慧等：《江西省农村中小学生健康危险行为共发性及关联性》，《中国公共卫生》2022年第1期。

刘素等：《武汉市初中生欺凌状况及影响因素分析》，《中国健康教育》2022年第

6 期。

马军：《儿童青少年主要健康问题和研究热点》，《中国学校卫生》2020 年第 9 期。

马军：《关注青少年健康夯实健康中国基础》，《中华预防医学杂志》2018 年第 8 期。

王陈芳等：《大学生睡眠时型与聚集性健康危险行为的关联》，《现代预防医学》2021 年第 24 期。

吴婷等：《兰州大学学生心理健康、网络成瘾行为、健康危险行为与睡眠质量的相互作用关系调查》，《沈阳医学院学报》2016 年第 6 期。

张莉等：《大学生健康危险行为的聚类分析》，《中国高等医学教育》2018 年第 7 期。

曾庆勇等：《江西省中小学生健康危险行为流行现状及影响因素分析》，《中国健康教育》2022 年第 3 期。

R.17
重庆市青少年健康相关行为现状及影响因素分析*

杨庆华　刘薇薇　王合春　吴婷婷　严雪琴　何　姗**

摘　要　本研究通过了解重庆市在校大、中、小学校青少年健康相关行为现状和影响因素，为教育、卫生等政府相关部门制定青少年健康的相关政策、行为准则等提供理论依据。本研究采用中国社会科学院大学研发的《中国青少年健康行为网络调查问卷》，在重庆市内采取随机抽样的方法，抽取涵盖26个区、8个县、4个自治县的大、中、小学生，调查人数共计2746人。结果显示，参与本次调查的青少年有较好的早餐习惯，周一至周五天天吃早餐的学生占68.6%；81.6%的学生上学期间能在第二天7点或之前醒来；经常参加体育锻炼的学生比例为38.1%。与自我危害健康相关的影响因素考查结果显示，9.52%的青少年吸过烟，青少年饮酒率为20.96%，10.04%的青少年参与过赌博；与外部危害健康相关的影响因素考查结果显示，有29.64%的青少年在过去12个月中自报被家长忽视过，同

* 本文系国家社会科学基金项目“在健康社会决定因素框架下构建我国儿童健康行为测量指标体系”（项目编号：18BSH073）阶段性成果。文中过去12个月等均以问卷调查日期为节点。

** 杨庆华，重庆市健康教育所副所长/编审（正高），主要研究方向为健康教育与健康促进、公共卫生政策；刘薇薇，重庆医科大学副教授、硕士研究生导师，主要研究方向为健康行为学、卫生政策、卫生经济学；王合春，重庆市健康教育所高级经济师，主要研究方向为健康教育与健康促进；吴婷婷，博士，重庆市中医药学院，主要研究方向为营养流行病、健康行为学；严雪琴，重庆医科大学卫生事业管理硕士研究生，主要研究方向为健康行为、卫生政策；何姗，博士，重庆医科大学讲师，主要研究方向为健康行为学、社区卫生、社区护理。

辈欺负行为中28.59%被别人取过侮辱性外号，网络欺负行为中有4.39%的男生参与过网络欺负；新冠肺炎疫情防控期间，75.86%的青少年能够与家人做一些交流，86.58%的青少年感觉学校关闭、居家线上学习对学习和生活有影响，67.44%的青少年当集中精力于正在做的事情时遇到问题。最终得出结论，重庆市青少年健康行为总体上值得肯定，需要理性对待疫情防控常态化时期青少年的家庭支持和社会支持，科学理性进行舆情引导和心理疏导，引导青少年树立正确的世界观、人生观和价值观。

关键词 青少年 健康相关行为 家庭支持 社会支持

一 研究概述

青少年是未来社会发展的生力军，肩负着国家的未来。促进青少年健康成长，对于国家未来的发展具有重要的意义。习近平总书记在全国卫生与健康大会上特别强调要重视青少年健康；《“健康中国2030”规划纲要》及《健康中国行动（2019—2030年）》对促进青少年健康行动提出明确目标和具体要求。

青少年健康危险行为（Youth Health Risk Behavior，YHRB），指给青少年健康、完好状态乃至成年期健康和生活质量造成损害的行为。目前我国青少年存在诸多健康危险行为，如膳食不合理、缺乏体育锻炼、意外伤害，以及吸烟、饮酒、药物使用等物质滥用行为，这些健康危险行为将成为青少年成长发育过程中的重要危险因素。

本研究以重庆市在校大、中、小学生为调查对象，研究青少年身体健康、心理健康与社会健康，通过饮食、睡眠、体育锻炼等生活方式调查，以及吸烟、饮酒和醉酒、赌博、网络成瘾与滥用电子产品等与自我危害健康相关的危险行为，家长（监护人）伤害、同辈欺负、网络欺负等与外部危害健康相关的危险行为，新冠肺炎疫情防控期间青少年健康相关行为等的特点分析，比较不同社会支持及外部危险因素对青少年健康行为的影响，在此基础上提出有针对性的健康促进方案与措施，为政府解决青少年健康发展问题提供政策依据。

二　研究方法

（一）监测目标人群

小学五年级和六年级、初一和初二年级、高一和高二年级、大学一年级到三年级，共九个年级的学生。

（二）抽样方法

综合考虑我国的社会经济发展水平、地域差异、城乡类型等因素，本次调查在全国范围内抽取10个省和直辖市，按照分层随机抽样方法开展网络调查。在重庆市内采取随机抽样的方法，抽取涵盖26个区、8个县、4个自治县的大、中、小学生。兼顾城市户籍与非城市户籍，抽样对象包括了留守儿童、流动儿童等特殊群体。

（三）调查问卷

采用中国社会科学院大学研发的《中国青少年健康行为网络调查问卷》进行调查，调查问卷分为A、B两卷，参加本次调查的大、中、小学校学生A卷应答1412人，B卷应答1334人，合计2746人。其中，男生1143人（41.62%），女生1603人（58.38%）；小学生（五年级～六年级）360人（13.11%），初中生（初一～初二）526人（19.16%），高中生（高一～高二）839人（30.55%），大学生（大一～大三）1021人（37.18%）；城市户籍1460人（53.17%），非城市户籍1286人（46.83%）；留守儿童206人（11.94%），流动儿童263人（15.25%）①。

（四）社会支持评定量表

采用社会支持评定量表计算所对应变量总分，得分越高表示支持度越高，以研究对象得分的*P*50为分界划分为较差/低组和较好/高组，便于组

① 留守/流动儿童的测算不含大学生。

间比较，分析家庭社会支持、原生家庭富裕程度、原生家庭社会阶层等不同社会支持程度下青少年自我健康危险行为是否有显著性差异。

（五）统计分析运用

建立数据库并采用 SPSS 25. 0 软件进行统计分析。分析方法包括描述性统计分析、卡方检验；应用多因素 Logistic 回归模型和线性回归模型评价不同社会支持程度下的健康危险行为及影响因素。显著性检验水准 $\alpha = 0.05$。

三　主要研究结果

（一）促进健康相关行为情况

1. 饮食

与 2019 年北京大学儿童青少年卫生研究所对全国 6 ~ 22 岁学生的调查结果相比，本次调查中，青少年饮食行为相对健康，基本与全国平均水平持平。回答该部分问题的 1334 名学生中，周一至周五天天吃早餐的学生占 68. 6%，仅 6. 1% 的学生从不吃早餐。周六至周日两天都吃早餐的学生占 42. 9%。

各类食物摄入方面，在接受调查的学生中，每天至少摄入一次谷物（米、面制品等）和薯类食物的学生占 49. 5%；每天至少摄入一次新鲜蔬菜的学生占 40. 9%；每天至少摄入一次肉类（如牛肉、猪肉等）的学生占 40. 6%；每天至少摄入一次奶及奶制品（鲜奶、酸奶、奶酪等）的学生占 30. 4%；26. 9% 的学生每天至少摄入一次蛋类及其制品（如鸡蛋、鸭蛋或其他蛋类）；26. 4% 的学生每天至少摄入一次新鲜水果；13. 3% 的学生每天至少摄入一次鱼、虾等水产品（如鲜或干鱼及贝类）；此外，26. 9% 的学生一周内摄入 5 次以上甜食类（如糖果、蜂蜜、蛋糕等）。

2. 睡眠

上学期间 53. 4% 的学生能在 22：30 前上床睡觉，休息日在 22：30 前上床睡觉人员占 38. 8%；81. 6% 的学生报告上学期间能在第二天 7 点或之前醒来。

3. 体育锻炼

能够做到每天体育锻炼 1 小时同时每周至少锻炼 3 天（经常参加体育锻

炼）的学生比例为38.1%，经常参加体育锻炼行为存在性别差异（男生44.5% VS 女生32.0%，$P<0.001$）。此外，初中生和小学生经常锻炼率最高（48.8%），其次是高中生（43.3%），大学生最低（23.3%）。

（二）与自我危害健康相关的危险行为现状

1. 物质性成瘾行为

（1）吸烟

2018年重庆市烟草流行监测数据显示，全市15岁及以上人群吸烟率为24.8%。2019年，重庆组织开展了第二轮青少年烟草流行监测，监测结果显示，初中学生现在吸烟率为2.3%，尝试吸烟率为10.8%。高中学生现在吸烟率为5.8%，尝试吸烟率为20.9%。本次调查结果显示，90.48%的学生从不吸烟，60.34%的青少年意识到了卷烟和电子烟的危害一样大（见表1）。青少年吸第一支烟时年龄是在14岁及以下的比例为4.48%，第一次吸电子烟的年龄在14岁及以下者占1.49%。

表1　青少年吸烟情况

单位：人，%

吸烟情况		人数（占比）	合计
一生吸烟情况	从未吸烟	1207（90.48）	1334（100）
	吸烟	127（9.52）	
是否使用过电子烟	是	95（7.12）	1334（100）
	否	1239（92.88）	
烟草危害认识	卷烟危害大	480（33.99）	1412（100）
	电子烟危害大	80（5.67）	
	两种一样大	852（60.34）	
过去30天内，最后一次吸卷烟的获取方式	自己买的	62（10.71）	579（100）
	同学给的	9（1.55）	
	父母给的	10（1.73）	
	其他途径获取	19（3.28）	
	未吸烟	479（82.73）	

（2）饮酒和醉酒

本次调查结果显示，青少年饮酒率为20.96%，醉酒率为7.05%。过去30天饮酒率为16.19%，过去30天醉酒率为5.55%。过去12个月饮酒率为19.72%，过去12个月醉酒率为6.37%（见表2）。关于第一次饮酒、醉酒的年龄，第一次饮酒年龄>14岁者占32.26%；第一次醉酒年龄>14岁者占14.24%（见表3）。关于饮酒原因，39.90%的学生因为聚会助兴而饮酒；31.01%的学生为推动庆祝活动饮酒；25.88%的学生为了让社交活动更有趣而饮酒。

表2　青少年饮酒和醉酒情况

单位：人，%

饮酒和醉酒情况		人数（占比）	合计
一生饮酒	从未饮过	1058（79.31）	1334（100）
	饮过酒	276（20.69）	
一生醉酒	从未醉过	1240（92.95）	1334（100）
	醉过酒	94（7.05）	
过去30天饮酒	从未饮过	1118（83.81）	1334（100）
	饮过酒	216（16.19）	
过去30天醉酒	从未醉过	1260（94.45）	1334（100）
	醉过酒	74（5.55）	
过去12个月饮酒	从未饮过	1071（80.28）	1334（100）
	饮过酒	263（19.72）	
过去12个月醉酒	从未醉过	1249（93.63）	1334（100）
	醉过酒	85（6.37）	

表3　青少年第一次饮酒、醉酒的年龄与最近3个月1周饮酒次数

单位：人，%

类别		人数（占比）	合计
第一次饮酒年龄	从不饮酒	495（56.83）	871（100）
	≤14岁	95（10.91）	
	>14岁	281（32.26）	

续表

类别		人数（占比）	合计
第一次醉酒年龄	从不醉酒	723（83.01）	871（100）
	≤14 岁	24（2.76）	
	>14 岁	124（14.24）	
最近 3 个月 1 周饮酒次数	从不饮酒	1054（74.65）	1412（100）
	每周少于 1 次	279（19.76）	
	每周 1 次	42（2.97）	
	每周 2～3 次	24（1.70）	
	每周 4～5 次	7（0.50）	
	每天 1 次	1（0.07）	
	每天多次	5（0.35）	

2. 精神性成瘾行为

（1）赌博

中学生中，10.04%的学生参与过赌博；过去 12 个月，7.42%的学生参与赌博。关于赌博的影响，15.21%的学生对赌钱感到糟糕；12.04%的学生因为赌博被批评；11.41%的学生在赌博没有赢钱的时候告诉别人赢钱。

（2）网络成瘾与滥用电子产品

课余沉迷于网络及使用手机等电子产品时间较长。关于使用手机时间最长的功能和内容，68.82%的学生选择用社交软件聊天阅读，58.70%的学生选择看视频，51.35%的学生选择玩手机游戏；32.23%的学生认为使用手机比较重要，26.76%的学生认为使用手机重要，26.09%的学生认为使用手机非常重要。

（三）与外部危害健康相关的危险行为现状

1. 家长（监护人）伤害行为

家庭环境对青少年的教育发展具有重要影响。家长（监护人）是家庭系统重要的组成部分，是家庭各个子系统中对子女影响最大的因素。本次调查结果显示，在过去 12 个月中，有 29.64%的青少年自报被家长忽视过，其中女生、高中生被家长忽视的次数较多。在过去 12 个月中有 25.72%的青少年自报受到过父母身体伤害和咒骂，不同年级学生受到伤害频率不同。58.94%的青少年自报一生中受到过父母身体伤害和咒骂，女生发生率高于男生（$P>0.05$，见表4）。

表4　不同性别、年级青少年受到家长（监护人）伤害情况

单位：人，%

类别	合计	性别		年级*				
		男	女	小学	初一	初二	高一	高二
过去1个月中父母对你的忽视	有257 (29.64)	88 (23.28)	169 (34.56)	37 (22.56)	1 (33.33)	79 (30.86)	78 (32.10)	62 (30.85)
	无610 (70.36)	290 (76.72)	320 (65.44)	127 (77.44)	2 (66.67)	177 (69.14)	165 (67.90)	139 (69.15)
	χ^2	15.666		21.968				
	P	0.008		0.342				
父母身体伤害（一生）	有288 (33.22)	132 (34.92)	156 (31.90)	41 (25.00)	0 (0.00)	80 (31.25)	90 (37.04)	77 (38.31)
	无579 (66.78)	246 (65.08)	333 (69.10)	123 (75.00)	3 (100.00)	176 (68.75)	153 (62.96)	124 (61.69)
	χ^2	4.619		31.112				
	P	0.202		0.002				
父母咒骂（一生）	有223 (25.72)	90 (23.81)	133 (27.20)	29 (17.68)	0 (0.00)	64 (25.00)	66 (27.16)	64 (31.84)
	无644 (74.28)	288 (76.19)	356 (72.80)	135 (82.32)	3 (100.00)	192 (75.00)	177 (72.84)	137 (68.16)
	χ^2	7.257		32.079				
	P	0.064		0.001				

注：*此处不含大学。

2. 同辈欺负行为

同辈交往是青少年生活中重要的一部分，参与本次调查的青少年报告，受到过来自同学不同程度的欺负，其中被别人取过侮辱性外号最多（28.59%），其次是被其他同学故意冷落（18.07%）和被同学开色情玩笑或做色情动作（14.37%），再次是被其他同学散布谣言（13.51%）、被打/踢/推/挤来挤去/锁在室内（5.55%）。

3. 网络欺负行为

随着网络以及智能手机在青少年生活中的普及，校园欺负发生的环境开始延伸到网络空间，网络欺负成为越来越严重的社会问题。这种现象对于青少年将会造成巨大的心理伤害，影响其健康发展和成长。有研究表明，男生更容易成为网络欺负者；而遭受网络欺负的人中更多的是女生。本次调查结果与之前研究较为一致，6.66%的青少年报告遭受过网络欺负，其中女生发生率高于男生（$P<0.05$）；4.39%的男生报告参与过网络欺负。但这一结果也可能存在偏差，女生比男生更可能报告她们的受欺负经历，这可能是因为女生更倾向于认为网络欺负是一个严重问题，从而敏感性更强，更可能意识到其遭受到了网络欺负。

（四）新冠肺炎疫情防控期间青少年健康相关行为

1. 新冠肺炎疫情防控期间调查对象与家人关系

新冠肺炎疫情防控期间，75.86%的青少年能够做一些与家人交流有关疫情和舆情的信息、观点，分享一些自己的感觉和看法等事情，24.14%的青少年几乎不与家人进行交流或分享。其中和亲生父母居住的青少年与家人交流或分享的比例更高。

青少年自述新冠肺炎疫情防控期间与父母的关系相比于以往好很多和好一些的比例为33.66%，差不多和跟以前一样的比例为60.87%，差一些、差较多和比以前差非常多的比例为5.47%。男生、和亲生父母居住的青少年亲子关系改善的比例较高。

2. 新冠肺炎疫情对青少年学习和生活的影响

新冠肺炎疫情防控期间，86.58%的青少年感觉学校关闭、居家线上学习对学习和生活有影响；62.29%的青少年感觉不方便外出，如参加社交活动等；48.80%的青少年感觉娱乐场所关闭对学习和生活有影响；41.83%的青少年认为商场、超市、购物中心等关闭对学习和生活有影响。

3. 新冠肺炎疫情防控期间相关感受和行为

新冠肺炎疫情防控期间，67.44%的青少年当集中精力于正在做的事情时遇到问题，40.28%的青少年有尽量避免新冠病毒大流行的想法，60.91%的青少年倾向于每天花很多时间思考疫情问题并反复洗手，52.12%的青少年的日常学习、生活受到新冠肺炎疫情的干扰。

4. 新冠肺炎疫情防控期间中学生吸烟、饮酒等相关行为变化情况

在过去 12 个月有过吸烟、饮酒史的高中生中，因新冠肺炎疫情，7.03%的吸烟者改变了吸烟习惯，11.14%的饮酒者改变了饮酒习惯。

（五）与自我危害健康相关的影响因素

本次调查发现，家庭社会支持对青少年的成瘾行为有重要影响，主要表现在不同家庭社会支持程度的学生一生吸烟频率、第一次吸电子烟年龄不同（见表5）。

表 5　家庭社会支持与一生吸烟频率、第一次吸电子烟年龄

单位：人，次/人

类别		家庭社会支持		t	P
		较好	较差		
一生吸烟频率	人数	1027	307	-2.451	0.015
	平均值	1.31	1.54		
第一次吸电子烟年龄	从不吸电子烟	646	143	14.665	0.001
	≤14 岁	6	7		
	>14 岁	49	20		

（六）与外部危害健康相关的影响因素

1. 家长（监护人）伤害行为影响因素

考虑到家庭环境对青少年的教育发展具有重要影响，本次调查探究了亲子关系、母亲了解、父亲了解、社交支持和团体支持对家长（监护人）伤害行为的影响，结果显示，良好的亲子关系或可降低家长（监护人）伤害行为的发生率（见表6）。

表 6　源自家长（监护人）伤害行为的影响因素回归分析

类别		S. E.	P	OR	95% CI
父母身体伤害（一生）	亲子关系	0.106	<0.001	0.671	(0.545～0.825)
	母亲了解	0.036	<0.001	0.877	(0.817～0.941)

续表

类别		S. E.	*P*	OR	95% CI
父母身体伤害（一生）	父亲了解	0.029	0.026	0.938	(0.886 ~ 0.992)
	社交支持	0.042	0.014	1.109	(1.022 ~ 1.204)
	团体支持	0.013	0.022	0.972	(0.948 ~ 0.996)
父母身体伤害（过去 12 个月）	亲子关系	0.158	<0.001	0.557	(0.409 ~ 0.758)
	母亲了解	0.049	0.460	0.964	(0.876 ~ 1.062)
	父亲了解	0.045	0.603	0.977	(0.893 ~ 1.068)
	社交支持	0.063	0.127	1.100	(0.973 ~ 1.244)
	团体支持	0.019	0.036	0.960	(0.924 ~ 0.997)
父母咒骂（一生）	亲子关系	0.113	<0.001	0.583	(0.468 ~ 0.727)
	母亲了解	0.037	0.016	0.915	(0.852 ~ 0.984)
	父亲了解	0.030	0.001	0.906	(0.854 ~ 0.962)
	社交支持	0.045	0.024	1.107	(1.013 ~ 1.208)
	团体支持	0.014	0.007	0.964	(0.938 ~ 1.009)
父母咒骂（过去 12 个月）	亲子关系	0.135	<0.001	0.490	(0.377 ~ 0.639)
	母亲了解	0.041	0.001	0.874	(0.806 ~ 0.948)
	父亲了解	0.038	0.259	0.958	(0.888 ~ 1.032)
	社交支持	0.053	0.327	1.053	(0.949 ~ 1.169)
	团体支持	0.016	0.099	0.973	(0.942 ~ 1.005)

2. 同辈欺负行为影响因素

为探究减少同辈欺负行为发生的方法，本次调查发现良好的亲子关系等是避免遭受同辈欺负的影响因素（见表 7）。

表 7　同辈欺负行为的影响因素

类别	β	S. E.	B′	*t*	*P*
亲子关系	-0.296	0.148	-0.082	-2.003	0.046
母亲了解	-0.124	0.050	-0.106	-2.488	0.013
父亲了解	0.071	0.041	0.073	1.739	0.082
社交支持	-0.046	0.056	-0.039	-0.833	0.405
团体支持	-0.068	0.017	-0.196	-3.982	<0.001

3. 网络欺负行为影响因素

本次调查发现，好的团体支持可以避免参与网络欺负，良好的亲子关系可以避免被网络欺负（见表8），这可能是由于父母对孩子网络使用的监管能够避免孩子被网络欺负。

表8　网络欺负相关行为的影响因素

类别		S. E.	*P*	OR	95% CI
参与网络欺负	性别 女生（参考）				
	男生	0.326	0.219	0.670	(0.354 ~ 1.269)
	亲子关系	0.189	0.102	0.734	(0.507 ~ 1.064)
	母亲了解	0.602	0.977	1.002	(0.887 ~ 1.131)
	父亲了解	0.053	0.538	0.968	(0.872 ~ 1.074)
	社交支持	0.073	0.214	1.095	(0.949 ~ 1.263)
	团体支持	0.023	0.001	0.925	(0.885 ~ 0.967)
被网络欺负	性别 女生（参考）				
	男生	0.280	0.661	0.885	(0.512 ~ 1.530)
	亲子关系	0.166	0.001	0.572	(0.413 ~ 0.791)
	母亲了解	0.056	0.431	1.045	(0.936 ~ 1.167)
	父亲了解	0.046	0.549	0.973	(0.889 ~ 1.064)
	社交支持	0.064	0.584	0.965	(0.851 ~ 1.095)
	团体支持	0.020	0.171	0.973	(0.934 ~ 1.012)

（七）新冠肺炎疫情下，不同社会支持程度对青少年健康相关行为及疫情应对态度与信念的影响比较

本次调查结果显示，新冠肺炎疫情下，男生、留守儿童、良好的家人关系等可能会促进青少年与家人分享疫情舆情（见表9）。有着良好的家人关系、家庭氛围满意度高的青少年更有信心在新冠肺炎疫情中保护自己和家人；良好的社交和团体支持是影响青少年疫情心态的主要因素（见表10）。

表 9　青少年与家人分享疫情舆情影响因素 Logistic 分析

类别		S. E.	*P*	OR	95% CI
性别	女（参考）				
	男	0.172	0.012	1.537	(1.097 ~ 2.153)
留守儿童	否（参考）				
	是	0.261	0.023	1.814	(1.088 ~ 3.027)
和亲生父母居住	否（参考）				
	是	0.286	0.761	1.091	(0.623 ~ 1.910)
与家人关系		0.063	<0.001	1.276	(1.127 ~ 1.445)
家庭氛围满意度		0.058	0.178	1.082	(0.965 ~ 1.213)

表 10　青少年面对疫情的态度和信念的影响因素回归分析

类别		*β*	S. E.	*t*	*P*	95% CI
我可以保护自己	与家人关系	-0.043	0.016	-2.614	0.009	(-0.075 ~ 0.011)
	家庭氛围满意度	-0.003	0.015	-0.018	0.861	(-0.032 ~ 0.027)
我可以保护家人	与家人关系	-0.018	0.028	-0.643	0.520	(-0.073 ~ 0.037)
	家庭氛围满意度	-0.058	0.025	-2.323	0.020	(-0.108 ~ -0.009)
	与家人分享疫情舆情	0.051	0.084	0.602	0.548	(-0.115 ~ 0.216)
新冠心态	母亲了解	0.028	0.057	0.488	0.626	(-0.085 ~ 0.141)
	父亲了解	0.006	0.048	0.134	0.893	(-0.087 ~ 0.100)
	社交支持	0.176	0.066	2.659	0.008	(0.046 ~ 0.306)
	团体支持	0.116	0.020	5.787	<0.001	(0.077 ~ 0.156)
新冠措施	母亲了解	-0.006	0.018	0.370	0.712	(-0.041 ~ 0.028)
	父亲了解	0.020	0.015	1.362	0.174	(-0.009 ~ 0.049)
	社交支持	0.011	0.020	0.559	0.577	(-0.028 ~ 0.051)
	团体支持	0.021	0.006	3.425	0.001	(0.009 ~ 0.033)
疫情未来	母亲了解	0.015	0.014	1.010	0.313	(-0.014 ~ 0.043)
	父亲了解	0.028	0.020	1.400	0.162	(-0.011 ~ 0.067)
	社交支持	0.015	0.006	2.512	0.012	(0.003 ~ 0.027)
	团体支持	5.410	0.734	7.366	<0.001	(3.968 ~ 6.852)

四 结论与政策建议

首先，与自我危害健康相关的影响因素中，家庭社会支持对物质性成瘾行为、精神性成瘾行为及自我伤害行为、外部伤害行为有保护作用。家庭社会支持较好组吸烟、饮酒、醉酒频率低于较差组，表明良好的家庭关系有助于抵制不良的生活行为；家庭社会支持较差组尝试自我伤害的频率高于较好组，表明家庭社会支持对心理健康有直接的增益作用。

其次，与外部危害健康相关的影响因素中，原生家庭环境、社会阶层、亲子关系对物质性成瘾行为、精神性成瘾行为有影响。家庭富裕程度较低组的吸烟、饮酒、醉酒频率高于较高组，其余行为两组间比较均无统计学差异，提示对于物质条件较差的学生，应该注重对其进行价值观念的引导和良好的生活习惯的培养。良好的亲子关系是所有源自家长（监护人）伤害行为的保护性因素，亲子间良好的沟通可以有效避免家长（监护人）对孩子的身体伤害与语言暴力。团体支持是发生同辈欺负和参与网络欺负的保护性因素，由于我国学校教育强调集体主义，团体互帮互助的友爱精神可以让青少年的人际关系更加和谐。

最后，对新冠肺炎疫情防控期间不同社会支持程度下青少年健康相关行为进行比较后发现，在家庭关系方面，应该提升家庭氛围满意度，重视对孩子正面的引导，正确疏导孩子的焦虑心理，注重家庭心理服务建设，帮助正处于青春期的青少年正确处理好家庭内部关系。良好的家庭关系可以抵御外部不良舆情风险，积极帮助青少年适应逆境，恢复身心健康。在社会支持方面，应完善青少年心理健康服务体系的建设，即加强家庭、学校、社区不同层面对青少年的正面引导，及时为其提供心理咨询服务，为需要帮助的青少年提供及时的有针对性的心理健康服务，从而创造适合青少年健康行为发展的良好生活环境。

基于上述结论，对于重庆市青少年健康相关行为问题提出以下建议：需要形成良好的家庭关系，增加青少年的团体支持，不仅要关注物质条件的支持，还应当引导青少年价值观的正确树立；减轻青少年压力与负担，锻炼其抗挫能力，培养良好生活习惯；增加对农村地区青少年健康危险行为的研究，建立稳定的监测体系，关注留守儿童青少年健康危险行为，积极干预，防患于未然。

参考文献

马军等：《中国儿童青少年健康危险行为状况分析报告》，苑立新主编《儿童发展蓝皮书：中国儿童发展报告（2022）》，社会科学文献出版社，2022。

季成叶：《青少年健康危险行为监测：学校卫生工作的重要前沿》，《中国学校卫生》2009 年第 2 期。

袁兆康、文小桐：《中国青少年健康危险行为研究设计与流行现状》，《中国学校卫生》2019 年第 4 期。

尹小俭、曾祝平：《共同关注体质与心理健康　促进中国青少年全面发展》，《中国学校卫生》2021 年第 1 期。

肖水源：《社会支持评定量表（SSRS）》，《首都师范大学学报》（社会科学版）2000 年第 1 期。

齐文娟等：《中学生健康危险行为特征及其与家庭因素的关系》，《中国学校卫生》2017 年第 6 期。

习近平：《把人民健康放在优先发展战略地位》，中国文明网，2016 年 11 月 30 日，http://www.wenming.cn/specials/zxdj/xjp/xjpjh/201608/t20160821_3607202.shtml。

《〈“健康中国 2030”规划纲要〉发布附全文》，新华网，2016 年 12 月 1 日，http://news.xinhuanet.com/health/2016-10/25/c_1119786029_4.htm。

S. Guo, “A Meta-analysis of the Predictors of Cyberbullying Perpetration and Victimization,” *Psychology in the Schools* 2016, 53 (4).

H. Sasson, G. Mesch, “Norms and Risky Online Behavior among Adolescents,” *Computers in Human Behavior* 2014 (33).

X. Chen, Y. Wang, “Tracking of Blood Pressure from Childhood to Adulthood: A Systematic Review and Meta-Regression Analysis,” *Circulation* 2008, 117 (25).

R.18 香港学童身心灵健康评估计划研究报告*

何瑞珠　冯应谦　李赖俊卿**

摘　要　本文采用中国社会科学院大学研发的《中国青少年健康行为网络调查问卷》，在香港范围内随机抽取中小学生共5307人开展现场网络调查，并从9所样本学校中抽选18名学生事务副校长、训辅教师、校长和社工进行个别深入访谈。结果显示，有49.3%的学生健康自评为“好”，平均生活满意度为6.97分，情绪症状较为严重，总体状况低于国际水平。最终得出结论，家庭、朋友及学校等因素对青少年身心健康都有一定的影响，家庭、学校、社会要关顾学生身心健康，支持学生健康发展。

关键词　青少年　身心健康　健康行为

一　研究背景

“香港学童身心灵健康评估计划”旨在了解学童的身心灵福祉与健康行

---

* 本研究（项目编号：2019. A4. 057. 19B）获香港特别行政区政府政策创新与统筹办事处公共政策研究资助计划拨款资助。

** 何瑞珠，香港中文大学教育行政与政策系教授，香港学生能力国际评估中心主任，主要研究方向为教育政策，家长参与子女教育，家庭、学校、社区的合作；冯应谦，香港中文大学亚太研究所所长、新闻与传播学院教授，北京师范大学艺术与传媒学院教授，主要研究方向为文化、青年身份、青少年与数字媒体；李赖俊卿，香港中文大学新闻与传播学院副教授，主要研究方向为健康传播、社会问题与沟通。最后感谢香港学生能力国际评估中心的杨国强、岑国荣、李仕杰及李玉凤参与研究及预备本报告。

为，以及相关的背景因素与社会及环境脉络，从而为推广学童健康与介入服务的政策及措施提供参考，响应香港特区政府于 2018 年成立的儿童事务委员会的政策目标。“学童身心灵健康评估计划”由世界卫生组织欧洲区域办事处统筹，每四年一度，现有 40 多个国家和地区参加。透过参加这项跨国研究计划，香港能收集有关学童健康的可靠数据，并与其他国家做比较。这对于达致儿童事务委员会的目标——以实证为本确立政策、策略和工作优次，以及监察香港学童健康和福祉的框架和指标皆十分重要。此计划亦有助于解决《精神健康检讨报告（2017）》揭示的香港学童日趋普遍的身心健康问题，并响应报告内的建议，收集适时、定期及有系统的健康数据。

二　研究目的

将香港纳入学童福祉与健康行为的国际研究网络，从而进行国际比较及促进以证据为本的政策制定。为学童福祉与健康行为的理论、概念及方法学研究发展做出贡献。收集学童的综合数据及相关背景数据，从而监察学童的健康、福祉及健康行为，并建立本地的儿童福祉框架。探讨家庭、朋友、学校、社会及经济背景在多大程度上影响学童的福祉与健康行为。将研究结果发放于研究人员、政策制定者、健康促进人员、教师、家长及儿童，从而增进儿童的福祉与健康行为。

三　研究方法

本研究采用混合方法，以量化调查数据为主，辅以质化访谈资料，借此拓展研究结果的广度和深度，并从不同持份者的角度，全面了解儿童的健康和福祉。量化研究采用以学校为本的自填问卷调查。中学问卷调查于 2020 年 6 月 15 日至 8 月 31 日进行，小学问卷调查于 2020 年 9 月 15 日至 12 月 6 日进行。质化访谈从 9 所样本学校中抽选 18 名学生事务副校长、训辅教师、校长和社工进行个别深入访谈，以了解他们对香港儿童的身心健康和健康行为的意见，以及在学校和特区政府政策层面对促进儿童健康的建议。

研究样本为来自 21 所小学和 19 所中学的 5307 名学生，平均年龄约为 11

岁、13 岁和 15 岁，分别就读于小六、中一和中三，整体回应率为 73.3%。表 1 显示了参与学生在各年级的分布。本计划根据学校类型进行抽样，并涵盖不同社会经济和学术背景，以确保样本能代表香港学校的比例。本计划以全面的概念框架为基础，采用标准的国际问卷，并辅以针对香港的题目，来测量学生的健康和福祉、健康和风险行为，以及社会和经济因素。

表 1　参与问卷调查的学生年级分布

单位：所，人

年级	参与学校数目	抽样学生人数	参与学生人数
小六	21	2477	1386
中一	19	2567	2107
中三		2193	1814
总数	40	7237	5307

研究样本学生个人背景方面，香港学生的男生百分比（51.8%），与本地学校学生的男女比例相若。就读中一的男生和女生百分比分别为 52.2% 和 47.8%，就读中三的男生和女生百分比分别为 51.8% 和 48.2%。在年级分布方面，香港学生较多来自中一及中三（分别为 39.7% 和 34.2%），而 26.1% 来自小学。在三个年级中，香港小六学生的平均年龄为 11.4 岁；中一为 13.2 岁；中三为 15.2 岁。香港学生有 73.4% 为本港居民子女（即学生在港出生，父及/或母亦在港出生），约 20.4% 为在港出生的移民子女（即学生在港出生，但父母非在港出生），另约有 6.2% 为非在港出生的移民子女（即学生及父母皆非在港出生）。

四　研究发现

这部分首先报告香港学童整体的健康与福祉现况，以及他们的健康行为与风险行为；其次分析教育、社会及经济背景，以及其对健康与福祉的影响。

（一）香港学生的身心健康状况

整体而言，研究结果发现香港学生的身心健康状况普遍逊于国际水平，情况令人担忧。具体来看，香港学生的自评健康状态及生活满意度均低于国际水平；香港学生的情绪症状较身体症状为严重，出现身体症状的情况较国际水平为少，但情绪症状则与国际水平相若。另外，香港学生的生活满意度和自评健康状态随年龄上升而显著下降，身体症状指数则随年龄上升而显著上升。

1. 自评健康状态

表2显示，香港学生的自评健康状态低于HBSC平均水平。香港学生自评健康状态为“极好”的只约有16%，远低于HBSC 2013/2014年百分比（约36%），亦远低于HBSC 2017/2018年百分比（约37%）；自评健康状态为“一般”及“差”的分别约有32%及4%，均高于HBSC 2013/2014年百分比（分别约12%及2%）。

表2　香港学生与HBSC 2013/2014年平均的自评健康状态

单位：%

自评健康状态	香港	HBSC平均值*
极好	15.5	36.3
好	49.3	50.2
一般	31.5	11.8
差	3.7	1.6

注：*以下各表中，总百分比的微小差异是由四舍五入导致的。

2. 生活满意度

HBSC问卷采用坎特里尔阶梯（Cantril Ladder）量表，评估受访者对自己目前生活的满意度。量表由11点组成，0分代表最差的生活状况，10分代表最好的生活状况。表3显示了香港学生及HBSC 2013/2014年平均在生活满意度量表的分布情况。就整体来看，香港学生的平均生活满意度为6.97分，低于HBSC 2013/2014年均值7.63分，亦低于HBSC 2017/2018年均值7.80分。

表3　香港学生与HBSC 2013/2014年平均的生活满意度

单位：人，%

生活满意度	香港	HBSC平均值
10分（最好的生活状况）	9.0	17.6
9分	9.3	18.8
8分	23.6	23.7

续表

生活满意度	香港	HBSC 平均值
7 分	22.7	17.0
6 分	14.4	8.6
5 分	12.4	7.6
4 分	4.5	3.1
3 分	2.5	1.7
2 分	0.5	0.9
1 分	0.4	0.5
0 分（最差的生活状况）	0.6	0.5
作答人数	5273	205953

3. 情绪及身体症状

与身体症状相比，香港学生的情绪症状较为严重。香港学生情绪症状整体表现 HBSC 平均水平相当，超过两成香港学生表示在过去 6 个月，每星期有多过一次心情低落（23.1%）、易怒或脾气暴躁（24.3%）、感到紧张（22.9%）和难以入睡（22.1%）；HBSC 也有两成至两成半学生表示，每星期有多过一次相关情绪症状（见表 4）。与 HBSC 均值相比，香港学生出现身体症状的情况则普遍较少，少于一成香港学生表示，每星期有多过一次头痛（9.0%）、胃痛（7.0%）、背痛（7.6%）和感到头晕眼花（9.7%），HBSC 则有一成或以上学生表示，每星期有多过一次相关身体症状（见表 5）。

表 4　香港学生与 HBSC 2013/2014 年平均的情绪症状

单位：人，%

情绪症状		每星期多过一次	大约每星期	大约每个月	很少或从来没有	作答人数
心情低落	香港	23.1	16.7	27.9	32.3	5244
	HBSC 平均值	17.4	11.9	20.6	50.0	200983
易怒或脾气暴躁	香港	24.3	17.6	26.5	31.6	5245
	HBSC 平均值	22.7	17.8	25.1	34.4	206908
感到紧张	香港	22.9	16.4	25.4	35.3	5236
	HBSC 平均值	22.0	16.3	23.5	38.2	206867
难以入睡	香港	22.1	12.0	20.2	45.7	5243
	HBSC 平均值	21.2	11.1	16.1	51.6	206911

表 5　香港学生与 HBSC 2013/2014 年平均的身体症状

单位：人，%

身体症状		每星期多过一次	大约每星期	大约每个月	很少或从来没有	作答人数
头痛	香港	9.0	8.7	21.2	61.1	5248
	HBSC 平均值	17.6	12.3	22.2	48.0	208301
胃痛	香港	7.0	6.9	18.7	67.4	5241
	HBSC 平均值	11.0	9.3	27.7	52.0	207512
背痛	香港	7.6	6.8	14.1	71.5	5229
	HBSC 平均值	13.2	9.0	17.7	60.2	207072
感到头晕眼花	香港	9.7	6.8	14.9	68.6	5230
	HBSC 平均值	10.5	6.9	14.5	68.1	206888

（二）家庭、朋友及学校背景因素

以下先报告各项背景因素的描述统计，并与 HBSC 数据做比较，然后分析各项背景因素对学生健康与福祉的影响。其中家庭背景因素包括家庭沟通、家庭支持；朋友背景因素包括朋友支持、与朋友在网上的沟通；学校背景因素包括投入学校、学业压力、教师支持。

1. 家庭因素

（1）家庭沟通

与父母的沟通方面，香港学生表示遇到非常困扰他们的问题时，与母亲交谈比起与父亲交谈容易，该情况与参与 HBSC 国家学生相似。具体来看，约有 75% 香港学生表示容易或非常容易与母亲交谈，低于 HBSC 2013/2014 年百分比（约 82%），亦低于 HBSC 2017/2018 年百分比（约 85%）；只约有 62% 香港学生表示容易或非常容易与父亲交谈，低于 HBSC 2013/2014 年百分比（约 65%），亦低于 HBSC 2017/2018 年百分比（约 73%）（见表 6）。

（2）家庭支持

香港学生的家庭支持程度低于 HBSC 的平均水平。表 7 显示，分别约有 71%、66%、59%、54% 的香港学生同意“我的家人真的尽力帮助我”、

“我可以从我的家人身上得到情感上的支持”、“我可以和我的家人诉说我所遇到的困难”和“我的家人愿意帮助我做决定”，均低于相应的HBSC 2013/2014年百分比。

表6　香港学生与HBSC 2013/2014年平均的家庭沟通情况

单位：人，%

家庭沟通		容易/非常容易	困难/非常困难	作答人数
与父亲交谈	香港	62.0	35.0	5180
	HBSC平均值	65.0	27.7	203231
与母亲交谈	香港	75.0	23.4	5174
	HBSC平均值	82.2	15.7	203605

注：剩余的百分比属“没有这个人或没有见过这个人”类别。

表7　香港学生与HBSC 2013/2014年平均的家庭支持情况

单位：人，%

家庭支持		不同意	中立	同意	作答人数
我的家人真的尽力帮助我	香港	12.4	16.6	71.0	5184
	HBSC平均值	11.7	5.2	83.1	190129
我可以从我的家人身上得到情感上的支持	香港	16.6	17.7	65.6	5184
	HBSC平均值	13.7	6.0	80.3	189198
我可以和我的家人诉说我所遇到的困难	香港	22.8	18.4	58.9	5182
	HBSC平均值	17.0	8.0	74.9	189230
我的家人愿意帮助我做决定	香港	17.6	18.9	63.5	5179
	HBSC平均值	12.6	6.0	81.4	189101

2. 朋友因素

（1）朋友支持

整体而言，香港学生的朋友支持程度低于HBSC的平均水平。分别约有71%、61%、70%、80%的香港学生同意“我的朋友真的尽力帮助我”、“当有什么事情出错时，我可以指望我的朋友们”、“我有可以一起分享快乐和悲伤的朋友”和“我可以和我的朋友诉说我所遇到的难题”，均低于相应的HBSC 2013/2014年百分比（见表8）。

表 8　香港学生与 HBSC 2013/2014 年平均的朋友支持情况

单位：人，%

朋友支持		不同意	中立	同意	作答人数
我的朋友真的尽力帮助我	香港	12.9	16.2	70.9	5233
	HBSC 平均值	15.9	10.5	73.7	187990
当有什么事情出错时，我可以指望我的朋友们	香港	20.7	18.6	60.8	5229
	HBSC 平均值	16.5	9.1	74.5	184576
我有可以一起分享快乐和悲伤的朋友	香港	16.1	13.7	70.2	5231
	HBSC 平均值	14.4	6.7	78.8	187434
我可以和我的朋友诉说我所遇到的难题	香港	17.4	14.5	68.1	5228
	HBSC 平均值	18.9	8.8	72.3	187342

（2）与朋友在网上的沟通

表 9 显示，约 53% 的香港学生每天与亲密朋友在网上沟通一次至几次，约 15% 的学生几乎每天所有时间都与亲密朋友在网上沟通。另外，约 39% 的学生与“在一大班朋友当中的朋友”每天在网上沟通一次至几次。香港学生与“透过互联网才认识的朋友”的沟通则较少，多数（约 52%）为每星期沟通至少一次或以下。

表 9　香港学生与朋友在网上沟通的情况

单位：人，%

网上沟通对象	每星期至少1 次或以下	每天 1 次至几次	几乎每天所有时间	作答人数
亲密朋友	25.5	52.9	15.2	5225
在一大班朋友当中的朋友	43.7	38.7	8.4	5199
透过互联网才认识的朋友	51.6	16.7	6.0	5179

注：剩余的百分比属“不知道/不适用”类别。

3. 学校因素

（1）投入学校

表 10 显示，与 HBSC 平均值比较，喜欢自己的学校的香港学生比例更高。约 47% 的香港学生表示他们很喜欢自己的学校，高于 HBSC 2013/2014

年百分比（约 30%），亦高于 HBSC 2017/2018 年百分比（约 28%）

表 10　香港学生与 HBSC 2013/2014 年平均投入学校的情况

单位：人，%

投入学校	香港	HBSC 平均值
我很喜欢我的学校	46.8	29.6
我有少少喜欢我的学校	40.5	44.9
我不太喜欢我的学校	9.7	17.4
我一点也不喜欢我的学校	2.9	8.0
作答人数	5243	209699

（2）学业压力

表 11 显示，与 HBSC 平均值比较，香港学生感到较大的学业压力。约有 40% 的香港学生表示他们感到有一些或很大的学业压力，高于 HBSC 2013/2014 年百分比（约 35%），亦高于 HBSC 2017/2018 年百分比（约 36%）。

表 11　香港学生与 HBSC 平均的学业压力

单位：人，%

学业压力	香港	HBSC 平均值
完全没有	11.5	21.6
一点点	48.4	44.0
有一些	28.3	22.9
很大	11.8	11.6
作答人数	5246	204829

（3）教师支持

香港学生对教师的观感普遍正面，与 HBSC 平均水平相当或稍高。约分别有 80%、73%、69% 的香港学生同意或非常同意“我觉得我的老师接纳我”、“我觉得我的老师关心我”和“我很信任我的老师”，与 HBSC 2013/2014 年的相应百分比相当或稍高（见表 12）。

表 12　香港学生与 HBSC 平均的教师支持情况

单位：人，%

教师支持		同意/非常同意	既不同意也不反对	不同意/非常不同意	作答人数
我觉得我的老师接纳我	香港	79.5	17.2	3.3	5240
	HBSC 平均值	80.1	13.3	6.6	208057
我觉得我的老师关心我	香港	73.1	22.6	4.2	5239
	HBSC 平均值	63.2	24.5	12.2	206321
我很信任我的老师	香港	69.2	23.6	7.2	5239
	HBSC 平均值	61.5	23.8	14.7	206482

（三）个人、家庭、朋友及学校因素对健康与福祉的影响

本部分分析教育、社会及经济背景因素对学生健康与福祉的影响。主要关注的健康与福祉指标为生活满意度、自评健康状态、情绪及身体症状四项，其编码计分方式如下：生活满意度沿用 Cantril Ladder 量表的分数，为 0～10 分；自评健康状态方面，将量表上的四个选项"极好""好""一般""差"分别计分为 4～1 分。情绪症状方面，将量表上的五个选项"大约每日"、"每星期多过一次"、"大约每星期"、"很少或从来没有"和"很少或从来没有"分别计分为 5～1 分，再将四个情绪症状题目的分数加总，得出情绪症状指数——总分 4～20 分；身体症状指数亦以同样方式构成。情绪及身体症状指数愈高，代表症状愈多。

1. 个人年龄／年级的影响

图 1 显示不同年龄/年级的香港学生的生活满意度，除 HBSC 数据外，亦加入 2020 年联合国发表的《世界幸福报告》（World Happiness Report，WHR）中的香港数据做比较。《世界幸福报告》的调查对象为 15 岁或以上的人口，与 HBSC 一样采用坎特里尔阶梯量表来测量受访者的生活满意度。

从图 1 可见，香港学生由青少年成长至成人阶段，其生活满意度持续下降，其中最大的跌幅出现在 11 岁至 13 岁（由小六升上中一）（跌幅约 0.7 分），以及 15 岁至 15 岁以上（由高中至成年）的阶段（跌幅约 1 分）。

从表 13 可见，香港学生的生活满意度在三个年龄/年级之间有显著差

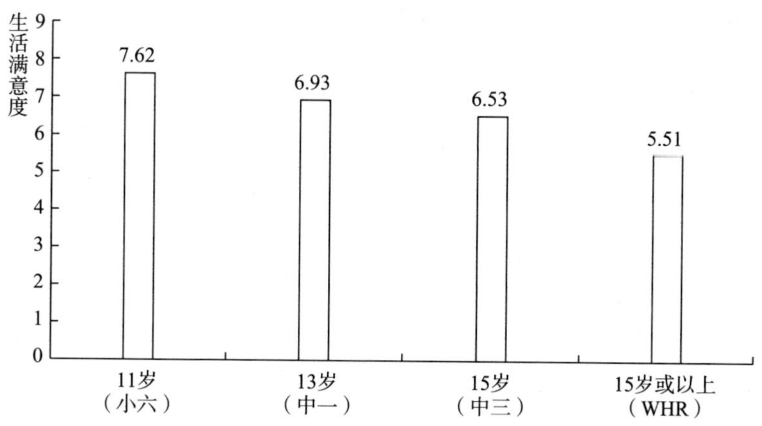

图1 不同年龄/年级的香港学生与香港整体人口的生活满意度

异。与生活满意度相似，自评健康状态也随年龄/年级上升而显著下降，在三个年龄/年级之间有显著性差异；身体症状指数则随年龄/年级上升而显著上升，在三个年龄/年级之间有显著性差异。至于情绪症状指数方面，15岁（中三）学生显著高于其余两个年龄/年级学生，而11岁（小六）与13岁（中一）学生之间则没有显著性差异。

表13 不同年龄/年级的香港学生的健康与幸福感指标

健康与幸福感指标	11岁（小六）		13岁（中一）		15岁（中三）		总数	
	平均值	标准差	平均值	标准差	平均值	标准差	平均值	标准差
生活满意度	7.62	1.81	6.93*	1.82	6.53**	1.80	6.97	1.86
自评健康状态	2.95	0.71	2.78*	0.74	2.61**	0.76	2.77	0.75
身体症状	5.52	2.50	6.34*	3.07	7.07**	3.46	6.38	3.13
情绪症状	9.23	4.28	9.22	4.32	9.79*	4.30	9.42	4.31

注：*、** 的数量不同表示组别之间有显著性差异。

2. 家庭因素的影响

（1）家庭社会经济地位

家庭社会经济地位指数由“家庭富裕程度量表”（FAS Ⅲ）分数及父母最高教育程度建构而成。在四项主要的健康与幸福感指标中，家庭社会经济地位指数对其中两项指标，即生活满意度及自评健康状态有显著影响。从图2及图3可见，家庭社会经济地位越高，学生的生活满意度及自评健康状态亦越高。至于身体及情绪症状方面，家庭社会经济地位则没有显著影响（见表14）。

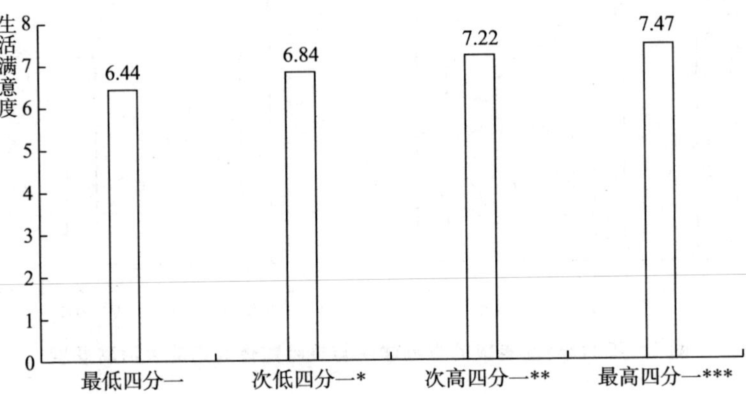

图2　家庭社会经济地位与香港学生生活满意度的关系

说明：*、**、*** 的数量不同表示组别之间有显著性差异。

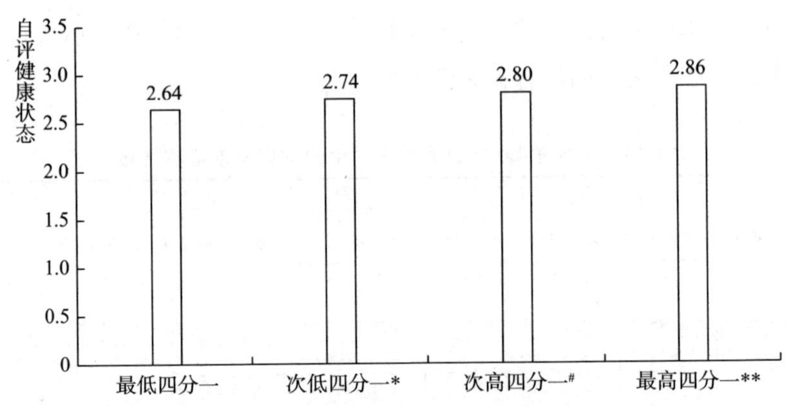

图3　家庭社会经济地位与香港学生自评健康状态的关系

说明：* 的数量不同表示组别之间有显著性差异；标示#的组别与标示 * 及标示 ** 的组别之间没有显著性差异。

表14　不同家庭社会经济地位的香港学生的健康与幸福感指标

健康与幸福感指标	最低四分一		次低四分一		次高四分一		最高四分一	
	平均值	标准差	平均值	标准差	平均值	标准差	平均值	标准差
生活满意度	6.44	1.92	6.84*	1.82	7.22**	1.76	7.47***	1.65
自评健康状态	2.64	0.78	2.74*	0.73	2.80#	0.74	2.86**	0.73

续表

健康与幸福感指标	最低四分一		次低四分一		次高四分一		最高四分一	
	平均值	标准差	平均值	标准差	平均值	标准差	平均值	标准差
身体症状	6.39	3.23	6.49	3.18	6.35	3.06	6.35	3.05
情绪症状	9.48	4.46	9.43	4.27	9.49	4.30	9.38	4.21

注：* 的数量不同表示组别之间有显著性差异；标示#的组别与标示 * 及标示 ** 和 *** 的组别之间没有显著性差异。

（2）家庭支持

如图 4 所示，家庭支持与生活满意度和自评健康状态有正面关系：学生报告的家庭支持水平越高，其生活满意度和自评健康状态亦越高；与此相对，家庭支持与身体和情绪症状均呈负面关系，学生报告的家庭支持水平越高，其身体和情绪症状亦越少。四个家庭支持水平组别学生（由最低四分一至最高四分一）之间在生活满意度、自评健康、身体和情绪症状方面皆有显著性差异。

3. 朋友支持的影响

朋友支持与家庭支持对学生健康与幸福感的影响相似。如图 5 所示，朋友支持与生活满意度和自评健康状态有正面关系：学生报告的朋友支持水平越高，其生活满意度和自评健康状态亦越高；与此相对，朋友支持与身体和情绪症状均呈负面关系：学生报告的朋友支持水平越高，其身体和情绪症状亦越少。另外，学生的生活满意度和自评健康状态在四个朋友支持

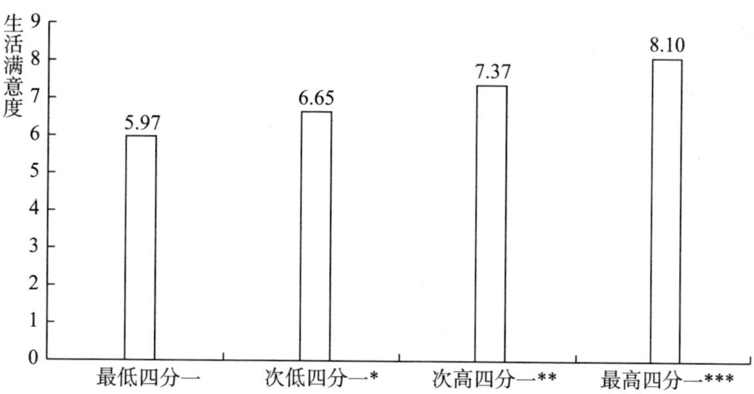

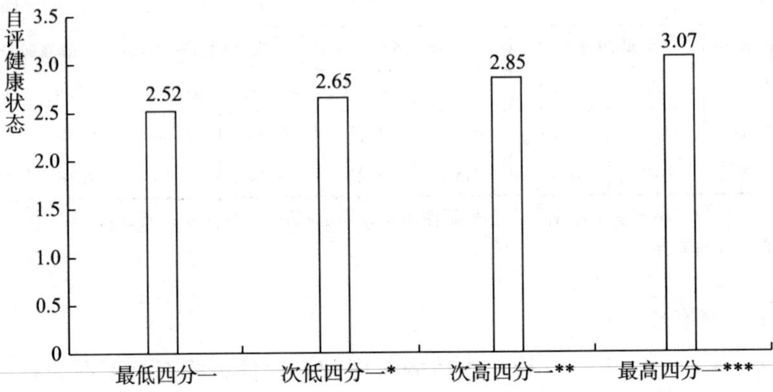

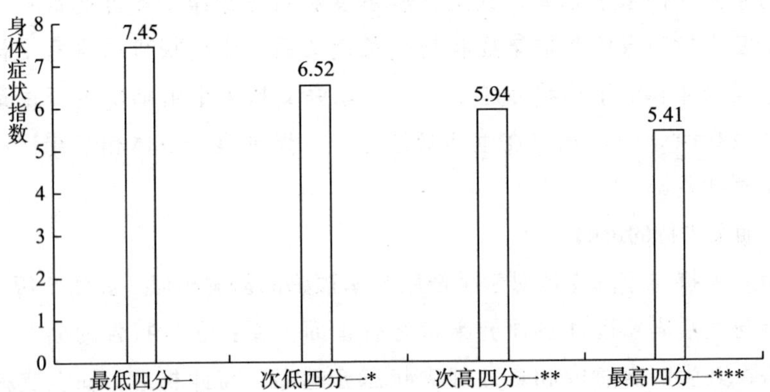

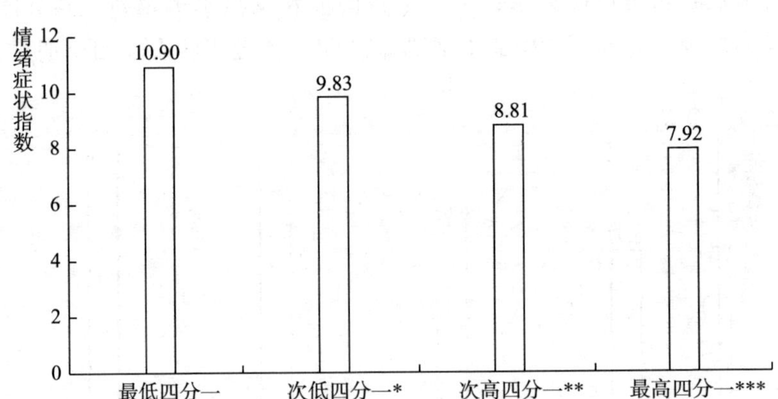

图 4　家庭支持与香港学生健康与幸福感指标的关系

说明：*、**、*** 的数量不同表示组别之间有显著性差异。

水平组别之间皆存在显著性差异；在身体和情绪症状方面，由最低四分一至次高四分一的三个朋友支持水平之间存在显著性差异，但次高四分一及最高四分一之间则没有显著性差异。

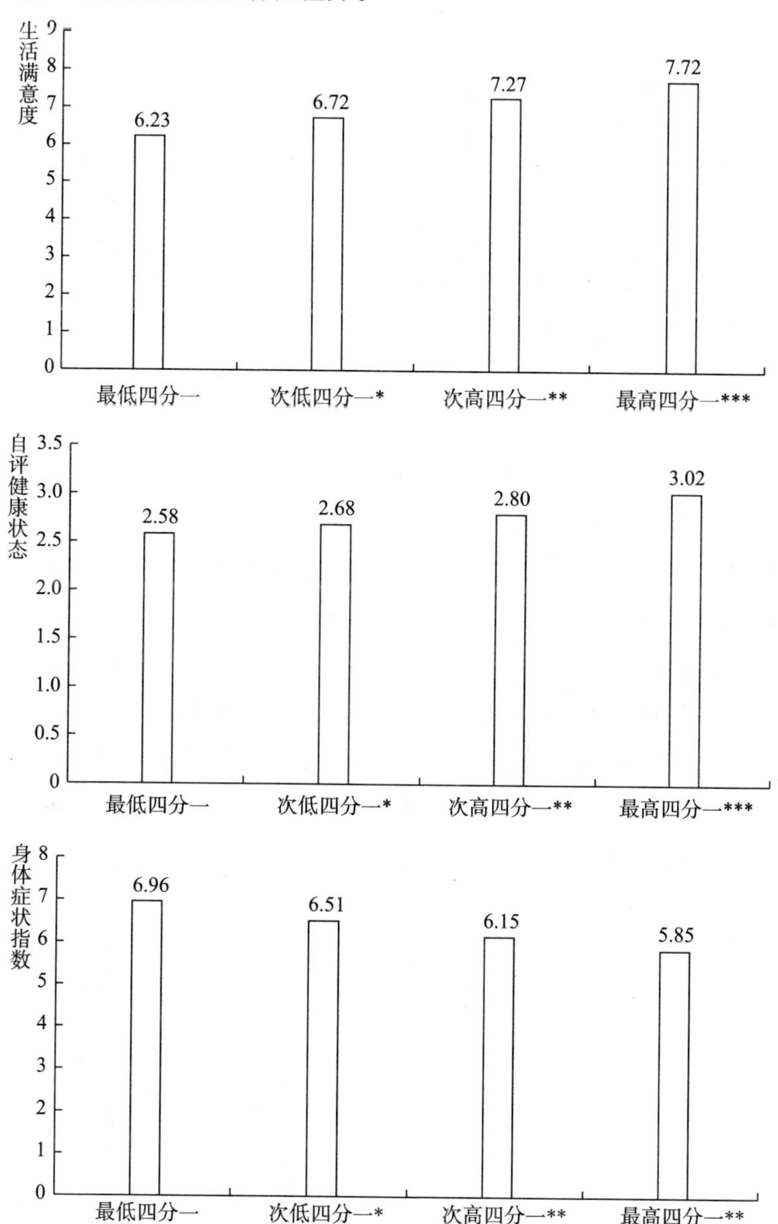

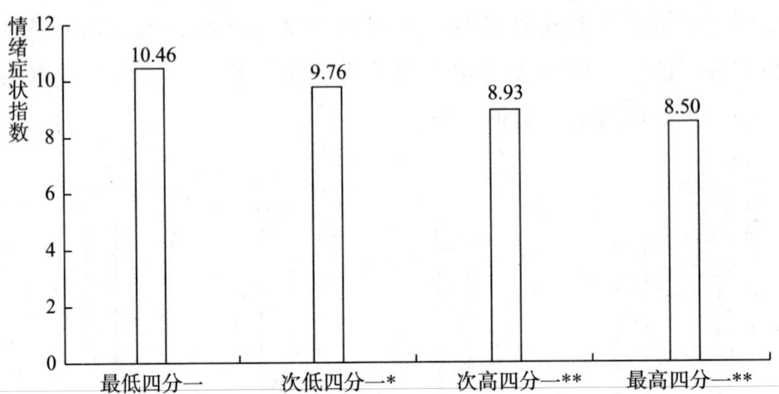

图 5　朋友支持与香港学生健康与幸福感指标的关系

说明：*、**、*** 的数量不同表示组别之间有显著性差异。

4. 学校因素的影响

（1）投入学校

如图 6 所示，投入学校与生活满意度和自评健康状态有正面关系，但与身体和情绪症状则呈负面关系。学生报告的对学校的喜欢程度越高，其生活满意度和自评健康状态亦越高，身体和情绪症状则越少。生活满意度方面，四个投入学校水平组别（由“一点也不喜欢”至“很喜欢”）之间皆有显著性差异。自评健康状态方面，首两个组别（“一点也不喜欢”及“不太喜欢”）之间没有显著性差异，但由“不太喜欢”至“很喜欢”的三个组别之间则有显著性差异。身体和情绪症状方面，四个投入学校水平组别当中，首两个组别（“一点也不喜欢”及“不太喜欢”）之间没有显著性差异，但由“不太喜欢”和“有少少喜欢”至“很喜欢”的三个组别之间则有显著性差异。

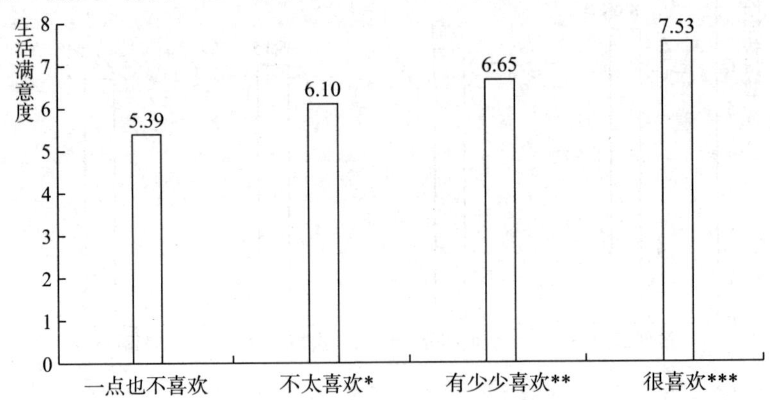

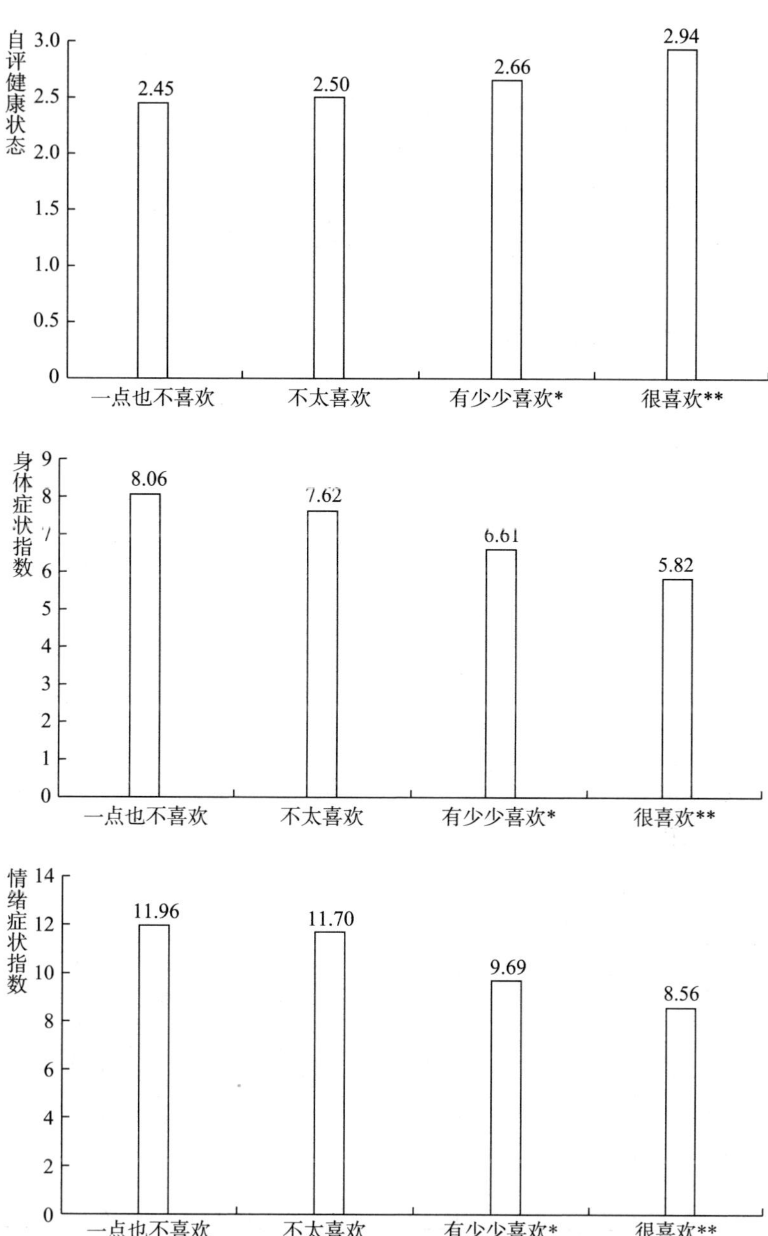

图 6　投入学校程度与香港学生健康与幸福感指标的关系

说明：* 、** 、*** 的数量不同表示组别之间有显著性差异。

（2）学业压力

如图7所示，学业压力与生活满意度和自评健康状态有负面关系，但与体和情绪症状则呈正面关系。学生报告的学业压力越大，其生活满意度和自评健康状态越低，身体体和情绪症状则越多。在生活满意度和自评健康状态方面，四个学业压力水平组别（由“完全没有”至“很大”）之间皆有显著性差异。身体症状方面，首两个组别（“完全没有”及“一点点”）之间没有显著性差异，但由“一点点”至“很大”的三个组别之间则有显著性差异。情绪症状方面，四个学业压力水平组别（由“完全没有”至“很大”）之间皆有显著性差异。

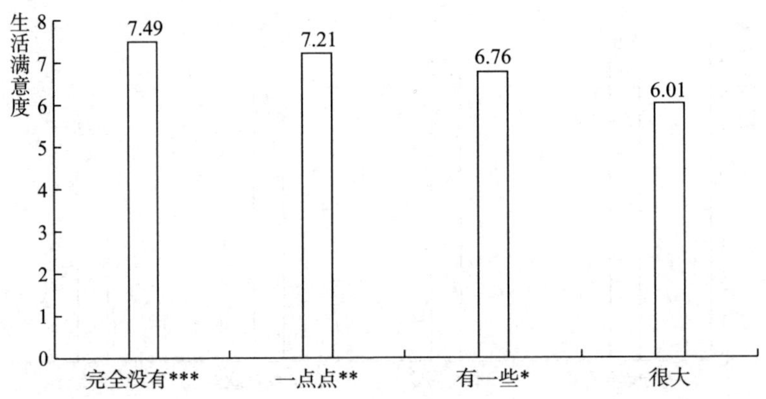

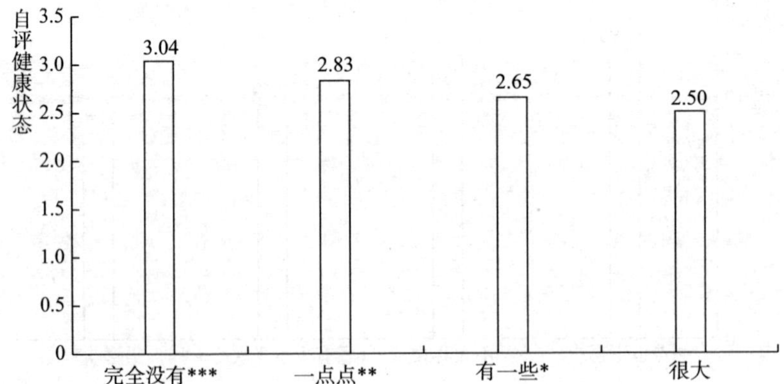

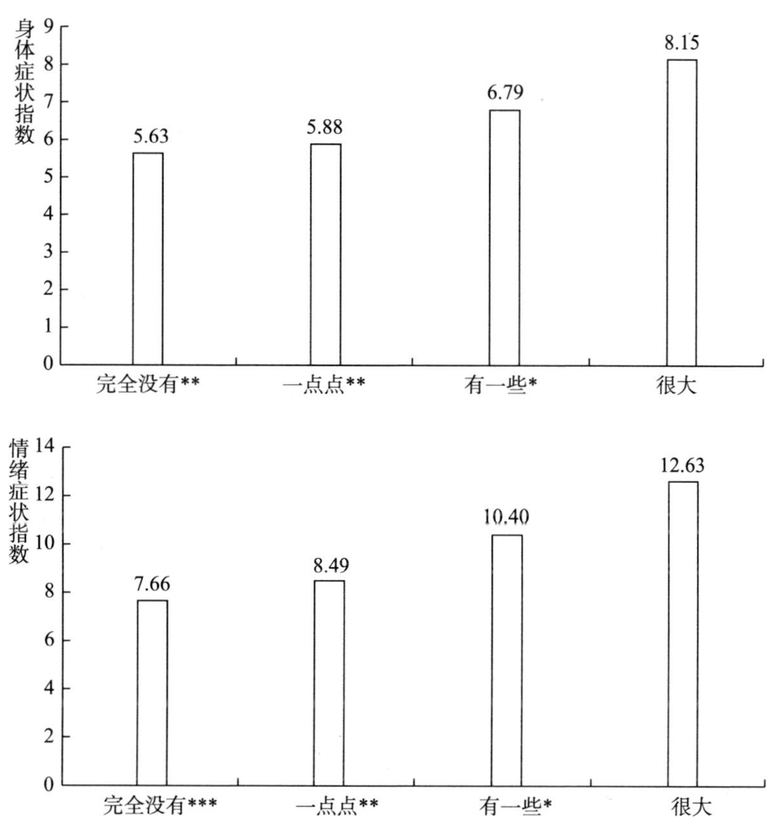

图7　学业压力与香港学生健康与幸福感指标的关系

说明：*、**、*** 的数量不同表示组别之间有显著性差异。

（3）教师支持

如图8所示，教师支持与生活满意度和自评健康状态有正面关系，但与身体和情绪症状均呈负面关系。学生报告的教师支持水平越高，其生活满意度和自评健康状态均越高，而其身体和情绪症状则均越少。四个教师支持水平组别（由最低四分一至最高四分一）之间皆有显著性差异。生活满意度方面，四个教师支持水平组别（由最低四分一至最高四分一）之间皆有显著性差异；自评健康状态方面，中间两个教师支持水平组别（次低四分一及次高四分一）之间没有显著性差异，但与最低和最高两个教师支持水平组别则有显著性差异。

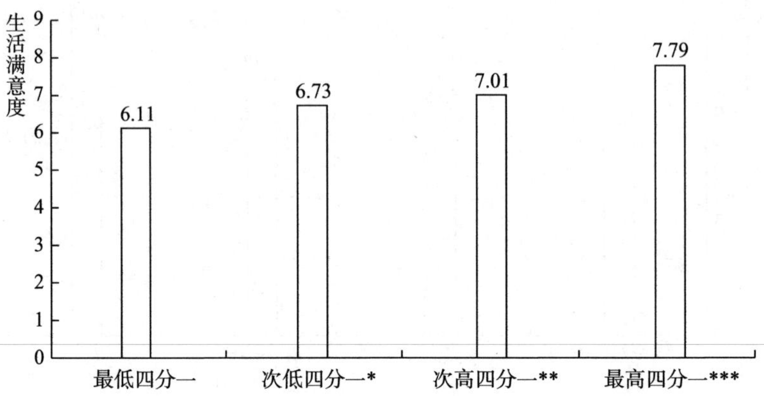
生活满意度
0
1
2
3
4
5
6
7
8
9
6.11
6.73
7.01
7.79
最低四分一
次低四分一*
次高四分一**
最高四分一***

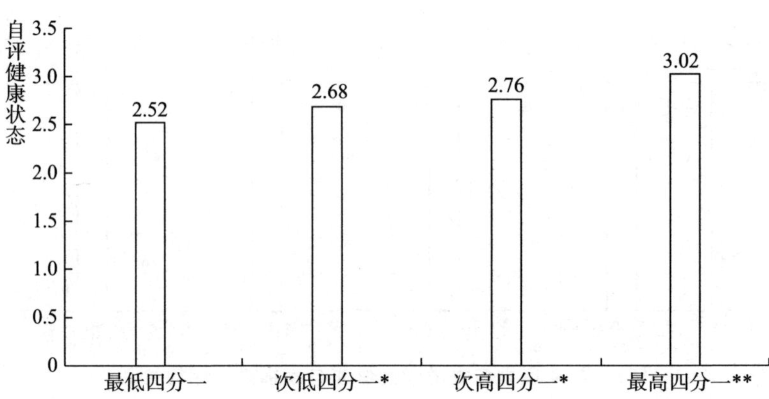
自评健康状态
0
0.5
1.0
1.5
2.0
2.5
3.0
3.5
2.52
2.68
2.76
3.02
最低四分一
次低四分一*
次高四分一*
最高四分一**

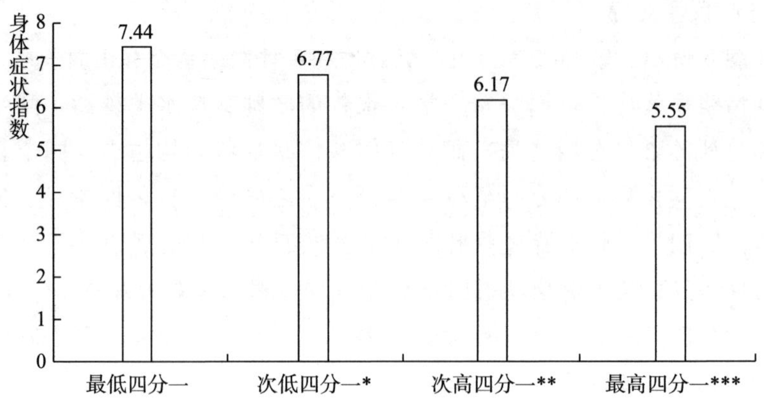
身体症状指数
0
1
2
3
4
5
6
7
8
7.44
6.77
6.17
5.55
最低四分一
次低四分一*
次高四分一**
最高四分一***

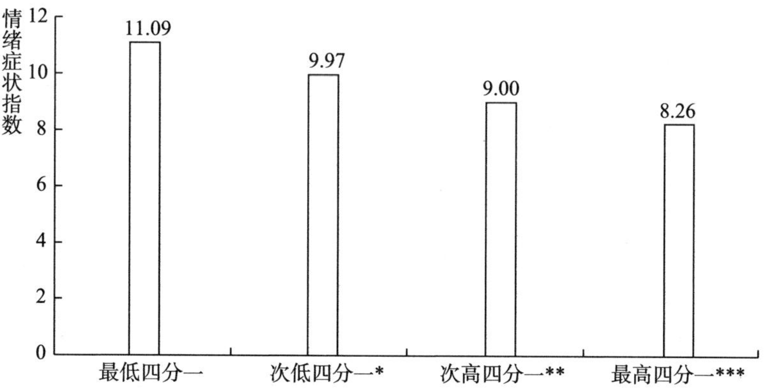

图 8　教师支持与香港学生健康与幸福感指标的关系

说明：*、**、*** 的数量不同表示组别之间有显著性差异。

（4）同学支持

如图 9 所示，同学支持与生活满意度和自评健康状态有正面关系，与身体和情绪症状则呈负面关系。学生报告的同学支持水平越高，其生活满意度和自评健康状态越高，身体和情绪症状则越少。生活满意度和自评健康状态方面，四个同学支持水平组别（由最低四分一至最高四分一）之间皆有显著性差异。身体症状方面，中间两个组别（次低四分一及次高四分一）之间没有显著性差异，但与最低和最高两个组别（最低四分一及最高四分一）则有显著性差异。情绪症状方面，四个同学支持水平组别（由最低四分一至最高四分一）之间皆有显著性差异。

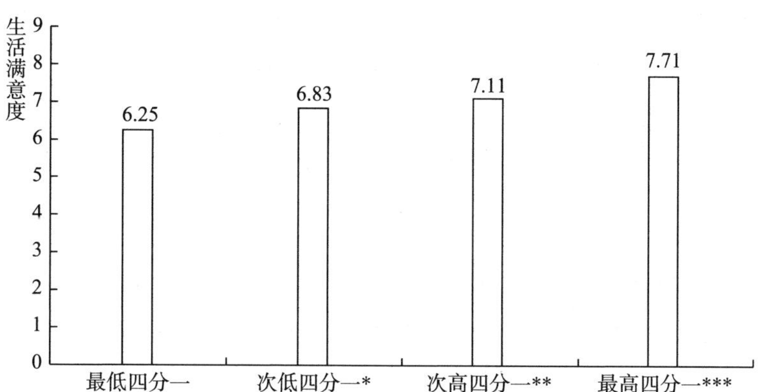

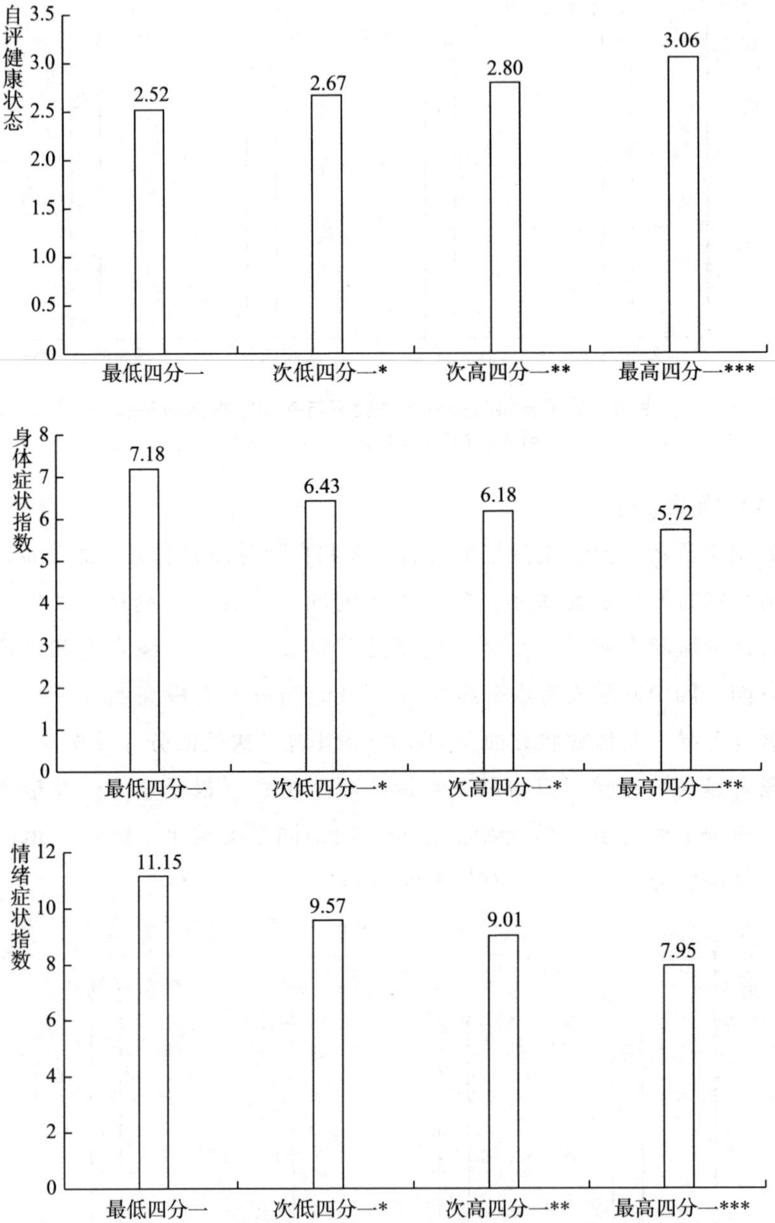

自评健康状态
3.5
3.0
2.5
2.0
1.5
1.0
0.5
0
2.52
2.67
2.80
3.06
最低四分一
次低四分一*
次高四分一**
最高四分一***

身体症状指数
8
7
6
5
4
3
2
1
0
7.18
6.43
6.18
5.72
最低四分一
次低四分一*
次高四分一*
最高四分一**

情绪症状指数
12
10
8
6
4
2
0
11.15
9.57
9.01
7.95
最低四分一
次低四分一*
次高四分一**
最高四分一***

图 9　同学支持与香港学生健康与幸福感指标的关系

说明：*、**、*** 的数量不同表示组别之间有显著性差异。

五 政策建议

结合上述数据及访谈的结果，本研究提出以下建议。

（一）制定促进学生身心灵健康的政策

香港社会普遍以关心学生成绩为主，学生的身心灵健康相对被忽略，学生的身心健康水平普遍低于国际水平。现时特区政府虽然为学校提供金钱上的支持，但对学生的身心灵教育缺乏长远的计划，特区政府宜制定更长期和具有持续性的学生身心健康政策。至于课程内容方面，特区政府可设计供学校参考用而非硬性规定的课程框架，给予学校自主权和弹性，因应校情发展身心灵教育；而联合国教科文组织提出的“快乐学校”框架可作为设计有关框架的参考。

（二）增加教师关顾学生空间，提供教师相关培训机会

教师支持与学生的身心健康有正面关系，为了加强教师对学生的支持，增加教师关顾学生的时间及空间是其中一项必要条件。然而，现实中教师要肩负各种教学、行政及筹办活动等工作，缺少时间和空间接触学生和与学生倾谈，难以关顾学生的成长。特区政府宜考虑增聘人手分担教师工作，为教师释出时间和空间来专门照顾学生。此外，特区政府在新增教育计划时，应考虑相应减去旧有的计划，避免因政策过多而挤掉教师照顾学生的时间。特区政府亦可继续提供有关训育、辅导及生命教育的教师培训课程，并继续推行“教师及校长带薪进修计划”，支持教师在身心灵教育方面的专业发展。

（二）家庭支持和家长教育，促进健康均等

家庭背景因素对学生的健康与幸福感影响甚大，其中学生的家庭社会经济地位越高，其生活满意度及自评健康状态亦越高。因此，来自低社会经济地位家庭的学生健康与福祉尤其值得关注，特区政府宜为这些学生和家庭提供额外支持。此外，香港学生在家庭沟通方面有待改善，表示容易

或非常容易与父母交谈的学生百分比均较国际水平低；而家庭沟通与家庭支持均与学生的身心健康有正面关系。特区政府宜进一步推动家长教育，协助家长与子女建立良好关系，并掌握正确教育子女的方法。

（四）社工的专业支持

受访教师均表示支持特区政府新设的中学“一校两社工”计划及小学“一校一社工”计划。中学方面，受访教师认为增加的社工人手分担了原有社工的过量工作；而小学方面，受访教师认为新计划提供常额的社工职位，令学校社工获得较稳定的职位和公平的薪酬调整。但对于个别学校，例如有很多特殊教育需要（SEN）个案的学校而言，现有的社工人手仍未足够应付，特区政府宜考虑对这些集中弱势学童的学校，在原有计划之上再增聘社工应付学生需要。此外，特区政府亦应增加驻校社工的晋升机会，使其与社工服务机构的社工看齐，避免人才流失。

（五）校本教育心理服务

到校教育心理学家服务是受中小学教师欢迎的政策之一，但现行政策提供的教育心理学家来校次数有限，未足以应付实际需要，他们亦须兼顾处理文件的工作，令学生轮候评估的时间过长。特区政府宜进一步增加心理学家留校时数，甚至长期驻校，支持学校处理学生个案以至于增进教师的精神健康。除教育心理学家外，特区政府亦可提供资源供学校增聘其他专业人士如言语治疗师、临床心理学家等，来协助学校处理各种学生问题个案，并因应不同学校的需要，给予学校更大弹性决定具体聘用合适的专业人手。可以预期疫情过后，学校对精神健康服务的需求会更大，特区政府宜为学校提供更全面的支持服务，例如更广泛推行跨部门的“医教社同心协作计划”。

（六）取消不必要评核，减轻学业压力

研究发现香港学生的学业压力大于国际水平，而中学生压力的主要来源是课业和评核。现时香港的教育制度以学业成绩为主导，学生承受沉重的升学压力，以致生活满意度及自评健康状态随年龄/年级下降，身体症状

指数则随年龄/年级上升。教育局宜检讨现行各项评核如“全港性系统评估”等对学生身心健康带来的影响，取消不必要的评核，从而减轻学生的学业压力。

最后，本研究亦收集了其他健康与福祉的数据及背景因素数据，包括社交媒体成瘾、体能活动、饮食习惯、欺负行为等，由于本文篇幅有限，详细及进一步分析结果将于日后再做分享。

参考文献

“Happy Schools! A Framework for Learner Well-being in the Asia-Pacific,” UNESCO, 2016, https://unesdoc.unesco.org/ark:/48223/pf0000244140.

致　谢

《中国青少年健康行为研究（2022）——基于十省市的调查数据分析》一书终于出版了。回顾过去三年，正是新冠肺炎疫情防控的艰难时期，从项目立项、调查问卷设计，到组织、协调十个省市完成问卷调查，再到数据清理、分析、报告撰写至最终成书，课题组成员克服了各种困难，最终顺利完成各项研究工作，取得了今天的成果。课题组于 2020 年 9 ~ 11 月在北京市、湖北省、山东省、辽宁省、江西省、浙江省、云南省、贵州省、广东省、重庆市十个省市开展问卷调查，除湖北省和山东省以外，其他八个省市均递交了调研报告。香港特别行政区虽然没有参加本次调研，但是他们也使用了"世界卫生组织—学龄儿童健康行为"国际标准调查问卷，并且于 2020 年 6 月进行在线问卷调查，时间上与课题组大致同步。基于课题组正在开展的青少年健康行为合作研究工作，因此，将香港学童身心灵健康调研报告收入本书。

感谢中国社会科学院大学领导以及马克思主义学院、科研处、国际合作与交流处、财务处等部门领导，是你们的关心和支持，才使得这本书能够顺利出版。

感谢所有参与和支持本项目研究工作的领导和专家，是你们的全心投入、鼎力相助，使得这个研究项目能够顺利推进，取得预期成果。在这里，我要特别感谢中国疾控中心慢病中心吴静主任，多年来一直大力支持我校开展的青少年健康行为研究工作。感谢中国社会科学院社会学研究所王俊秀研究员，中国科学院心理研究所张建新教授，对研究报告的设计、撰写、修改提出了宝贵的意见和建议。感谢王俊秀、张树辉、吕书红副主编参与本书的策划、设计、撰写、校对和修改工作。感谢以色列巴伊兰大学教育学院 Yossi Harel-Fisch 教授以及他团队 Ariela Giladi 博士后和 Lilach Ben Meir

博士后，撰写了本书的总报告《“世界卫生组织—学龄儿童健康行为”跨国研究现状及其发展趋势》，提供了分报告《中国青少年与全球青少年精神健康调研报告》关于国际青少年精神健康的国际数据表格。感谢中国健康教育中心吕书红研究员，为本研究完成全国十个省市现场调查的组织和协调工作付出了大量的时间和精力，感谢她在指导各省市完成青少年健康行为研究报告方面做出的重要贡献。

感谢参与本研究现场调查工作的十个省市疾病预防控制中心和健康教育专业机构的领导、专家，包括但不限于郭欣、万德芝、许为乐、孙延波、田丹、徐水洋、吴青青、孙桐、徐静东、王明、何琳、何瑞珠、杨庆华、黄思哲、张海军、华伟玉等，他们在完成各省市问卷调查、数据分析、调研报告撰写、修改等方面付出了艰辛的努力，出色地完成了各项研究工作。

感谢社会科学文献出版社皮书研究院吴丹执行院长、皮书分社陈颖副社长为本书的编辑、出版付出的心血，感谢本书文稿编辑李惠惠、刘燕、王娇，她们为完善书稿的文字做了大量工作。

特别感谢参与本次《中国青少年健康行为网络调查问卷》工作的所有学校的领导和老师们，也感谢所有参与调查的同学们抽出宝贵的时间填答问卷，表达对自己健康真实的想法和心声。

感谢课题组的所有研究人员和学生们，这本书的顺利出版，也是你们所有人努力勤奋工作的结果。

《中国青少年健康行为研究（2022）——基于十省市的调查数据分析》一书是课题组合作研究的结晶，全书由四个部分组成。第一部分是总报告，分为两篇，《青少年健康行为研究报告》由周华珍、吕书红撰写，《“世界卫生组织—学龄儿童健康行为”跨国研究现状及其发展趋势》由 Yossi Harel-Fisch、Lilach Ben Meir 和 Ariela Giladi 撰写。第二部分是分报告，《促进青少年健康相关行为的特点及干预措施调研报告》由周华珍、张树辉、李晓雯、薛聪撰写，《损害青少年健康相关行为的特点及干预措施调研报告》由周华珍、孟家麒、薛聪撰写，《中国青少年与全球青少年精神健康调研报告》由周华珍、Yossi Harel-Fisch、Lilach Ben Meir、Ariela Giladi、陈珍、王佳琦、强俪馨、雷晓岚撰写。第三部分是专题报告，《青少年心理健康的影响因素分析》由周华珍、陈珍、薛聪撰写，《青少年幸福感的影响因素分析》由周华珍、王佳琦、薛聪撰写，《情感互动仪式链理论视域下家庭因素对青少年危险行为的影响机制研究》由周华珍、张树辉、王英撰写，《抗逆力理论视角下青少年成瘾性行为的影响因素研究》由周华珍、吕书红、耿浩东撰写。第四部分是案例报告，《北京市青少年健康行为研究报告》由郭欣、罗慧娟、高若伊撰写，《辽宁省青少年健康相关行为现状调查报告》由孙延波、田丹、宋玉堂、崔士民、刘志斌撰写，《江西省青少年健康相关行为研究报告》由万德芝、许乐为、王乃博、曾庆勇、李利、吴磊撰写，《浙江省青少年健康相关行为现状调查报告》由吴青青、徐水洋、吴淑贤、黄玉、许燕撰写，《云南省学校青少年健康行为调查》由邓艳红、王明撰写，《贵州省青少年健康相关行为研究报告》由王惠群、何琳撰写，《广东省中山市青少年健康行为调查研究报告》由黄思哲、张子龙、王政和、黄晓霞、王旭麟撰写，《重庆市青少年健康相关行为现状及影响因素分析》由杨庆华、刘薇薇、王合春、吴婷婷、严雪琴、何姗撰写，《香港学童身心灵健康评估计划研究报告》由何瑞珠、冯应谦、李赖俊卿撰写。一份份高质量报告的撰写，体现了所有作者专业、严谨、科学的态度和高水平的研究能力，再一次对你们的贡献表示敬意和感谢！

本书数据清理和数据分析主要由胡静凝、薛聪同学完成，她们认真分析了十个省市的青少年健康相关行为、心理健康和幸福感部分内容的数据，付出了大量的时间和精力，为研究报告的顺利完成奠定了良好的基础。强俪馨、雷晓岚对书稿的目录进行了编排，付出了极大的耐心和细致，特此表示感谢。

周华珍

中国社会科学院大学思想政治教育高等研究院大学生心理与健康发展研究中心

中国社会科学院大学价值观与健康教育研究中心

2022 年 12 月

图书在版编目(CIP)数据

中国青少年健康行为研究. 2022：基于十省市的调查数据分析 / 周华珍主编. -- 北京：社会科学文献出版社，2022. 12

ISBN 978 - 7 - 5228 - 1235 - 9

Ⅰ. ①中… Ⅱ. ①周… Ⅲ. ①青少年 - 健康教育 - 研究报告 - 中国 Ⅳ. ①G479

中国版本图书馆 CIP 数据核字(2022)第 240149 号

中国青少年健康行为研究（2022）

——基于十省市的调查数据分析

主　　编 / 周华珍
副 主 编 / 王俊秀　张树辉　吕书红

出 版 人 / 王利民
责任编辑 / 吴　丹
文稿编辑 / 李惠惠　刘　燕　王　娇
责任印制 / 王京美

出　　版 / 社会科学文献出版社 · 皮书出版分社（010）59367127
地址：北京市北三环中路甲 29 号院华龙大厦　邮编：100029
网址：www.ssap.com.cn
发　　行 / 社会科学文献出版社（010）59367028
印　　装 / 三河市龙林印务有限公司

规　　格 / 开 本：787mm × 1092mm　1/16
印 张：22　字 数：348 千字
版　　次 / 2022 年 12 月第 1 版　2022 年 12 月第 1 次印刷
书　　号 / ISBN 978 - 7 - 5228 - 1235 - 9
定　　价 / 118.00 元

读者服务电话：4008918866